KB217095

"예수님은 누구이시며, 그분이 왜 중요한가? 맥클러플린은 예수님의 삶에 관한 통찰력 있는 이 탐구에서 예수님의 생애가 담긴 권위 있는 네 권의 '복음서'를 이용하여 이 질문을 다룬다. 지난 2천 년 동안 예수님을 연구해 온 사람들이 발견했듯이 그분은 어린아이가 이해할 수 있을 정도로 단순하시지만 철학자들이 당황해할 정도로 심오하시다. 예수님이 진정 누구이신지를 처음으로 탐구하는 사람에게나 그저 우리 구주의 아름다움을 더 많이 배우기를 원하는 사람에게나 「다시 만난 예수」는 필독서다."

J. D. 그리어 노스캐롤라이나주 롤리-더럼 소재 서밋 교회 목사,
「바빠도, 힘들어도, 슬퍼도 기도 먼저」(Just Ask, 두란노 역간) 저자

"미국에서 교회의 공적 증언이 추문과 분열과 문화 전쟁 때문에 심하게 훼손되고 있는 시대에 나는 비그리스도인 이웃에서 교회 개척자에 이르는 내 많은 친구에게 예수님의 능력과 단순성으로 돌아가라고 적극 권해 왔다. 알베르트 아인슈타인이 예수님에 대한 신앙은 없지만 그래도 '그 나사렛 사람의 빛나는 모습에 매료되었다'고 인정한 적이 있다. 우리 모두가 그분에게 다시 한 번 매료되기에 지금보다 좋은 때는 없을 것이며, 나는 그 나사렛 사람의 빛나는 모습을 우리에게 (다시) 소개하기에 맥클러플린보다 적격인 사람은 생각나지 않는다. 훌륭하고 감동적인 책이다!"

에이브러햄 조 시티 투 시티(City to City)의 뉴욕시와 북아메리카 훈련 책임

"예수님에 관한 책을 많이 읽었지만 그중에서도 「다시 만난 예수」는 손꼽힐 정도로 신중하게 집필된 책으로, 읽다가 내려놓을 수 없었을 뿐더러 설득력이 있었다. 이 책이 특별한 이유는 그리스도인들에게뿐 아니라 신앙에 관해 질문이 있거나 심지어 의혹이 있는 이들에게도 참으로 사려 깊으면서 읽기 쉬운 책이어서다. 자신이 또는 친구가 예수 그리스도를 진정으로 만나고 생각해 보는 데 도움이 될 자료를 찾고 있다면, 멀리서 찾지 말라. 이 책이 바로 그 자료다."

스캇 솔즈 테네시주 내슈빌 소재 그리스도장로교회 담임 목사,
「아름다운 사람은 저절로 만들어지지 않는다」(A Gentle Answer and Beautiful People Don't Just Happen, 두란노 역간) 저자

"맥클러플린은 독자에게 예수님을 고화질로 보여 주어서 누구든 기독교에 호기심이 있거나 관심이 있는 사람에게 최선의 진입 지점을 제시한다. 예수님이 누구이신지, 예수님과 관련하여 독특하고 의미 있는 것은 무엇인지, 그리고 무엇보다 중요하게는 왜 그분을

믿을 만한지를 정밀하게 보여 준다. 이 책에 나오는 예수님에 관한 서술들을 한데 모으면 우리 가운데 그토록 많은 사람이 예수님을 사랑하고 따르는 이유에 대한 매력적이고 설득력 있는 주장이 된다."

버몬 피에르 애리조나주 피닉스 소재 루즈벨트커뮤니티 교회 대표 목사

"예수 그리스도만큼 '가짜 뉴스' 현상에 많은 영향을 받은 사람은 없다. 이 1세기 유대인과 관련하여 유포된 거짓 정보는 양이 어마어마하다. 「다시 만난 예수」에서 맥플러플린은 복음서가 예수님에 관해 밝히는 내용을 능숙하게 꺼내 놓는다. 당신은 그분이 전하신 좋은 소식에 놀랄 것이고, 그분이 살아 내신 삶에 깊은 감명을 받을 것이며, 그분이 베푸시는 초대를 외면하지 못할 것이다."

크리스틴 케인 A21과 프로펠 위민(Propel Women) 설립자

"예수님이 기독교 신앙의 핵심 인물이라는 것은 전혀 비밀이 아니다. 그렇지만 우리가 살아가는 이 시대에는 예수님이 그토록 핵심이신 이유를 모르는 사람이 많다. 맥클러플린은 친절하게도 예수님의 아름다움을 분명하고 확신 있게 늘어놓는다. 당신의 질문을 가져오라. 이 책을 읽으면서 예수님이 대답할 준비가 되어 있으시고, 기꺼이 대답하시며, 대답하실 수 있다는 것을 발견하라."

어윈 인스 주니어 미션 투 노스아메리카(Mission to North America) 책임자, *Beautiful Community: Unity, Diversity, and the Church at Its Best* 저자

다시 만난 예수

(주)죠이북스는 그리스도를 대신한 사신으로
문서를 통한 지상 명령 성취와 하나님 나라 확장을 위해 노력합니다.

Confronting Jesus: 9 Encounters with the Hero of the Gospels
Copyright © 2022 by Rebecca McLaughlin
Confronting Jesus Study Guide: 9 Encounters with the Hero of the Gospels
Copyright © 2022 by Rebecca McLaughlin
Published by Crossway, a publishing ministry of Good News Publishers
Wheaton, Illinois 60187, U.S.A.

This combined Korean edition published by arrangement with Crossway
through rMaeng2, Seoul, Republic of Korea. All rights reserved.

This Korean translation edition © 2025 by JOY BOOKS Co. Ltd., Seoul, Republic
of Korea.

이 한국어판의 저작권은 알맹2를 통하여 Crossway와 독점 계약한 (주)죠이북스에
있습니다.
신 저작권법에 의하여 한국 내에서 보호받는 저작물이므로 무단 전재와 무단 복
제를 금합니다.

다시 만난 예수

복음서의 주인공, 예수의 9가지 모습

레베카 맥클러플린 지음
이여진 옮김

죠이북스

본문에 인용한 성경은 개역개정을 사용하되, 문맥에 따라 새번역에서 인용하였습니다.
새번역에서 인용한 경우에만 표기하였습니다.

＊

너른 마음으로 이 책의 초고를 두 차례 읽어 준 줄리아에게,
또 예수님이 하나님의 아들이심을 믿지 않지만
그래도 시간을 들여 이 책을 읽는 모든 이에게.

머리말 _____ 10

서문 _____ 12

1장 유대인이신 예수 _____ 18

2장 하나님의 아들이신 예수 _____ 45

3장 왕이신 예수 _____ 69

4장 치유자이신 예수 _____ 92

5장 선생이신 예수 _____ 116

6장 연인이신 예수 _____ 140

7장 종이신 예수 _____ 164

8장 희생 제물이신 예수 _____ 188

9장 주이신 예수 _____ 213

감사의 글 _____ 238

스터디 가이드 _____ 241

주제 찾아보기 _____ 272

성구 찾아보기 _____ 278

머리말

나는 셋째를 임신하고 있는 동안 첫 책을 썼다. 그렇지만 그 책을 잉태한 기간은 훨씬 길었다. 나는 10년 가까이 미국과 유럽에 있는 유수한 대학교의 기독교인 교수들과 협업했다. 그 교수들의 사연을 들었고, 그들의 연구와 신앙이 특히 역사적 기독교를 불신한다고 알려진 분야에서 어떻게 갈등을 빚지 않고 긴밀하게 관계를 맺었는지를 들었다.

내 신앙을 원칙적으로 거부하는 비그리스도인 친구들과 교류하는 데는 훨씬 더 오래 걸렸다. 그 친구들 생각에 내 신앙은 믿기 어려울 뿐 아니라 중요한 여러 면에서 도덕적이지 않았다. 예를 들어 과학이 하나님의 존재를 반증했을 뿐 아니라 인종 차별과 여성, 그리고 성소수자(LGBT)라고 밝힌 사람들을 대우하는 문제에 관한 교회의 전력 때문에도 그들에게는 예수님을 고려할 마음조차 없었다. 그러한 친구들을 위해 애정 어린 편지로 쓴 책이 「기독교가 직면한 12가지 질문」 (*Confronting Christianity: 12 Hard Questions for the World's Largest Religion*, 죠이북스 역간)이다. 친구들의 의문과 근심을 이해하면서도, 나는 예수님을 믿는 데 걸림돌로 보이는 것을 더 꼼꼼히 살펴보면 그것이 무엇이든 일종의 표지판이 된다는 것을 할 수 있는 한 최선으로 설명하고자 했다.

다시 만난 예수

당신 손에 있는 이 책은 일종의 속편이다. 그래서 이 책은 사람들이 예수님을 고려할 마음이 들지 않게 하는 질문에 초점을 맞추지 않는다. 대신 '예수님'을 똑바로 바라본다. 이 책은 바로 예수님에 관해 궁금해진 사람을 위한 책이다. 시간을 들여 복음서에서 밝히는 대로 예수님을 탐구하기 전에 먼저 자신의 당연한 의문에 대한 많은 답을 들어야겠다는 생각이 든다면, 그래서 「기독교가 직면한 12가지 질문」을 읽으려고 한다면 내게는 영광이겠다.

우리 셋째는 이제 세 살이 되었고, 스스로 예수님을 탐구하고 있다. 얼마 전에는 누나들과 함께 요한복음에 나오는 구절을 하나 배웠다. 예수님이 "나는 세상의 빛이니 나를 따르는 자는 어둠에 다니지 아니하고 생명의 빛을 얻으리라"(요 8:12)고 하신 말씀이다. 이 구절은 예수님의 자기 주장과 같은 것이다. 이 말씀이 참이 아니라면, 이 책은 아무짝에도 소용이 없고 나는 어둠 속에서 비틀거리며 돌아다니는 셈이다. 하지만 이 말씀이 **참이라면** 나는 당신이 그 빛에 마음이 끌리기를 기도한다.

서문

셋째 출산 후 처음으로 밤에 외출했을 때, 뮤지컬 〈해밀턴〉 (Hamilton)을 보았다. 동행 중에 나만 영국인이었다. 내 미국인 친구들은 영국 통치를 거부하는 그 이야기를 좀 다르게 즐길 수 있었다. 그 힙합 역사물은 내게는 이름이 생소한 사람이 주인공이었지만 박진감 있고 빠르게 전개되어서 나도 재밌게 볼 수 있었다. 한때 알렉산더 해밀턴(Alexander Hamilton)은 미국 건국의 아버지들(Founding Fathers) 중에서 많이 알려지지 않은 인물이었다. 그렇지만 계속해서 시도하고 혁명을 일으킨 이 이민자는 이제 미국 역사에서 손꼽히게 유명한 사람이다.

예수님의 삶을 다룬 성경의 네 가지 기록에 관해 말하자면, 가난하고 눈에 띄지 않게 태어났으나 역사를 만든 또 한 사람의 이야기를 담고 있다. 그런데 이 남자의 영향력은 그저 미국 건국이 아니라 전 세계에서 느낄 수 있다. 〈해밀턴〉의 극본을 쓴 린마누엘 미란다(Lin-Manuel Miranda)처럼 복음서 저자들은 실제 역사 인물을 소재로 글을 쓰고 있었고, 그 인물의 이야기를 들려주되 독자들을 격려하고자 했다. 그러나 미란다와 달리, 복음서 기자들은 예수님의 실제 말씀과 행위를 전한다고 주장하지, 주인공이신 예수님의 정신을 정확히 담아내기만 한다고

12   다시 만난 예수

주장하지는 않는다. 마태복음, 마가복음, 누가복음, 요한복음이라고 알려진 신약 복음서 네 권은 역대 베스트셀러에 속한다. 그러나 우리 대부분은 그중 한 권이라도 앉은 자리에서 처음부터 끝까지 읽어 본 적이 없다.

아마 당신이 예수님에 대해 아는 정도는 내가 미란다의 뮤지컬을 보기 전에 알렉산더 해밀턴에 대해 알던 정도와 비슷할 것이다. 예수님에 대해 대충은 안다. 1세기 유대인이고, 예수 그리스도로 알고들 있고, 마리아라는 처녀에게서 태어났고, 하나님의 아들이라고들 믿는다는 것이다. 기적을 행하는 치유자이자 위대한 도덕 교사로 보였고, 결국 로마인들에 의해 십자가에 못 박혔지만, 그리스도인들의 믿음에 따르면 죽은 자들 가운데서 다시 살아났다. 아마 "판단하지 말라", "네 이웃을 네 몸과 같이 사랑하라"처럼 예수님의 유명한 말씀도 알고 있을 것이다. 하지만 그것이 전부다. 뮤지컬을 아직 못 본 것이다. 어쩌면 더 많이 알고 있을지도 모르겠다. 교회에서 자라면서 예수님을 인용하는 내용을 듣고 성경을 읽었지만, 거기에서 한 발짝도 더 나아가지 않았을 수도 있다. 예수님을 노래하는 유명한 곡을 따라 흥얼거릴 수도 있다. 그렇지만 예수님의 생애에 관한 세세한 내용은 시간이 흐르면서 점차 흐릿해져서, 솔직히 말하자면 복음서가 대체로 가공의 이야기, 2천 년 전 동화의 인물에 관한 가공의 이야기일지도 모른다는 생각이 든다.

이 책에서는 복음서가 들려주는 예수님 이야기를 살펴보고서 그 이야기가 오늘 우리 삶에 어떠한 의미가 있는지 질문하고자 한다. 1장("유대인이신 예수")에서는 예수님 탄생 전 유대 민족의 역사, 예수님이 실제 사람으로 존재하셨다는 증거, 예수님이 태어나시던 당시의 정치 상황, 복음서가 예수님의 생애와 가르침에 대한 신뢰할 만한 자료라는 증거를 살펴보겠다. 2장("하나님의 아들이신 예수")에서는 복음서에서 말하는 예수님의 신적 정체성을 검토하겠다. 3장("왕이신 예수")에서는 예수님이 하나님이 오래전에 약속하신 영원한 왕이시라는 주장을 탐구하겠다. 4장("치유자이신 예수")에서는 예수님이 베푸신 치유의 기적이 예수님의 정체성을 어떻게 해명하는지를 보겠다. 5장("선생이신 예수")에서는 예수님의 가르침이 어떻게 해서 현대의 도덕적 틀의 기초를 닦으면서 동시에 균열도 일으키는지에 주목하겠다. 6장("연인이신 예수")에서는 예수님이 하나님의 백성에게 참된 신랑이요 완벽한 친구이시라는 주장을 파헤치겠다. 7장("종이신 예수")에서는 예수님이 어떻게 해서 종의 역할을 맡으시고 그분을 따르는 이들에게도 그분처럼 하라고 명령하시는지 살펴보겠다. 8장("희생 제물이신 예수")에서는 예수님이 하나님에게 희생 제물로 바쳐진 어린양이시면서 또 그 제물을 바치는 성전이시기도 하다는 역설적인 주장을 살펴보겠다. 마지막으로 9장("주이신 예수")에서는 예수님이 만물의 적법한 주님이라는 주장과 우리의 가장 참된 자유는 그분을 섬기는 데 있다는 주장을 따져 보겠다. 이 책을 다 읽을 즈음에는 이 1세기 유대인 남자에 관해, 즉 곧 자신이 만물을 만들었으며 유대인의 왕이요, 능력 있는 치유자요, 가장 위대한 선생이요, 최고의 연인이요, 고난받은 종이요, 완전한 희생 제물이요, 온 세상의 주인이라고 주장한 사람에 관해 더 많은 것을 알아내고자 복음서를 직접 읽고 싶어지기를 바란다.

브로드웨이 뮤지컬을 보면 대체로 조명이 보이지 않게 연출한다. 그런데 〈해밀턴〉에서는 일부러 전등을 노출한다. 이 책에서도 비슷한 방법을 시도하고자 한다. 각 장은 사복음서 전체를 기반으로 하지만 단순히 합성 이미지를 제시하지는 않으며, 이 책 덕분에 복음서 각각이 빛을 비추는 특정 각도에 호기심이 일어나기를 바란다.

마련된 무대부터 다뤄 보자.

마가복음이 가장 먼저, 즉 예수님이 돌아가시고 나서 35-45년 후쯤에 쓰인 것 같다. 예수님의 절친 중 한 사람인 시몬 베드로의 기억을 바탕으로 마가라고 하는 요한(앞으로 복음서를 두루 돌아다니면서 보겠지만, 당시에는 이름이 두 개인 사람이 많았다!)이 마가복음을 썼다고들 믿는다.[1] 마가복음은 가장 짧은 복음서이며, 〈해밀턴〉식의 긴박감이 넘쳐서 베드로의 충동적인 성격과도 잘 어울린다. 사실, '긴박하게'(immediately)에 해당하는 그리스어가 마가복음에 둥둥 울리는 북소리를 만들어 내서, 마치 기자가 시간에 쫓기고 있는 듯하다!

마태복음은 전통적으로 예수님의 제자 중 한 명이자 레위 또는 마태로 알려진 세리와 관련이 있다. 마태가 기록한 '산상 설교'는 예수님의 가르침이 집약된 말씀으로, 마태복음을 한 번도 읽지 않은 사람이라도 군데군데 알 정도로 유명하다. 마태복음은 예수님의 생애를 가장 유대교다운 방식으로 기록한 것이 확연히 드러나는데, 예수님과 구약 본문을 연달아 관련짓기 때문이다. 그렇지만 마태복음은 비유대인인 인물들을 연이어 엮다가, 예수님이 첫 유대인 제자들을 향해, 가서 모든 민족을 제자로 삼으라고 명령하시는 것으로 끝난다(마 28:19, 20).

누가복음은 누가의 기록 과정을 설명하는 것으로 시작한다. 누가

---

1 마가가 베드로의 통역사이자 대서인 역할을 했다는 주장은 아주 이른 시기의 문서에도 등장한다. 예를 들어 히에라폴리스의 주교였던 파피아스가 2세기 초에 쓴 글에도 나온다.

는 신중한 역사가처럼 "처음부터 목격자"인 사람들을 인터뷰하고 그들의 증언을 "차례대로" 적었다(눅 1:2, 3). 누가복음을 보면 여자, 가난한 사람, 약한 사람, 병든 사람, 소외된 사람 들에게 특히 초점을 둔다. 누가는 의사였고, 복음서 저자 중 유일하게 비유대인이다. 누가복음의 속편이자 기독교 운동의 초기 역사를 들려주는 사도행전도 누가가 기록했다.

가장 나중에 기록된 복음서는 요한복음으로, 예수님 사후 60년 정도에 기록되었다. 요한복음은 철학적 색채가 짙어서 뮤지컬보다는 오페라에 가깝다. 요한은 다른 복음서에 있는 사건들은 많이 건너뛰고, 다른 데서 크게 다루지 않은 사건들을 집어넣는다. 그러나 앞으로 1장에서 보겠지만, 요한복음이 나중에 기록되었다고 해서 역사적으로 신빙성이 없다고 여기고 외면할 수는 없다. 아주 존경받는 몇몇 학자의 믿음에 따르면, 요한복음을 기록한 사람은 예수님의 처음 제자들 중 한 명으로 자기가 기록한 내용 대부분을 젊은 시절에 목격했다.[2]

가장 긴 복음서(누가복음)조차도 〈해밀턴〉을 관람하는 데 드는 시간이면 다 읽을 수 있다. 내가 친구들과 함께 가서 미란다가 제작한 뮤지컬을 즐거이 보았듯이 당신도 복음서 한 권을 한두 명의 친구와 함께 읽는 것이 도움이 된다는 생각이 들지도 모르겠다. 아마 예수님에 대한 관점이 서로 다른 친구와 함께 읽는다면 좋을 것이다. 어쩌면 친구

---

2 예를 들어 D. A. Carson, *The Gospel according to John* (Grand Rapids, MI: Eerdmans, 1991), 68-81, 「요한복음」, PNTC 주석 시리즈(솔로몬 역간, 2017); Richard Bauckham, *Jesus and the Eyewitnesses: The Gospels as Eyewitness Testimony* (Grand Rapids, MI: Eerdmans, 2006), 6, 「예수와 그 목격자들」(새물결플러스 역간, 2015); Craig L. Blomberg, *The Historical Reliability of the New Testament: Countering the Challenges to Evangelical Christian Belief* (Nashville: B&H Academic, 2016), 153-159를 보라.

와 함께 예수님의 높아지심을 설명해 보려고 할 수도 있을 것이다. 가난하게 살다가 젊은 나이에 죽었고, 책 한 권 집필한 적 없으며, 군대를 양성한 적도, 왕좌에 앉은 적도 없는 이 남자가 어떻게 해서 사상 최고로 삶을 변화시키고 세상을 뒤흔들고 역사에 남는 사람이 되었는지를 말이다.

1장

유대인이신
예수

2017년에 개봉한 영화 〈주키퍼스 와이프〉(*Zookeeper's Wife*)는 한 어머니가 낮잠 자는 어린 아들을 지켜보는 장면으로 시작한다. 동물 두 마리가 아이와 함께 누워 있다. 처음에 나는 그 동물이 분명 새끼 돼지라고 생각했다. 그런데 흐릿하던 카메라 초점이 차츰 선명해지면서 그것이 새끼 사자라는 걸 알았다. 첫 장면은 그야말로 거의 에덴동산 같은 생활을 그린다. 안토니나라는 이 여인은 겁도 없이 코끼리 우리로 들어가서 갓 태어난 새끼를 살려 낸다. 한 손으로는 새끼 코끼리의 기도를 확보하고 다른 손으로는 불안해하는 어미 코끼리를 진정시키는데, 어미 코끼리는 언제든지 안토니나를 내리밟을 수도 있었다. 안토니나와 남편 얀을 하나로 묶는 사랑은 두 사람이 돌보는 동물들에 대한 사랑으로 흘러넘친다. 그러나 처음부터 우리는 이 장면이 바르샤바를 배경으로 하고 있으며 때는 1939년임을 안다. 얀이 어쩔 수 없이 유대인 아이 몇 명이 기차에 타는 것을 도와줄 때 우리는 그 아이들이 어디로 갈지 안다. 얀이 게토(유대인 강제 거주 지역_ 옮긴이)에서 유대인들을 빼내 와서 자기네 동물원 지하에 숨겨 줄 때, 발각되는 경우 이들을 기다리고 있을 운명을 우리는 안다.[1] 영화는 시선을 사로잡을 정도로 아름답지만, 홀로코스트의 공포가 끊이지 않고 밀려든다. 나는 눈물이 흘러서 몇 번이고 재생을 중지해야 했다.

예수님의 생애를 담은 복음서 기록을 봐도, 본문에 유대 민족의 이야기가 가득하다. 그렇지만 우리 대부분은 그 이야기의 윤곽을 모른다. 예수님이 이 땅에서 살아가신 후에 무슨 일이 일어났는지는 알아도, 그전에 일어난 일은 알지 못한다. 우리는 예수님이 세상에 끼치신 독보적인 영향에 매우 익숙해진 나머지 인간 역사의 무대에 처음 오르실 당시의 모습으로 그분을 보기가 힘들다. 이제 기독교는 세계에서 가장 크고 종파도 가장 다양한 신앙 체계다. 우리는 기독교의 그러한 우위에 매우 익숙해진 나머지 예수님을 피지배 민족의 일원으로 상상하기가 어렵다. 예수님이 서구 문화에 끼치신 영향에 아주 익숙해져서 예수님이 뼛속 깊이 중동 사람이라는 사실을 떠올리기 힘들다. 기독교에 매우 익숙해져서 예수님이 얼마나 뿌리 깊게 유대인인지를 잊어버리는 것이다.

이번 장에서는 예수님이 문자적, 정치적, 신학적으로 어디 출신이셨는지 잠시 엿보겠다. 우리가 질문할 내용은 예수님이 실제로 2천 년 전에 일하고 걸어다니고 울기도 하신 진짜 사람이셨는지 아닌지, 유대인인 예수님을 진정으로 접할 수 있는 역사적 설명으로 복음서를 보아야 하는지 아닌지다. 우선은 유대 민족의 고대사를 파보겠다. 예수님이 그 무대로 걸어 올라가셨을 때는 1막이 아니었다. 그때는 막간 이후

---

1 *The Zookeeper's Wife*, Niki Caro 감독 (London: Scion Films, 2017). 〈주키퍼스 와이프〉.

첫 장이었다. 그러니 그 시점까지의 성경 줄거리를 회오리바람처럼 빠르게 먼저 돌아보고, 예수님 이야기를 유대인의 역사에 비추어 가장 잘 이해하는 방법을 잠시 다루겠다.

태초에

오늘날 많은 서구인에게는 우주를 만드신 참되신 창조주 하나님의 존재를 믿는 것이 타당해 보이지 않을 수 있다. 하나님의 존재를 전혀 믿지 않는 것을 기본 설정값으로 보는 이가 많다. 창조주의 존재를 믿으려면 물증이 필요하다. 유일하시고 **한 분**이신 창조주 하나님의 존재를 믿는 유대교의 신앙은 고대 근동에서도 반(反)문화적이었다. 그렇지만 당시 그러한 신앙의 대안은 무신론이나 불가지론이 아니라 다신론이었다. 대부분 사람은 많은 신을 믿었다. 다수의 이러한 견해와 대조적으로 성경은 첫 장에서 유일하신 창조주 하나님이 존재하시며, 그분이 만물을 만드셨고, 인간을 그분의 형상으로 만드셨다고 주장한다 (창 1:26, 27).

기독교가 세계적으로 융성했기 때문에 유일하신 창조주 하나님의 존재를 믿는 신앙이 오늘날 전 세계에 가장 널리 퍼진 견해가 되었다. (창조주를 믿지 않는 사람들 비율은 많은 서구인이 추정하는 수치보다 사실상 훨씬 낮으며, 그 비율은 세계적으로 줄어들고 있지 늘어나고 있지는 않다!) 그러나 창세기가 기록된 당시에는 물론이고 예수님이 태어나신 당시에도 유일신론은 타당해 보이지 않았을 것이다. 그 주장이 한층 더 터무니없어 보이도록, 복음서는 예수님이 **바로 이 창조주 하나님이라고** 주장했다. 복음서가 예수님을 반신반인도 아니고 또 하나의 신도 아닌, 육신이 되신

다시 만난 예수

유일하신 참 하나님으로 주장한 것이다. 그러면 이 창조주 하나님이 왜 사람이 되셨겠는가? 성경 첫 책의 처음 세 장을 보면 우리가 해결책을 간절히 바라게 되는 장면이 나온다.

창세기 2장은 〈주키퍼스 와이프〉의 시작 부분처럼 그림을 그린다. 사람들은 서로 사랑하는 관계이고 하나님의 창조 세계 나머지 부분을 돌보는 책임을 맡았다. 그러나 얀과 안토니나에게 증오와 죄와 죽음이 **외부**에서 침입한 반면에, 창세기 3장에서는 **내부**부터 썩어 들어가기 시작한다. 하나님이 원형으로 만드신 사람들이 하나님이 원형으로 정하신 법을 어겼다. 그러자 하나님과 그들의 관계, 그들 서로 간의 관계가 다 엉망이 되었다. 운석 충돌로 대기가 파괴되듯이 이들이 하나님에게서 등을 돌리자 모든 것이 망가졌다. 그래도 〈주키퍼스 와이프〉를 보면서 우리가 에덴에서 나와 고통과 죽음과 비탄을 지나서 구원에 이르게 되듯이, 하나님은 어둠 속에서 일하시면서 생명을 되살리는 계획을 전개하신다. 이는 사람들이 하나님과 친밀한 관계를 회복하고 그들 서로 간에도 친밀한 관계를 회복하게 하는 계획이었고, 전적으로 예수님이 결정하신 계획이었다.

하나님의 계획은 어느 한 사람을 향한 약속으로 시작하는데, 요즘 말로 표현하자면 이라크에 위치한 도시 출신이자 장래성이 전혀 없는 사람이었다. 그 사람, 아브라함은 늙었고 아이도 없었다. 그런데도 하나님은 아브라함으로 큰 민족을 이루고 땅의 모든 족속이 아브라함의 족속을 통해 복을 받으리라 약속하셨다(창 12:1-3). 그리고 아브라함이 하나님을 믿었다. 결국에는 믿었다는 말이다. 성경에 나오는 많은 인물처럼 아브라함도 기가 막힌 실패를 여러 번 저질렀다. 그렇지만 마침내는 믿었다. 아내인 사라가 임신했고, 두 사람의 아들인 이삭이 씨앗이 되어 유대 민족이 성장했다. 마태와 누가는 족보를 제시하여 예수님이 아브라함의 자손임을 보여 준다(마 1:1-17; 눅 3:23-38). 유대인이라는 예수님의 정체성은 세상을 향한 그분의 사역에 아주 중요하다.

이삭은 리브가와 결혼하며, 이들은 두 아들, 야곱과 에서를 낳는다. 야곱은 이스라엘이라는 새 이름을 얻고, 야곱의 열두 아들에게서 이스라엘 열두 지파가 시작된다. 말문이 막히는 또 다른 충격적인 잘못은, 열두 아들 중 하나인 요셉을 형들이 노예로 팔아 버린 일이다. 그러나 나중에 요셉이 형들에게 설명하듯이, 이들이 꾸민 악한 짓을 하나님이 선한 일로 바꾸셨다(창 50:20). 요셉은 바로가 다스리는 애굽의 감독관이 되어서 애굽과 자기 가족이 기근을 겪지 않게 했다. 요셉은 애굽 여자와 결혼했는데, 반은 애굽인인 두 아들이 요셉 지파를 반으로 나눈 에브라임과 므낫세 지파의 시조가 되었다. 그러므로 이스라엘 열두 지파가 시작될 때부터 다른 민족 출신 사람들이 하나님의 언약 백성에 접붙여진 것이다. 여기에서 땅의 모든 족속이 아브라함의 족속을 통해 복을 받으리라는 하나님의 약속 성취를 조심스럽게 처음으로 들려준다. 그러나 애굽에서 400년 세월이 흐른 후, 이스라엘 사람들은 존경받던 이민자에서 예속 노예로 전락한다.

민족의 탄생

해리엇 터브먼(Harriet Tubman)은 아프리카계 미국인 노예 수백 명의 탈출을 도운 후에 '모지스'(모세)라는 별명을 얻었다. 딱 맞는 이름이었다. 터브먼은 다른 사람들을 이끌어 노예살이에서 빠져나오게 하기 전

다시 만난 예수

에 자기도 노예살이를 겪었다. 원조 모세는 아기 때 애굽 왕 바로가 모든 이스라엘 사내 아기를 죽이라고 명령했기 때문에 압제를 겪었지만, 나중에는 이스라엘 사람들을 이끌어 애굽에서 빠져나오게 했다. 모세의 부모는 아기 모세를 바구니에 숨겨서 겨우 탈출시켰는데, 나일강에 띄워 놓은 그 바구니를 바로의 딸이 발견하여 모세를 키웠다. 그렇지만 초자연적으로 불타는 떨기나무에서 하나님이 모세를 부르셨을 때 모세는 애굽을 떠나서 살아온 지 오래였다. 모세는 자신이 돌아가서 바로에게 하나님의 백성을 놓아 주라고 요구해서는 **안 되는** 이유에 관해 생각해 낼 수 있는 구실을 모조리 찾았다. 그렇지만 온 세상을 다스리시는 하나님은 모세의 거절을 대답으로 받아들이지 않으셨다.

모세가 하나님 이름을 여쭙자 하나님은 "나는 스스로 있는 자이니라 …… 너는 이스라엘 자손에게 이같이 이르기를 스스로 있는 자가 나를 너희에게 보내셨다 하라"(출 3:14)고 하셨다. 성경의 하나님은 그저 **존재하시는** 분이다. 그렇지만 하나님은 자기가 누구인지를 그분 백성에게 이렇게도 밝히신다. "나는 네 조상의 하나님이니 아브라함의 하나님, 이삭의 하나님, 야곱의 하나님이니라"(출 3:6). **존재하시는** 바로 그분이 이스라엘에게 약속하시는 하나님이다. 구약에 수수께끼 같은 신적 이름으로 등장하는 '여호와'(또는 야훼[Yahweh])는 '……이다/……이 있다'(to be)에 해당하는 히브리어 동사를 '나는 있다'(I am)로 표현할 때 취하는 형태다. 유대인들에게 '여호와'는 지극히 거룩한 이름이어서 결코 소리 내어 읽힌 적이 없다. 그래서 '여호와' 대신 '나의 주'라는 뜻인 '아도나이'(Adonai)라고 읽었다. 이것이 나중에 그리스어 구약 역본에까지 이어져서, 그리스어 역본에서는 여호와를 '퀴리오스'(kyrios), 즉 '주'(Lord)

로 옮겼다. 그리고 이러한 관습을 따라 성경의 영어 역본 대부분은 작은 대문자를 이용하여 여호와 대신 '주'(LORD)라고 썼다. 그런데 2장에서 보겠지만 예수님은 놀라서 기절할 만한 일을 하신다. '나는 있다'(I am)라는 그 신적 이름을 자신에게 적용하신 것이다.

모세가 바로에게 하나님의 백성을 보내라고 말하자, 바로는 거부했다. 그래서 하나님이 열 가지 끔찍한 재앙을 보내셨다. 바로는 계속 이스라엘 사람을 보내겠다고 하고는 변덕을 부렸다. 마지막 재앙은 과거에 모세가 모면한 이스라엘 남아 학살과 흡사했다. 모세는 바로에게 계속 거부한다면 어느 집에서든 맏아들이 죽으리라고 경고했다. 이스라엘 사람들은 어린양의 피를 문지방에 발라서 죽음이 그들의 집을 넘어가게 하라고 들었다. 구약의 많은 순간처럼 이 장면도 예수님을 미리 나타낸다. 그 예수님을 (8장에서 보겠지만) 복음서에서 하나님의 어린양이라고 일컫는다. 유월절 어린양처럼 희생당하신 분이므로 누구든지 그분을 믿으면 살 수 있다는 말이다.

마침내 바로가 하나님의 백성을 보내는 데 동의했다. 그러나 다시 생각이 바뀌어서 자기 군대를 보내어 이스라엘 사람들을 뒤쫓자, 이스라엘 사람들은 적과 홍해 사이에서 오도 가도 못하게 되었다. 하나님은 최종 구출 작전으로 거센 동풍을 보내어 바다를 가르셨다. 이스라엘 백성이 걸어서 건넌 후 바닷물이 추격자들을 다시 덮쳤다. 바로 이 해방, 곧 출애굽이 민족 하나가 탄생하는 순간이 되었다. 몇 가지 면에서, 이스라엘은 이 순간을 내 미국인 친구들의 마음속 독립 전쟁과 똑같이 기억한다. 뮤지컬에서 해밀턴은 이렇게 노래한다. "우리는 모세처럼 출발했지, 우리네 약속의 땅을 차지하러."[2] 반면에 이스라엘 사람들은 스스로 전투를 치르지 않았고, 하나님이 대신 싸워 주셨다. 그리고 미국과 달리 옛 이스라엘은 하나님과 유일무이한 관계였다. 예수님 시대 유대인들은 이 소망에 매달렸다. 로마가 아무리 가혹하게 다스려도 유대인들은 여전히 자기들이 하나님의 백성임을 믿었다. 자기들은 아브라함의 자손이고, 노예살이에서 건져 냄을 입었으며, 무엇보다 중요하게는 율법을 받았다고 계속 믿은 것이다.

관계의 법칙

남편이 자주 입는 후드 티셔츠나 충전기, 열쇠를 내가 슬쩍 가져갔다고 투덜거릴 때면(부부 관계에서 나는 상습 절도범인 셈이다), 나는 혼인 서약을 앵무새처럼 되풀이하여 읊어 준다. "내 전부를 그대에게 드리며, 내게 있는 것을 모두 그대와 함께합니다"라고 말이다. 결혼했으니 나는 남편 물건을 자유로이 가져갈 수 있게 되었다. 그렇지만 결혼으로 누리는 자유는 그것 말고도 더 있다. 나는 배우자가 될 만한 다른 사람들을 다 외면하고 남편에게 나를 묶어 두었다. 남편도 나에게 자기를 묶어 두었다. 이러한 독점적 약속은 관계를 방해하기 위해서가 아니라 보호하기 위해 존재한다.

여호와께서는 이스라엘 사람들을 애굽에서 구출하신 후에 그들에게 율법을 주셔서 하나님과 함께 살아가는 방법을 보여 주셨다. 하나님이 주신 이 유명한 십계명은 이렇게 시작한다. "나는 너를 애굽 땅,

---

2 Lin-Manuel Miranda, "My Shot," on *Hamilton: Original Broadway Cast Recording*, Atlantic Records, 2015.

종 되었던 집에서 인도하여 낸 네 하나님 여호와니라 너는 나 외에는 다른 신들을 네게 두지 말라"(출 20:2, 3). 혼인 서약처럼 하나님의 법은 관계의 규범을 설정한다. 하나님만 섬기는 것이 최우선이고, 거기에서 남을 나 자신처럼 사랑하기, 가난한 사람들을 경제적으로 돕기, 압제당하는 이들을 보호하기, 성적 정절을 지키며 살기, 진실을 말하기 같은 나머지 무수한 도덕적 행위가 나온다. 모세가 이러한 신적 명령을 받고 있을 때조차도 하나님의 백성은 금송아지를 섬기며 그 명령을 어기고 있었다.

이스라엘의 이야기가 전개되면서, 우리는 하나님의 백성이 하나님에게서 돌아서는 이러한 유형이 반복되는 것을 볼 수 있다. 하나님의 백성이 우상을 섬기고 가난한 사람들을 압제한다. 그래서 하나님이 심판을 내리신다. 그러면 백성이 회개한다. 하나님이 백성을 건져 주신다. 이것이 다시 돌고 돈다. 상습적으로 바람피우는 배우자처럼 하나님 백성이 관계의 법을 계속 위반한다. 앞으로 5장에서는 예수님이 하나님의 법을 철저하게, 삶을 긍정하는 방식으로 살아 내고 가르치셨음을 보겠으며, 6장에서는 예수님이 여호와께서 하시는 역할, 즉 걸핏하면 바람피우는 백성의 충실한 남편이라는 역할을 어떻게 맡으셨고, 예수님의 오심이 어떻게 해서 (지도자들이 악화시키는 경우가 많았던 문제인) 죄라는 난제를 마침내 처리했는지 보겠다.

왕들과 재앙

〈해밀턴〉에서 내가 무척 좋아하는 노래는 "당신은 돌아올 거야"이다. 그 노래는 실성한 영국 국왕이 부르는 우스꽝스러운 거짓 사랑

다시 만난 예수

노래인데, 끝나지 않을 것처럼 이어지는 "다다다닷다 닷다다다다 야다"가 들어 있다.[3] 이 노래는 왕족을 매력적으로 그리지 않는다. 미국인의 시각에서 영국의 조지 왕은 지배하려 들고 세금을 강요하는 성가신 존재일 뿐이다. 약속의 땅에 들어간 후 천 년 동안 이스라엘 사람들에게는 지도자와 사사가 있었지만 왕은 없었다. 이들이 왕을 요구하자 하나님은 그들이 인간 왕만 바라는 것은 아닐 것이라고 말씀하신다. 사실, 하나님은 왕이 백성을 어떻게 대할지 묘사해 주시는데 〈해밀턴〉에서 묘사하는 조지 왕과 다른 점이 없다(사무엘상 8장 10-18절을 보라). 그래도 하나님이 백성의 간청을 들어 주셔서 이스라엘의 첫 번째 왕 사울이 기름 부음을 받는다.

사울은 시작이 좋았으나 끝이 안 좋았다. 사울이 하나님에게 순종하지 않자 하나님은 사울을 버리셨다. 사울을 대신한 다윗 왕은 목동으로 시작하여 거인 같은 블레셋 사람 골리앗을 무찌른 일로 유명했다. 하나님은 다윗을 "마음에 맞는 사람"(삼상 13:14)이라고 부르셨고, 다윗은 정말 훌륭한 구약 시편을 많이 지었다. 다윗은 이스라엘의 전형적 왕이었고, 복음서에서는 (다윗의 후손인) 예수님을 흔히 "다윗의 자손"이라고 일컫는다. 그렇지만 성경의 많은 영웅 지망자처럼 다윗도 엄청난 잘못을 저지른 적이 있다. 어느 날 아름다운 여자가 목욕하는 장면을 옥상에서 보고는 그 여자를 불러서 동침했고, 그러고 나서 여자가 임신하자 여자의 남편을 전쟁터에서 죽게 했다. 하나님이 선지자를 보내어 다윗의 죄를 폭로하시자 다윗은 슬피 회개했다. 회개했지만 도덕

---

3 Jonathan Groff, vocalist, "You'll Be Back," by Lin-Manuel Miranda, on *Hamilton: Original Broadway Cast Recording.*

적 실패와 이스라엘의 전쟁에서 맡은 역할 때문에 하나님의 전을 건축하는 사람은 될 수 없었다. 성전 건축은 아들 솔로몬에게 넘어갔다.

솔로몬은 하나님에게 받은 지혜로 유명하다. 그런데도 주기적으로 죄를 되풀이하는 데서는 벗어나지 못했다. 주변 이방 나라 왕들처럼 솔로몬도 아내와 첩을 많이 두기 시작했고, 결국은 많은 신을 섬겼다. 3장에서는 다름 아닌 예수님이 오래전에 약속된, 유대인의 최고 왕이시고, 그분만이 정의로 통치할 수 있으셨음을 살펴보겠다. 그런데 8장에서는 예수님이 진정한 성전도 되심을 살펴보겠다. 예수님은 하나님이 참으로 거하실 곳이자 진정한 희생 제사를 드리는 곳인 진짜 성전이신 것이다.

솔로몬 사후에 나라가 북왕국(이스라엘)과 남왕국(유다)으로 분열되고 나서도 죄의 주기적 되풀이는 계속되었다. 하나님은 다정한 아버지처럼 선지자들을 연이어 보내어 백성에게 돌아오라고 명령하셨고, 곧 닥칠 심판을 경고하셨다. 그러나 결국 판결이 떨어졌다. 주전 725년에 북왕국 이스라엘이 아시리아에 무너졌다. 이스라엘 왕과 많은 백성이 유배당했다. 그러고 나서 주전 597년에 (남왕국 유다에 있던) 예루살렘을 바벨론 사람들이 함락했다. 나라의 지도자들이 포로로 잡혀갔다. 10년 후, 예루살렘과 성전이 파괴되었고 많은 백성이 나라 밖으로 쫓겨났다. 어느 시편에서 이렇게 애통한다. "우리가 바벨론의 여러 강변 거기에 앉아서 시온을 기억하며 울었도다"(시 137:1).[4]

---

4   시온은 예루살렘에 있던 산성으로 다윗 왕이 정복하여 '다윗성'이라고 이름 붙이고서 거주지로 삼았다(사무엘하 5장 6-9절을 보라). 그 후 구약 기자들이 여호와의 전과 왕좌가 있는 장소가 된 수도 예루살렘을 지칭하는 데 **시온**이라고 쓰는 경우가 많았다.

다시 만난 예수

예수님이 탄생하실 즈음에 하나님의 백성은 다시 고국으로 돌아와서 성전을 재건할 수 있었다. 그렇지만 독립 상태가 아니라 피지배 민족으로 살아가고 있었다. 신실한 유대인들은 여전히 자기네 성경 두루마리를 고수하면서 전에 하나님이 선지자들을 통해 약속하신 구원자-왕을 보내 주시기를 바라고 있었다. 그러나 그 시점까지 희망은 모조리 깨져 왔다.

예수님 등장.

나사렛 예수

당신이 모니터 화면을 2천 년 전으로 스크롤해 올라간다면 나사렛을 역사상 가장 영향력 있는 사람의 고향이라며 확대하지는 않았을 것이다. 1세기 이스라엘은 로마 제국의 오지였고, 나사렛은 이스라엘의 오지였다. 예수님의 제자 중 하나인 빌립이 동료 유대인 나다나엘에게 "모세가 율법책에 기록하였고, 또 예언자들이 기록한 그분을 우리가 만났습니다. 그분은 나사렛 출신으로, 요셉의 아들 예수입니다"라고 말하자 나다나엘은 이렇게 대답했다. "나사렛에서 무슨 선한 것이 나올 수 있겠소?"(요 1:45, 46, 새번역) 적절한 질문이었다.

나사렛은 골칫거리 지역에서도 변두리 마을이었다. 주전 4세기에 그 지역에서 유대인 한 무리가 로마에 맞서 반란을 일으켜서 세포리스에 있던 로마 무기고를 탈취했다. 세포리스는 나사렛에서 6킬로미터 떨어져 있는 마을이었다.[5] 로마인들이 보복했다. 세포리스를 초토화하

---

5 마태복음과 누가복음에 따르면 예수님은 헤롯 왕 치세 때 태어나셨는데, 헤롯 왕이 주전 4년에 죽었으니 예수님의 탄생 연대를 주후 1년으로 하는 우리네 전통적인 연대 결정과는 몇 년이 어긋날

고 세포리스 주민을 노예로 팔았으며, 거의 2천 명에 달하는 유대인에게 십자가형을 집행했다.[6] 이러한 세계에서 예수님이 자라셨다. 로마의 통치에 저항한다면 십자가행 편도 승차권을 구입하는 셈이었다.

상황이 더 나빠졌을 수도 있다. 로마인들은 유대교의 관습을 대체로 포용해 주었다. 헤롯 왕은 민족적으로 보면 유대인이 아니었는데도 주전 37년에 로마가 헤롯을 '유대인의 왕' 자리에 앉혔고, 헤롯은 자치권을 상당히 누리며 통치했다. 예루살렘 성전을 개축하여 당시 손꼽히게 인상적인 건축물로 만드는 것도 그러한 자치권에 포함되었다. 그렇지만 헤롯은 백성의 마음을 결코 얻지 못했다. 그는 자기 아들 몇 명을 처형할 정도로 잔인했고, 마태복음에 나오는, 베들레헴의 사내 아이들을 죽이라는 명령을 내린 일로 가장 유명하다(마 2:16). 헤롯이 죽고 나서 수십 년 동안 다수의 유대인 자유의 투사들이 로마에 맞서 반란을 기도했다.

예수님이 아마도 이십 대 후반에 공적 사역을 시작하셨을 때는 이미 후끈하게 달아오른 정치판으로 걸어 들어가신 것이다. 해밀턴은 "우리를 자유롭게 한다면 내 목숨을 바치겠소"[7]라고 선언했고, 예수님은 메시아가 되려던 다른 많은 사람처럼 로마의 십자가에 못 박혀 죽으셨다. 그렇지만 그 시대의 다른 모든 지도자와 달리 예수님의 생명과 가르침은 세상을 변화시켰다. 또는 그렇다고 들어 왔다. 그런데 복음

수도 있다.

6   유대 역사가인 요세푸스는 *Jewish Antiquities* 17.10에서 이 사건을 전한다. 「요세푸스 2: 유대 고대사」(생명의말씀사 역간, 1987).

7   Miranda, "My Shot."

다시 만난 예수

서 이야기가 진실이라는 것은 고사하고, 예수님이 실제로 존재하기라도 했는지를 어떻게 알 수 있는가?

신약 성서 학자 바트 어만(Bart Ehrman)은 자신의 2012년 작 「예수는 존재했는가? 나사렛 예수에 대한 역사적 논의」(Did Jesus Exist? The Historical Argument for Jesus of Nazareth)에서 이 질문에 이렇게 답한다. "당신이 예수님에 대해 달리 어떻게 생각하든지 진실은 그분이 정말로 존재하셨다는 것이다."[8] 어만은 예수님의 신성에 관해서는 회의론자다. 그렇지만 어만의 말에 따르면 예수님이 실제 역사적 인물이라는 견해를 "지구상의 거의 모든 전문가가 굳게 지지한다."[9] 이 사실을 우리가 알 수 있는 근거는 성경 자체만이 아니다. 그리스도인들을 전혀 좋아하지 않던 많은 사람이 일찍이 예수님에 대해 언급했다. 그런 이들이 확인해 주는 내용을 보면 예수님은 1세기 유대교 랍비였고, 그분이 '그리스도'(하나님이 약속하신 왕)라는 주장이 있었으며, (유대 지방의 로마 총독인) 본디오 빌라도의 지휘 아래 십자가형을 받았고, 그 후에는 추종자들에게 숭배받았다.

역사 속에 사람으로 태어나신 유대인 예수님의 실제 생애는 복음서에서 제시하는 주장이나 이 책에서 들려주는 다른 모든 주장과 관련하여 매주 중요하다. 예수님이 우리처럼 살과 피를 가진 실존 인물, 역사적 인물이 아니라면, 복음서가 주장하는 다른 존재가 될 수 없다. 그렇지만 나사렛 예수가 역사 속 유대인이었다고 믿는 것만으로는 복음

---

8 Bart D. Ehrman, *Did Jesus Exist? The Historical Argument for Jesus of Nazareth* (New York: HarperOne, 2012), 4.

9 Ehrman, *Did Jesus Exist?*, 4.

서에서 예수님에 관해 말하는 내용이 진실이라고 확신할 수 없다. 그 래서 이번 장 나머지 부분에서는 21세기 독자가 복음서 이야기의 신빙 성과 관련하여 당연히 제기할 수 있는 질문을 다루려고 한다. 복음서 가 역사보다는 신화에 가깝다면 기독교는 정교한 거짓 종교이기 때문 이다. 고대 문서라고들 하던 사본이 알고 보니 위조 문서인 것처럼 말 이다.

복음서는 예수님이 죽으시고 오래 지나서 기록되지 않았는가?

2020년에 민권 운동 지도자인 존 퍼킨스(John Perkins) 목사가 민권 변호사 브라이언 스티븐슨(Bryan Stevenson)을 인터뷰했다. 소작인의 아 들인 퍼킨스는 미시시피에서 가난하게 태어났는데, 형이 마을 경찰서 장에게 살해당하자 캘리포니아로 몸을 피했다. 1957년에 그리스도인 이 되었고, 고향으로 돌아가서 예수님이라는 복음을 나누기로 했다. 그 후에 민권 운동에서 맡은 역할 때문에 그는 괴롭힘과 투옥과 구타를 겪었다. 퍼킨스가 회심한 지 2년이 되었을 때, 브라이언 스티븐슨이 델 라웨어의 가난한 흑인 시골 마을에서 태어났다. 민권 운동 덕택에 브 라이언은 하버드 법학 대학원에 진학할 수 있었다. 그렇지만 가난한 흑인 미국인들은 여전히 심한 불평등을 겪고 있었다. 그래서 스티븐슨 은 앨라배마에 "평등한 정의의 시작"(Equal Justice Initiative) 사무소를 열 고서, 증거가 불충분하거나 제대로 변호받지 못했는데도 사형을 선고 받은 사람들을 변호했다. 퍼킨스가 스티븐슨에게 하나님에게 어떻게 소명을 받고 그 일을 하게 되었는지 들려달라고 하자, 스티븐슨은 처 음으로 사형수 감방을 방문했을 때의 이야기를 들려주었다. 당시 법대

학생 인턴이던 스티븐슨은 어느 재소자에게 가서 이듬해에는 그에 대한 사형이 집행되지 않으리라는 소식을 전달할 예정이었다. 스티븐슨은 준비가 안 된 기분이었다. 그 재소자는 손목과 발목과 허리에 쇠사슬을 감고 있었다. 스티븐슨이 할 말을 전달하자 그 사람은 아주 깊이 안심했다. 두 사람은 몇 시간 동안 이야기를 나누었다. 그런데 느닷없이 교도관 두 명이 들어왔다.

교도관들은 면회 시간이 길어졌다는 데 화가 나서 재소자의 쇠사슬을 다시 단단히 조이는 것으로 벌을 주고자 했다. 스티븐슨은 교도관들에게 그만하라고 애원했다. 면회 시간 초과는 자기 잘못이라고 말했다. 그런데 그 재소자가 스티븐슨에게 걱정하지 말라고 했다. 그러더니 발을 단단히 딛고서 머리를 뒤로 젖히고 노래를 불렀다.

높은 곳을 향해 계속 나아갑니다.
날마다 더 높은 곳에 다다릅니다.
앞으로 나아가며 계속 기도합니다.
"주님, 제 발을 더 높은 곳에 두게 하소서."
(새찬송가 491장 〈저 높은 곳을 향하여〉, 옮긴이 번역)

"다들 멈칫했습니다." 스티븐슨이 그때를 떠올리며 말했다. "교도관들이 정신을 차리더니 그 남자를 통로 아래쪽으로 밀어붙이기 시작했습니다. 쇠사슬이 쩔꺽쩔꺽 울리는 소리가 들릴 정도로 거칠었지만, 그 남자가 더 높은 곳에 대해 노래하는 소리도 들을 수 있었어요. 그 순간 하나님이 저를 부르셨어요. 바로 그 순간 저는 사형을 선고받은 사람들이 더 높은 곳으로 가도록 도와주는 것이 제가 바라는 일이라는 것을 알았습니다."[10] 스티븐슨이 퍼킨스에게 이 이야기를 들려준 때는, 이 재소자의 노래를 들은 지 30년이 된 무렵이었다. 학자들은 대체로 예수님의 죽음과 마가복음의 저작 사이의 시간을 정확히 30년이라고 추정한다.

많은 이가 예수님의 삶과 사역을 목격했다. 그분 말씀을 들으려고 모인 무리부터 예수님을 따르기 위해 집을 떠난 소수의 제자에 이르기까지 다양했다. 1세기 랍비의 제자들은 배우들이 대본을 외우는 것처럼 자기네 랍비의 가르침을 외웠다. 예수님이 돌아가신 후에 제자들은 계속 순회하면서 누구든 들으려는 사람만 있으면 예수님의 메시지와 가르침을 되풀이하여 말했다. 예수님에게는 공식적인 열두 제자와 더불어 따라다니는 이가 많이 있었고, 예수님과 동행하던 여자도 많았다(누가복음 8장 2, 3절을 보라). 예수님을 따라다니던 사람들 중 몇 명은 복음서에 이름이 나오는데, 세계적인 신약 성서 학자인 리처드 보컴(Richard Bauckham)의 확신에 찬 주장에 따르면 이 이름난 증인들이 목격자 증언의 출처로 인용되었다. 아마 이런 식으로 말했을 것이다. "막달라 마리아한테 들었어. 마리아가 자기 두 눈으로 똑똑히 보았대."[11]

누구도 몇 년 전에 일어난 일을 **하나도 빠짐없이** 기억하지는 못한다. 그렇지만 자기 삶을 속속들이 변화시킨 일을 기억해 내지 못하는 사

---

10 "Dr. John M. Perkins Bible Study with Bryan Stevenson," YouTube video, June 9, 2020, https://www.youtube.com을 보라. 인용한 찬송은 존슨 오트만 주니어(Johnson Oatman Jr., 1856-1922)가 쓴 〈저 높은 곳을 향하여〉(I'm Pressing on the Upward Way)다.

11 Richard Bauckham, *Jesus and the Eyewitnesses: The Gospels as Eyewitness Testimony* (Eerdmans, 2006), 39-66을 보라. 「예수와 그 목격자들」(새물결플러스 역간, 2015).

다시 만난 예수

람은 아무도 없다. 스티븐슨은 사형수 감방을 처음으로 방문한 일을 상
세하게 기억해 냈다. 자기가 무슨 말을 했는지, 어떤 기분이었는지, 그
사형수가 어떻게 보였는지, 교도관들이 무슨 짓을 했는지 전부 생각해
낸 것이다. 그날 스티븐슨의 인생이 재설정되었다. 예수님을 자기 눈으
로 본 사람들도 영구적인 변화를 겪었다. 목격자들은 남은 인생을 바쳐
예수님 이야기를 전했다. 존 퍼킨스가 민권 운동을 하며 겪은 일을 (그중
에는 60년 전에 겪은 일도 있지만) 잊지 않은 것처럼 예수님의 목격자들은 30
년, 40년, 60년이 지나도 기억이 흐려지지 않았다. 그러면 복음서는 왜
더 일찍 기록되지 않았는가? 보컴의 주장에 따르면 복음서가 예수님
사후 수십 년이 지나서 기록된 이유는 바로 최초 목격자들이 세상을 떠
나기 시작했기 때문이다.[12] 그 시대의 전기 작가처럼 복음서 저자들도
더 늦기 전에 목격자 증언을 반드시 정확하게 보존하고자 했다.

우리에게 있는 복음서가 바르다는 것을 어떻게 아는가?

댄 브라운(Dan Brown)의 소설 「다빈치 코드」(The DaVinci Code)는 지
금껏 베스트셀러다.[13] 유사 속편인 「로스트 심벌」(The Lost Symbol)이 요
즘 피콕 TV 시리즈로 방영되고 있다(피콕은 미국 NBC 유니버설의 OTT 플랫폼_
옮긴이).[14] 두 책 모두 성경과 관련한 음모론을 파고든다. 특히 「다빈치
코드」가 널리 퍼뜨린 주장에 따르면 (예를 들어 성경 복음서의 경쟁 상대로 가장

---

12 Bauckham, *Jesus and the Eyewitnesses*, 7, 308-309를 보라. 「예수와 그 목격자들」.

13 Dan Brown, *The DaVinci Code* (New York: Doubleday, 2003). 「다빈치 코드」(문학수첩 역간, 2013).

14 Dan Brown, *The Lost Symbol* (New York: Doubleday, 2009).

흔히 언급되는 도마복음 같은) 나머지 이른바 복음서들에서는 예수님에 대한 더 여성주의적 견해가 보이는데, 신약의 복음서들은 그러한 견해를 덮어 버리려는 정치적 이유로 선택되었다. 그렇지만 증거를 살펴보면 성경에 있는 복음서들은 무작위로 선택되거나 정치적인 동기에서 선택되지 않았다. 성경의 복음서들과 달리 도마복음은 2세기 중반이나 후반이 되어서야 기록되었으니 예수님의 제자인 도마나 다른 목격자들이 살아 있던 시기가 한참 지난 후에 기록된 것이다. 또 신약의 복음서들과 달리, 도마복음은 전기가 아니라 예수님이 하셨다는 말씀 모음집이다. 게다가 도마복음을 읽어 보면 더 여성주의적인 견해는커녕 오히려 사뭇 여성 혐오적인 대사가 보일 텐데, 이는 복음서에서 예수님이 하시는 말씀과는 전혀 다르다.

어떤 이들의 주장에 따르면, 주후 325년에 니케아 공의회에서 사복음서를 선택했을 뿐이다. 그렇지만 이 주장은 그야말로 거짓이다. 신약의 몇몇 서신서는 니케아 공의회가 열릴 때만큼이나 늦게까지 검토되었다.[15] 그러나 사복음서는 아주 일찍부터 신뢰할 만하며 권위가 있다고 인정받았다.[16] 사실 바트 어만이 회의론자이기는 하지만, 신약의 사복음서는 "우리가 예수의 생애를 알아 가는 데 쓰이는 가장 오래되고 가장 훌륭한 자료"라고, 또 이것이 "고대의 온갖 것을 순수하게 연구하는 역사라면 헌신적인 복음주의 그리스도인에서 강경한 무신론

---

15 예를 들어 야고보서, 베드로후서, 유다서가 그렇다.

16 게다가 초기 교회에서 어느 문서를 신약에 포함시키느냐를 놓고 논의가 벌어졌지만, (사람들이 흔히들 생각하는 것과 반대로) 니케아 공의회에서 이 주제를 논의라도 했다는 역사적 증거는 전혀 존재하지 않는다.

다시 만난 예수

자에 이르기까지 누구나 견지하는 의견"이라고 장담한다.[17] 그러나 우리에게 마태복음, 마가복음, 누가복음, 요한복음의 원본이 없는데, 현재 우리에게 있는 문서들이 정확한지 어떻게 알 수 있는가?

우리에게 있는 문서가 정확한지 어떻게 아는가?

마가복음 첫 절에는 이렇게 적혀 있다. "하나님의 아들 예수 그리스도의 복음의 시작이라"(막 1:1). 그렇지 않은가? "하나님의 아들"이라는 구절이 현존하는 초기 사본에는 나오지 않는 경우가 있는데, 우리에게 있는 가장 오래된 사본조차도 아마 원본의 복사본이거나 그 복사본의 복사본일 것이다. 게다가 현존 그리스어 신약 성경 사본들 사이에는 본문이 서로 다른 부분이 40만 군데 정도 있다. 그러면 성경에 있는 복음서 본문들이 복음서 저자들이 쓴 내용을 정확히 담고 있다고 믿는다면 순진해 빠진 것인가? 그렇지 않다.

우선, 이렇게 본문상 차이를 보이는 40만 군데는 예수님 사후 천년 동안 나온, 5,600개 정도의 신약 본문 사본 **전체**에 나오는 모든 이문(異文)의 합계다. 그 사본이 어디에서 필사되었는지, 그 이문이 얼마나 중요한지, 그 이문이 실린 사본이 얼마나 많은지는 고려하지 않고서 계산한 것이기도 하다. 신약 성서 학자 윌리엄 마운스(William Mounce)는 통찰력이 돋보이는 저서 「나는 왜 성경을 믿는가」(Why I Trust the Bible)에서 그 예를 제시한다. 그리스어에서 '예수'와 같은 고유 명사는 단독으로 쓰일 수도 있고 정관사와 짝이 되어서 쓰일 수도 있다. 한 필경사가

17 Bart D. Ehrman, *Truth and Fiction in The Da Vinci Code* (Oxford: Oxford University Press, 2004), 102.

자신의 필사본 어느 부분에 '그 예수'라고 썼고 나머지 필경사들은 다들 '예수'라고만 썼다면, 그 본문에 유의미한 차이는 전혀 발생하지 않았지만 그 부분은 이문으로 간주되게 마련이다. 현존 복음서 필사본들에 이문이 상당수 있는 이유는 그 문서들이 믿을 만하지 않기 때문이 아니라 필사본이 매우 많아서다. 더욱이 현존 필사본들 출처가 **매우 다양**하므로, 독자적으로 필사하였을 사본들을 삼각 측량하여 사본들이 서로 어느 지점에서 교차하고 어느 지점에서 교차하지 않는지를 보면 정확도를 확인할 수 있다.[18]

명확히 말하자면, 복음서 본문이 불확실한 지점도 **어느 정도** 있다. 그렇지만 그중 어느 것도 우리가 예수님을 이해하는 데 영향을 끼치지 않는다. 예를 들어, 어쩌면 마가복음 원본의 첫 문장에 "하나님의 아들"이 들어 있지 않았을 수도 있지만, 마가복음의 다른 부분과 다른 복음서에서는 그 칭호를 예수님에게 사용한다. 논쟁 대상인 몇몇 구절은 현대의 판본에 표시가 되어 있다. 예를 들어서 마가복음의 마지막 열두 절은 보통 "어떤 사본에는 9-20절이 없다"라는 난외주와 함께 성경에 실려 있다. 이는 결코 무마용 작업이 아니다. 전문적 고고학 발굴 현장처럼, 성경의 사복음서 덕분에 우리는 예수님에 관한 초기 저작물을 충실하게 이용할 수 있다.

안타깝게도 늘 그러했던 것은 아니다. 예를 들어, 독일의 나치 시대에는 독일어 성경의 복음서를 편집하여 예수님이 유대인임을 언급하는 내용을 모조리 삭제하고, 예수님의 가르침이 나치의 침략을 옹호

---

18 William D. Mounce, *Why I Trust the Bible* (Grand Rapids, MI: Zondervan, 2021), 134.

다시 만난 예수

하는 것처럼 들리게 했다. 진짜 복음서는 히틀러의 이념과 도무지 양립할 수 없었기에 변경되어야 했던 것이다.[19] 오늘날 백인 그리스도인들이 자기네 믿음의 조상들이 아프리카계 사람들을 압제한 일에 어떤 식으로 가담했는지를 생각해야 하듯이, 비유대인 그리스도인들은 서구 교회를 괴롭혀 온 반유대주의의 역사를 돌이켜 보아야 한다. 그렇지만 인종 학대가 진짜 신약 본문에서 신랄하게 비판받는 것과 마찬가지로, 반유대주의는 복음서에 나오는 예수님과 도저히 양립할 수 없다. 예수님은 의심할 것도 없이 유대인이시고, 예수님의 첫 제자들 대부분도 유대인이었기 때문이다.

복음서 간에 보이는 차이는 어떻게 되는가?

브라이언 스티븐슨은 존 퍼킨스와 인터뷰하기 6년 전에 베스트셀러가 된 자서전 「월터가 나에게 가르쳐 준 것」(Just Mercy: A Story of Justice and Redemption)을 출간했다. 그 책 서문에서 스티븐슨은 자기가 처음으로 사형수 감방에 간 이야기를 전한다. 기본 내용은 앞에서 언급한 인터뷰와 동일하다. 그렇지만 차이 나는 부분도 있다. 그 책에서 스티븐슨은 그 재소자의 이름이 헨리라고 밝힌다. 인터뷰에서는 밝히지 않은 내용이다. 책에서는 그날에 대해, 그리고 헨리와 나눈 대화에 대해 더 자세한 내용을 전하지만 인터뷰에서는 언급하지 않았다. 하지만 존 퍼킨스에게는 실제로 말했지만 책에서 누락한 내용도 있다. 특히 인터뷰에서 스티븐슨은 헨리가 노래할 때 하나님이 자기를 부르시는 기분이

---

19 나치 시대 성경에 대한 개관은 Susannah Heschel, *The Aryan Jesus: Christian Theologians and the Bible in Nazi Germany* (Princeton, NJ: Princeton University Press, 2010), 106-110을 보라.

었다고 말했다. 책에는 이렇게 적혀 있다. "그 순간 헨리 덕분에 나는 인간의 잠재력과 구속과 소망에 대해 뭔가 달리 이해하게 되었다."[20] 책에서는 그 지점에 하나님을 전혀 언급하지 않는다. 스티븐슨은 퍼킨스에게 왜 그 이야기를 다르게 들려주었는가? 그 재소자의 이름을 잊었던 것인가? 하나님이 자기를 그 일로 부르셨다고 말할 때 실은 거짓말을 하고 있던 것인가? 아니다. 스티븐슨이 이야기를 전하는 대상이 달랐기 때문이다.

복음서를 연이어 빠르게 읽어 보면, 겹치는 부분도 많이 보이지만 서로 다른 부분도 보일 것이다. 요한은 마태복음, 마가복음, 누가복음에 있는 많은 이야기를 건너뛰고서 다른 복음서에는 나오지 않는 이야기를 전해 준다. 때로는 복음서들에서 이야기를 전하는 순서가 서로 다르기도 하고, 예수님의 가르침을 다른 표현으로 전하기도 하며, 다른 장소에서 말하기도 한다. 이러한 불일치 일부는 쉽게 설명할 수 있다. 순회하며 가르치던 랍비라면 자연히 비슷한 이야기를 다른 장소에서 말할 테니 본질적으로는 비슷한 내용을 예수님이 표현을 달리하여 말씀하신 것으로 두 복음서가 기록했다고 해도 어느 한 복음서가 틀렸다는 의미는 아니라는 것이다. 또 참조한 목격자들의 관점이 서로 다르기 때문에 불일치가 생기기도 한다. 헨리가 스티븐슨과의 첫 만남을 주제로 인터뷰를 했다면, 교도관의 거친 행동과 자신의 쇠사슬과 노래는 말하지 않았을지도 모른다. 사형수 감방을 처음 방문한 인턴 학생에게 깊은 인상을 남긴 일을 그 재소자는 알아차리지 못했을 것이다.

---

20 Bryan Stevenson, *Just Mercy: A Story of Justice and Redemption* (New York: One World, 2014), 12. 「월터가 나에게 가르쳐 준 것」(열린책들 역간, 2016).

예수님은 그 지역 유대인 대부분의 모국어인 아람어로 설교하셨을 가능성이 높지만, 복음서는 전부 더 넓은 문화의 공용어인 그리스어로 기록되다시피 했다. 복음서마다 아람어 가르침을 서로 다르게 번역했을 것이다.

복음서의 나머지 차이는, 단순화와 문화적 번역 때문에 생겼다. 나는 다양한 청중을 상대로 여러 차례 해온 강연에서, 나이지리아의 거리 설교가인 올루월레 일리산미(Oluwole Illisanmi)가 2019년에 런던의 어느 지하철역 바깥에서 체포된 이야기를 들려주었다. 미국인 청중을 상대로 할 때는 영국식 용어인 '지하철'(tube) 대신 '기차역'(train station)이라고 말한다. 때로는 경찰관들이 백인이었다고 말하지만, 그러한 세부 내용은 생략할 때도 있다. 또한 경찰관들은 일리산미에게 가 버리든지 체포당하든지 양자택일하라고 했다고 말하기도 한다. 하지만 실제로는 경찰관 중 한 명만이 그렇게 말했다. 솔직히 말하자면, 이야기 내용을 전혀 바꾸지 않으면서 나머지 경찰관 한 명은 아예 언급하지 않을 수 있었다. 마찬가지로 한 복음서에는 두 사람이나 두 천사가 있지만 다른 복음서에는 한 사람이나 한 천사만 있을 때도 있다. 그렇다고 해서 저자 한 명이 틀렸다는 뜻이 아니라 한쪽에서는 단순하게 표현했다는 뜻이다.

복음서 독자로서 우리는 우리 문화와 다른 식으로 이야기하는 문화에 들어서는 중이다. 얼마 전에 어느 나이지리아인 친구를 만나 밀린 이야기를 나누었는데, 그 친구는 자기가 존경하는 연로하신 목사님에 관한 말해 주었다. 그 친구가 '그들'(they)이라는 대명사를 사용하기에 나는 목사님과 사모님 이야기라고 생각했다. 그런데 나중에 친구가 설명하기를 나이지리아 사람들은 존경하는 어르신을 언급할 때 복수 대명사를 사용한다고 했다. 나는 그런 것을 전혀 몰랐다. 마찬가지로 복음서 저자들은 때로 자기네 문화의 맥락에서는 통하지만 우리 문화에서는 혼란을 일으키는 식으로 이야기를 엮기도 한다. 예를 들면, 자료를 시간이 아니라 신학에 따라 배열하면서 이야기를 특정한 순서대로 들려주어서 신학적 주장을 밝히고자 하는 것이다.

무대 조명이 서로 다른 각도에서 비춰듯이 복음서 저자들은 각기 다른 목격담을 근거로, 각기 다른 독자를 염두에 두고 글을 썼다. 우리 할아버지가 이야기를 시작하려고 하시면 이어서 할머니가 끼어드실 때가 있다. 할아버지는 지나치게 미주알고주알 말씀하실 때도 있고("그걸 **시시콜콜** 이야기해 줄 필요는 없잖아요"), 너무 조금 말씀하실 때도 있다("아니, 줄리가 먼저 봤고, **그다음에** 크리스가 봤지요"). 할아버지는 으레 잠깐 말씀을 멈추시고 입술을 오므리셨다가 줄리 이모가 먼저 본 것은 할아버지도 **알지만**, 크리스가 **우리** 엄마이고 그 이야기를 **나**에게 하시는 중이라서 크리스의 증언에 초점에 맞추고 있노라고 설명하신다.

나는 마태, 마가, 누가, 요한이 작가 모임을 하기 위해 모였다면 어떤 식으로 대화가 흘러갈지 상상할 수 있다. 마가가 나머지 사람에게 했음직한 피드백은 "속도를 내라고요, 여러분!"이다. 마태는 "이 사실을 여러분에게 알리기가 좀 그렇지만, 여러분은 우리 주님이 성경 말씀을 어떤 식으로 성취하셨는지는 대부분 생략했군요"라고 말했을 것이다. 누가는 "여러분은 예수님이 가난한 사람들에게 얼마나 마음을 쓰셨는지 제대로 강조하지 않으신 것 같습니다"라고 반응했을 테고, 요한은 "하나님에게 감사해야겠습니다. 제가 이곳에 와서 여러분이 빼

다시 만난 예수

먹은 기가 막힌 이야기를 들려줄 수 있게 하셨습니다"라고 말했을 것이다. 스티븐슨이 자신의 소명에 대한 이야기를 서로 다른 두 부류의 청중에게 사뭇 다른 두 가지 방법으로 전할 수 있었다면, 서로 다른 복음서 저자들이 나사렛 예수의 생애에 서로 다른 빛을 비추고 있다는 것을 우리가 알게 되었다고 해도 놀라지 말아야 한다. 그분은 역사에서 실제로 살다가 죽으셨고, 자신의 짧은 인생과 문제적 교훈으로 세상을 뒤흔드셨던, 유대인 남자였다.

그래서 어떻다는 것인가?

〈주키퍼스 와이프〉의 결말 부분에서 나치 장교 한 명이 동물원 지하실로 내려간다. 그곳에 숨겨 주던 유대인들은 떠나고 없었다. 그렇지만 어린 소녀가 같이 몸을 피하던 사람들과 함께 그려 놓은 다윗의 별은 벽 전체에 남아 있었다. 그 그림을 보면 그들의 역사와 숨은 장소와 탈출에 대한 이야기를 알 수 있었으며, 무엇보다도 그들이 유대인임을 알 수 있었다.

이 책에서 복음서를 살펴볼수록, 우리는 예수님이 유대인이라는 흔적을 페이지마다 발견할 것이다. 지하실 벽에 그려진 작은 다윗의 별처럼 이스라엘의 역사와 연관성을 볼 것이고, 예수님이 살아가신 1세기 유대교의 맥락 관련 흔적을 볼 것이다. 복음서를 이해하려면 우리는 예수님이 유대인 특유의 무대에서 실제 삶을 펼쳐 나간 유대인이었음을 인식해야 한다. 그 무대에 있던 배우들은 자신을 유일하신 창조주 하나님의 백성으로 여겼고, 하나님의 오래전 약속을 성취할 하나님의 메시아를 기다리고 있었다.

그리고 그렇게, 막이 오른다.

2장

✦

하나님의 아들이신
예수

✦

"선한 사람이 일으킨 전쟁" 에피소드에서 영국의 공상 과학 드라마의 주인공인 닥터 후가 싸울 준비를 한다. 닥터의 가장 친한 친구 에이미 폰드가 임신한 채로 적에게 납치되자, 닥터는 도와줄 친구들을 모조리 부른다. 친구들이 온다. 딱 한 명만 빼고서. 수수께끼의 인물인 리버 송(닥터처럼 시공간 여행을 하는 인물이다)이 나타나지 않은 것이다. 처음에 닥터는 자기가 에이미와 에이미의 딸을 구했다고 생각한다. 그런데 그 때 에이미의 품에 있던 아기가 분해되어 버린다. 그건 아기가 아니라 진짜 아기의 몸을 입은 플레시 아바타(flesh avatar)였을 뿐이고, 진짜 아기는 유괴되었던 것이다. 다들 끔찍한 실수를 저질렀다고 한탄하고 있을 때, 리버 송이 등장한다.

리버 자, 그럼, 용사여, 오늘 어떻게 지냈어?

닥터 **도대체** 어디 갔다가 온 거야? 나는 네가 부를 때마다 갔잖아. 도대체 오늘 어디에 있었어?

리버 나라도 막을 수 없었을 일이야.

닥터 막아 보려고 할 수는 있었잖아.

닥터가 리버의 눈을 들여다보며 묻는다. "너 **정체가 뭐지?**" 리버가 에이미의 아기가 잠들어 있던 아기 침대를 보더니 "아, 이것 봐. 네 침대잖아. **아주** 오랜만에 보네" 하고 말한다. 그렇지만 닥터는 리버의 손목을 와락 잡으며 말한다. "아니, 아니지, 나한테 말해 줘야지. 네 정체를 말하라고." 리버가 닥터의 손을 아기 침대로 끌고 가면서 말한다. "내가 너한테 말하고 **있잖아.**" 이윽고 닥터는 리버가 누구인지 알게 된다. 리버는 그들이 방금 잃어버린 아기의 미래 모습인 것이다.[1]

이 에피소드의 줄거리에서 리버의 정체가 아주 중요하듯이 복음서 줄거리에서는 예수님의 정체에 관한 질문이 아주 중요하다. 그 질문에 대한 답은 한층 더 믿기 힘들다. 이번 장에서는 사복음서의 하나같은 주장, 즉 예수님이 육신이 되신 하나님의 아들이시고 인간의 모습을 입으신 우주의 창조주이시라는 주장을 살펴보겠다. 각 복음서는 이 주장을 때로 명시적으로 한다. 그렇지만 누군가가 예수님의 정체를 질문하면 예수님은 수수께끼의 인물 리버 송처럼 "내가 너희에게 말하고 **있다**"라고 대답하시는 경우가 많다.

평범하지 않은 태생

리버의 부모인 에이미와 로리는 평범한 인간이었다. 그런데 어떻게 초인적인 시간 여행자 딸을 낳게 되었는지 의아해하다가 두 사람은 자기들이 닥터의 시공간 기계 장치에 타고 있을 때 딸을 임신했다는 것

---

1 *Doctor Who*, 시리즈 6, 에피소드 7, "A Good Man Goes to War," Stephen Moffat 극본, 2011년 6월 4일 BBC One에서 방영(이 장면에서 닥터는 아기 침대에 손을 얹고서 리버 송이 멜로디 폰드라는 것을 알아차린다_옮긴이). 〈닥터 후〉.

46   다시 만난 예수

을 알게 되었다. 닥터는 타임로드(Time Lord) 일족으로 시공간을 뛰어넘을 뿐 아니라 사람이 막 죽었을 때 '재생'시킬 수도 있다. 그리고 리버에게도 같은 특성이 있다. 바로 그래서 닥터의 적들이 리버를 유괴한 것이다. 리버가 아기인데도 적들은 리버가 얼마나 강한지 알고 있다. 마태와 누가는 비슷한 효과를 이용해서 예수님의 잉태와 탄생 이야기를 전한다. 그 덕분에 우리는 예수님이 누구이시며 왜 그분에게 그렇게 비범하고 초자연적 능력이 있는지 이해할 수 있다.

누가는 예수님의 어머니 마리아가 천사와 나눈 대화를 비롯하여 가장 자세히 이야기해 준다. 천사가 마리아에게 전한 말에 따르면 마리아가 잉태하여 아이를 낳을 것이고, 그 아이 이름을 예수라고 해야 하며, 그 아이는 "지극히 높으신 이의 아들"이라고 불릴 것이다(눅 1:31, 32). 마리아가 자기는 처녀인데 그러한 일이 어떻게 일어나겠느냐고 물었다. 천사의 설명은 이러했다. "성령이 네게 임하시고 지극히 높으신 이의 능력이 너를 덮으시리니 이러므로 나실 바 거룩한 이는 하나님의 아들이라 일컬어지리라"(눅 1:35).

정말로 뜻밖의 소식이다. 구약에는 하나님이 불임 여성을 임신할 수 있게 하신 예가 많이 나온다. 그렇지만 하나님이 직접 처녀를 임신시키시는 일은 전무후무하다. 그리스와 로마의 신들이 땅으로 내려와서 인간과 동침하여 반신반인과 영웅을 낳는 일은 흔했지만, 그와 달리 성경의 하나님은 완전히 초월적이시다. 그분 백성을 향한 사랑을 몇 번이고 말씀하셨지만, (존재하시는 분인) 창조주 하나님은 인간과 얽히고 설키는 이방 신들과는 사뭇 다르시다. 그런데도 누가의 주장에 따르면 하나님의 성령에 의해, 온 우주를 다스리시는 영원하신 하나님이 어느 작은 사람의 아버지가 되셨고, 그 작은 사람은 여관에 빈방이 없어서 (가축의 여물통인) 구유에 눕힌 것으로 유명하다.

마태는 그 이야기를 요셉의 관점에서 전해 준다. 마리아와 요셉은 정혼한 사이였는데, 정혼은 오늘날의 약혼에 해당하지만 그보다 구속력이 강하다. 그렇지만 그때 마리아가 "성령으로 잉태된 것이 나타났다"(마 1:18). 요셉이 막 이혼하려던 참에(정혼을 번복하는 것이 이혼의 한 형태였을 만큼 정혼은 참으로 중대한 일이었다), 꿈에서 천사를 만났다. 천사는 마리아가 다른 남자에 의해서가 아니라 성령으로 임신했다고 해명해 준다. 천사가 요셉에게 아기 이름을 '여호와가 구원하신다'라는 뜻인 예수로 지으라고 하고서, "이는 그가 자기 백성을 그들의 죄에서 구원할 자이심이라"고 풀이해 준다(마 1:21).

그러고 나서 마태는 기이한 말을 한다.

이 모든 일이 된 것은 주께서 선지자로 하신 말씀을 이루려 하심이니 이르시되 보라 처녀가 잉태하여 아들을 낳을 것이요 그의 이름은 임마누엘이라 하리라 하셨으니 이를 번역한즉 하나님이 우리와 함께 계시다 함이라(마 1:22, 23).

이 말은 성경에서 내가 좋아하는 비논리적 추론 중 하나다. 아기는 **임마누엘**이 아니라 **예수**라 불린다. 그렇지만 이것이 마태복음의 핵심이다. 예수("여호와가 구원하신다")와 임마누엘("하나님이 우리와 함께 계시다")은 같은 말이나 마찬가지다. 우리 죄 때문에 우리가 하나님과 단절되었지만, 완전한 하나님이자 완전한 사람이신 (그분 자체로 "우리와 함께하시

다시 만난 예수

는 하나님"인) 예수님이 오셔서 우리를 죄에서 건지시고 우리가 하나님과 관계를 회복하게 해주셨다. 예수님의 신적 정체성에 관해서라면, 리버가 닥터의 손을 아기 침대에 얹은 것처럼 마태가 우리에게 말하고 **있다.**

만일 (나처럼) 자라면서 빅뱅을 배웠다면, 옛날 옛적에 우주가 상상할 수 없는 밀도로 압축된 작은 점이었다는 발상이 그다지 경이롭지 않을 것이다. 마찬가지로 성탄절을 기념하며 자랐다면, 온 우주를 다스리시는 하나님이 옛날 옛적에 태아의 형태로 육신이 되셨다는 영 터무니없는 주장에 충격받지 않을 것이다. 그러나 만물을 만드신 하나님이 존재하신다면, 어느 한 인간을 다른 식으로 만들 수 있으셨으리라고 생각해도 전혀 비논리적이지 않다. 실은 하나님이 그렇게 만드실 수 없다고 생각하는 것이 비논리적이다. 그렇게 생각한다면 시몬 바일스 (Simone Biles)에게 이렇게 말하는 것이나 마찬가지다. "당신이 역대 최고의 체조 선수라는 건 알지만, 장담하건대 공중제비는 못할 거예요."

하나님의 성령으로 잉태되셨기 때문에 예수님은 **한낱** 사람이 아니시다. 그렇지만 그분은 사람**이시다.** 예수님은 〈닥터 후〉에 나오는 가짜 아기처럼 몸이 '펑' 하고 터지는 플레시 아바타도 아니시다. 어느 모로 보나 우리처럼 사람이시다. 성경은 유일하신 창조주 하나님이 계시다고 주장한다. 그렇지만 복음서는 이 창조주 하나님이 사람이 되셨다고, 그분은 먼지투성이 샌들 끈을 바짝 조여야 하셨고, 우리처럼 태아 형태에서 시작하셨다고 주장한다. 게다가 누가와 마태가 들려주는 예수님 잉태 이야기는 기독교의 기이한 주장을 분명하게 보여 준다. 그것은 유일하신 창조주 하나님은 성부와 성자와 성령이라는 세 인격이 하나로 존재하신다는 주장이다. 이 동일하신 성부-성자-성령 관계를 마가복음 1장에서는 다른 각도에서 조명한다.

준비하라

〈해밀턴〉의 첫 장면을 보면 여러 등장인물이 주인공에 대해 짧게 설명해 주다가 마지막으로 애런 버(Aaron Burr)가 묻는다. "이봐, 당신 이름이 뭐지?" 그 순간 스포트라이트가 해밀턴을 향하고 해밀턴이 "알렉산더 해밀턴"이라는 노래를 부르며 등장한다.[2] 마가복음의 첫 장면도 비슷한 방식으로 전개된다. 마가는 이사야서, 출애굽기, 말라기서에 나오는 짧은 정보를 한데 모아서 이렇게 쓴다.

> 보라 내가 내 사자를 네 앞에 보내노니 그가 네 길을 준비하리라 광야에 외치는 자의 소리가 있어 이르되 너희는 주의 길을 준비하라 그의 오실 길을 곧게 하라(막 1:2, 3).

마가는 이 사자가 세례 요한이라고 밝힌다(막 1:4). 그리고 나서 "그때에 예수께서 갈릴리 나사렛으로부터 와서"라고 적는다(막 1:9). 마가가 여호와("주")의 길을 준비하는 사자를 소개하고 나자 예수님이 등장하신다. 예수님의 신적 정체성에 관해서라면, 마가가 마태나 누가보다 더 절묘하게 우리에게 말하고 **있다.**

세례 요한은 자신이 흥을 돋우는 역할을 하고 있다고, 그저 사람들이 본공연(main show)을 보도록 준비시키고 있을 뿐이라고 분명하게

2　Lin-Manuel Miranda, "Alexander Hamilton," on *Hamilton: Original Broadway Cast Recording*, Atlantic Records, 2015.

　다시 만난 예수

밝힌다. "나보다 능력 많으신 이가 내 뒤에 오시나니 나는 굽혀 그의 신발 끈을 풀기도 감당하지 못하겠노라 나는 너희에게 물로 세례를 베풀었거니와 그는 너희에게 성령으로 세례를 베푸시리라"(막 1:7, 8). 세례요한이 오실 주님보다 얼마나 덜 중요한지 주님의 신발 끈을 풀 자격도 없을 정도다. 그런데 이 말은 오실 주님에게도 사람의 발이 있다는 뜻이기도 하다. 요한이 사람들을 영적으로 씻기는 행위로 물에 집어넣었지만 예수님은 사람들에게 성령님 속에 잠기는 세례를 베푸실 것이다. 예수님이 세례를 받으실 때 하늘이 갈라지고 하나님의 영이 예수님에게 비둘기처럼 내려오고 하늘에서 "너는 내 사랑하는 아들이라 내가 너를 기뻐하노라"(막 1:10, 11)는 소리가 들렸다. 이것이 예수님이 무대 중앙에 등장하실 때 하늘에서 내리비친 스포트라이트이다.

마가는 예수님의 기적적 잉태를 전혀 언급하지 않는다. 일부 사람들이 주장해 온 것처럼 동정녀 탄생이 나중에 지어낸 이야기라는 말인가? 나는 그렇게 생각하지 않는다. 마가복음은 단연 가장 짧은 복음서이고 예수님 생애에 일어난 사건을 많이 건너뛴다. 마가복음에서는 예수님이 하나님의 아들이라고 직접 말하지 않지만 다른 방식으로 표현한다. 하늘에서 나오는 "너는 내 사랑하는 아들이라"(막 1:11)라는 음성으로 예수님의 정체를 나타내는 것이다. 가장 마지막에 기록된 복음서인 요한복음도 마가복음처럼 예수님의 신적 잉태에 관해서는 일언반구도 하지 않는다. 그럼에도 요한복음에는 예수님이 하나님이라는 주장이 가장 확실하게 나온다.

처음부터 시작해 보자

〈사운드 오브 뮤직〉(*The Sound of Music*)에서 수녀 마리아가 처음이 시작하기에는 가장 좋은 지점이라는 유명한 말을 한다. 요한복음 기자도 이 말이 맞다고 할 것이다. 요한복음 기자는 예수님의 잉태(conception)에서 시작하지 않고 우주 자체의 기원(conception)에서 시작한다. 성경은 "태초에 하나님이 천지를 창조하시니라"(창 1:1)로 시작한다. 요한복음은 세상의 시작에 대한 이 말들을 반복한다.

> 태초에 말씀이 계시니라 이 말씀이 하나님과 함께 계셨으니 이 말씀은 곧 하나님이시니라 그가 태초에 하나님과 함께 계셨고 만물이 그로 말미암아 지은 바 되었으니 지은 것이 하나도 그가 없이는 된 것이 없느니라 그 안에 생명이 있었으니 이 생명은 사람들의 빛이라 빛이 어둠에 비치되 어둠이 깨닫지 못하더라(요 1:1-5).

요한은 한 손에 이스라엘의 하나님이 말씀하셔서 무(無)가 실재가 되고, 빛이 어둠이 되고, 만물이 존재하게 되었다는 유대교의 주장이 흐르는 전선을 쥐고 있다. 다른 손에는 영원하고 불변하며 창조 때부터 현존하는 보편 이성 혹은 (여기에서는 "말씀"이라고 옮긴) '로고스'(*logos*)가 있다는 그리스 철학자들의 주장이 흐르는 전선을 쥐고 있다. 요한은 이러한 주장이 각기 흐르는 두 전선이 이어지도록 접촉시키고는 예수님을 하나님과 함께 계셨고 태초부터 하나님**이셨던** 그 말씀으로 제시한다. 자신으로 말미암아 만물이 지음받게 하신 그 영원하신 분이 이제 자신의 창조 세계로 걸어 들어오셨다. 요한은 "말씀이 육신이 되어 우리 가운데 거하시매 우리가 그의 영광을 보니 아버지의 독생자의 영광이요 은혜와 진리가 충만하더라"(요 1:14)고 기록한다.

마태복음, 마가복음, 누가복음처럼 요한복음도 예수님이 육신이 되시고 유일하신 참 하나님임을 요한복음 특유의 방식으로 우리에게 들려준다. 요한은 하늘에 있는 별 하나도, 땅에 있는 피조물 하나도 예수님 안에서 육신이 되신 그 말씀 없이는 만들어지지 않았다고 말한다. 당신과 나도 예수님이 만드셨다는 뜻이다. 이것이 사실이라면 예수님은 우리를 태아일 때부터 무덤에 들어갈 때까지, 처음부터 끝까지, 머리부터 발끝까지 아시며, 우리 생각도 속속들이 아신다는 뜻이다. 나보다 나를 더 잘 아신다는 뜻이다. 내 아주 작은 부분도 다 그분이 만드셨기 때문이다. 구약에서는 하나님의 영광이 어찌나 강렬한지 사람이 하나님을 대면하면 살아남을 수 없다고 묘사한다. 그런데 요한은 예수님을 통해서 이 영광을 봤다고, 그분이 오셔서 우리와 함께 거하셨다고 주장한다. 이 영원하신 말씀이 하나님과 함께 **계셨고** 하나님**이셨다**고 설명하여 하나님의 관계적 성격을 정확하게 담아낸다. 예수님이 (성부와 성령과 함께 유일하신 참 하나님인) '성자 하나님'이라는 말이 무슨 의미인지는 복음서 본문을 두루 둘러보는 여행을 계속하다 보면 어렴풋하게나마 더 이해할 것이다. 그렇지만 가장 먼저 물어야 하는 질문이 있다. 몇몇 사람이 말하듯이 예수님이 자기가 하나님이라고 **직접** 주장하신 적이 전혀 없다는 것이 사실인가?

신성 모독이다!

고전 코미디 영화 〈프린세스 브라이드〉(The Princess Bride)에서 복

면을 한 남자가 아름다운 소녀 버터컵을 구출하고는 자기가 '공포의 해
적 로버츠'(Dread Pirate Roberts)라고 주장한다. 버터컵은 웨슬리라는 하
인 소년과 함께 자랐는데, 그 소년은 버터컵을 향한 자신의 사랑을 "원
하는 대로 해"라는 세 마디를 되풀이하는 것으로 표현한다. 로버츠는
버터컵에게 자기가 웨슬리를 죽였노라고 말한다. 그리고서 이렇게 이
유를 댄다. "나는 예외를 둘 여유가 없어. 해적이 물러졌다는 말이 한
마디라도 새어 나가면, 사람들은 말을 안 듣기 시작하고, 그러고 나면
내내 일, 일, 일, 일만 하게 되거든." 그래서 버터컵이 로버츠를 골짜
기 아래로 밀어 버리면서 "당신도 죽어야 해, 내 알 바 아니지!" 하고 말
한다. 그런데 그 남자가 비탈로 굴러떨어지면서 크게 외친다. "원하는
······ 대로 ······ 해!" 버터컵은 "오, 내 사랑, 웨슬리, 내가 무슨 짓을 한
거지?"라고 울부짖더니 뒤따라 몸을 던진다.[3]

마가복음 2장 1, 2절을 보면 예수님이 발 디딜 틈도 없이 사람들
로 가득한 집에서 말씀을 전하시고 있다. 친구 네 명이 중풍병자 한 사
람을 지붕으로 데리고 올라가 지붕에 구멍을 내고서 그 방 안으로 내
려보낸다. 예수님이 그들의 믿음을 보시고서 그 중풍병자에게 말씀하
신다. "네 죄 사함을 받았느니라"(막 2:5). 그 사람이 얼마나 혼란스러웠
을지 생각해 보라. 이 사람은 치유를 받으러 왔지, 용서를 받으러 오지
않았다. 그런데 서기관이라고 알려진 종교 지도자들은 놀라서 몸서리
를 친다. "이 사람이 어찌 이렇게 말하는가 신성 모독이로다 오직 하나
님 한 분 외에는 누가 능히 죄를 사하겠느냐"(막 2:7)라고 생각한 것이다.

---

3 *The Princess Bride*, Rob Reiner 감독 (Los Angeles: 20th Century Fox, 1987). 〈프린세스 브
라이드〉.

다시 만난 예수

서기관들이 틀리지는 않았다. 그런 말을 할 권리는 하나님에게만 있기 때문이다. "네 죄 사함을 받았다"라는 예수님의 말씀은 웨슬리의 "원하는 대로 해"만큼이나 확실하게 그분의 정체성을 주장하는 말이다.

그리고 나서 예수님이 서기관들에게 물으신다. "중풍병자에게 네 죄 사함을 받았느니라 하는 말과 일어나 네 상을 가지고 걸어가라 하는 말 중에서 어느 것이 쉽겠느냐"(막 2:9). 어떤 의미에서는 대답이 뻔하다. 용서는 물리적으로 보이지 않으므로, 예수님은 용서가 일어났다고 주장하셔서 체면을 세우실 수도 있었다. 그렇지만 예수님은 둘 중 하나를 선택하시는 대신 둘 다 행하신다. "그러나 인자가 땅에서 죄를 사하는 권세가 있는 줄을 너희로 알게 하려 하노라 하시고 중풍병자에게 말씀하시되 내가 네게 이르노니 일어나 네 상을 가지고 집으로 가라"(막 2:10, 11).

곧바로 그 남자가 일어서더니 자기 침상을 들고서 걷는다. 예수님에게는 사람의 몸을 고쳐 주시는 것이 쉬운 일이었다. 반면에 계속 읽어 나가면 알게 되겠지만 죄를 용서하시는 것은 쉬운 일이 아니다. 예수님의 생명을 대가로 치러야 하기 때문이다. 그렇지만 앞 장면에서 예수님은 하나님만 하실 수 있는 일을 할 권한이 자신에게 있음을 입증하셨다.

예수님이 우리에게 말씀하시고 **있다.**

이 사람은 누구인가?

지난 주에는 〈샹치와 텐 링즈의 전설〉(Shang-Chi and the Legend of the 10 Rings)을 보러 갔다. 나는 빠르게 전개되는 액션 영화라면 사족을 못

쓰는데, 그 영화는 정말 환상적이었다. 영화에서 기가 막히게 멋진 장면 하나는 숀이라는 남자가 절친 케이티와 함께 버스를 타고 출근하는 중에 펼쳐진다. (숀과 케이티는 발레파킹 직원이다.) 그런데 폭력배 하나가 숀에게 다가오더니 숀의 멋진 초록빛 목걸이를 내놓으라고 중국어로 요구한다. 숀이 거절하자 나머지 폭력배 무리가 숀을 둘러싼다. 케이티가 끼어든다. "이봐요, 사람 잘못 봤어요! 이 사람이 싸움을 할 줄 알게 생겼나요?" 그렇지만 그때 공격이 들어오고 숀이 맞받아친다. 처음 공격한 폭력배가 공중으로 날아가자, 케이티의 입이 떡 벌어진다. 숀이 나머지 폭력배들과 싸워서 물리치는 동안 케이티는 경외의 눈으로 구경한다. 덩치가 훨씬 크고 팔뚝에 칼이 달린 남자가 일어서자, 사람들은 숀이 임자를 만났다고 생각했다. 그러나 숀은 그 남자까지도 이긴다. 케이티는 의문스러워한다. '이 사람, 도대체 누구지?' 그러고는 말한다. "네 인생에 대해 말하고 싶어 하지 않는다는 건 나도 알아. 하지만 한쪽 팔에 빌어먹을 칼을 차고 있는 놈이 이 버스를 두 동강이 냈다고!"[4]

마태복음, 마가복음, 누가복음은 예수님의 친구들에게 비슷하게 혼란스러웠을 순간의 이야기를 각기 들려준다. 예수님과 제자들이 배에 타고 있다. 저녁이다. 예수님은 종일 가르치느라 지쳐서 잠드셨다. 그런데 그때 엄청난 폭풍이 일어난다. 파도가 배에 부딪혀 들어와서 물이 차기 시작한다. 예수님의 제자들 중 몇몇은 어부였지만, 그들조차도 겁에 질렸다. 그러나 예수님은 계속 주무신다. 제자들이 "선생님

---

4 *Shang-Chi and the Legend of the 10 Rings*, Destin Daniel Cretton 감독 (Burbank, CA: Walt Disney Studios, 2021). 〈샹치와 텐 링즈의 전설〉.

이여 우리가 죽게 된 것을 돌보지 아니하시나이까"(막 4:38) 하며 예수님을 깨운다. 이들은 예수님이 무슨 일을 하시리라고 기대했을까? 어쩌면 물을 퍼내는 데 손을 보태시리라고? 아니면 하나님에게 폭풍이 차차 잦아들기를 기도하시리라고? 그러나 예수님은 잠이 깨자마자 바람과 바다를 향해 말씀하신다. "잠잠하라 고요하라"(막 4:39). 바람이 그치고 사위가 사뭇 고요해진다. 그러자 예수님이 물으신다. "어찌하여 이렇게 무서워하느냐 너희가 어찌 믿음이 없느냐"(막 4:40). 우리 생각에는 제자들이 안도의 한숨을 쉬었을 것 같다. "휴, 폭풍이 지나갔어. 예수님이 해내셨어!" 그러나 아무도 그렇게 하지 않는다. 마가는 제자들이 "큰 두려움에 사로잡혀서" 서로 말하기를 "이분이 누구이기에, 바람과 바다까지도 그에게 복종하는가?" 했다고 전한다(막 4:41, 새번역).

창세기를 보면 하나님이 말씀하시자 바다가 생겼다. 출애굽기에서 하나님이 거센 동풍으로 홍해가 물러나게 하시고 길을 만드시자 그분 백성이 마른 땅을 밟고서 지나갈 수 있었다. 여기에서는 예수님이 바람과 바다에게 말씀하시자 바람과 바다가 순종한다. 폭풍이 차츰차츰 잔잔해진 것이 절대 아니다. 느닷없이 브레이크가 확 걸려서 제자들은 이런저런 두려움으로 흔들흔들 덜컹거렸다. 케이티가 자기 친구 손이 실은 상치이고 세상에서 가장 강력한 남자의 아들이라는 것을 알았을 때처럼, 제자들은 예수님이 누구이신지 깨닫기 시작했고 두려움에 사로잡혔다.

다시 한 번, 마가가 우리에게 말하고 **있다.**

어찌하여 나를 선하다 일컫느냐?

1957년, 「나니아 연대기」(*The Chronicles of Narnia*)의 저자 C. S. 루이스(Lewis)가 미국 시인 조이 데이비드먼(Joy Davidman)과 조용히 결혼한다. 조이는 유대인으로 자랐고 젊은 시절 무신론자이자 공산주의자가 되었다. 그렇지만 루이스를 만날 무렵에는 기독교에 눈을 돌렸다. 조이는 고질적인 바람둥이였던 남편 빌과 이혼한 후에, 영국에 체류할 수 있도록 루이스에게 법적으로 결혼해 줄 수 있는지 부탁했다. 루이스는 그렇게 하겠노라 했다. 그런데 일 년 후 조이가 암을 진단받는다. (사생활에서는 '잭'이라는 이름으로 통하던) 루이스는 망연자실했다. 루이스의 생애를 바탕으로 제작한 영화에서 루이스가 옥스퍼드의 동료 교수와 이러한 대화를 나눈다.

해리   글쎄, 조이가 당연히 자네 친구이지만, 음…… 가족은 아니지.

잭   조이가 내 아내가 아니라고? 당연히 아니지. 그건 있을 수 없는 일이야. 생각할 수도 없는 일이지. 어떻게 조이가 내 아내일 수 있었을까? 내가 조이를 사랑해야겠지, 그렇지 않은가? 이 세상에서 어느 누구보다도 조이를 더 보살펴야 할 거야. 조이를 잃을지도 모른다고 생각하면 저주받은 사람들이 겪는 고통을 겪어야겠지.

해리   미안하네, 잭. 나는 몰랐어.

잭   나도 몰랐다네.

잭은 "그건 있을 수 없는 일이야"라는 말로 조이를 향한 자신의 사

랑을 친구에게 말한다.[5]

어느 날 한 부자 청년이 예수님에게 달려오더니 무릎을 꿇고서 세상에서 가장 중요한 질문을 한다. "선한 선생님이여 내가 무엇을 하여야 영생을 얻으리이까"(막 10:17). 이것은 아마 누구에게나 마음 한 구석에서 좀처럼 없어지지 않는 질문일 것이다. 그 질문이 이러한 단어 배열로 되어 있지는 않겠지만 말이다. 그러나 하나님이 **존재하신다**면 어떻게 해야 영생에 들어갈 수 있는지는 누구든 알고 싶을 것이다. 예수님의 첫 반응은 질문에 대한 답이 아니라 또 다른 질문이었다. "네가 어찌하여 나를 선하다 일컫느냐 하나님 한 분 외에는 선한 이가 없느니라"(막 10:18). 유대교식 표현으로는 예수님이 하나님, 즉 영원히 존재하시며, 진정으로, 깊이, 상상할 수 없이 선하신 분일 수 있다는 것은 불가능하며 생각할 수도 없는 말이다. 그러려면 예수님은 하나님만 하실 수 있는 일을 하셔야 할 것이다.

그 말씀을 하시고서 예수님은 십계명 중에 우리가 상대방을 어떻게 대해야 하는지 알려 주는 여섯 계명을 나열하신다. "네가 계명을 아나니 살인하지 말라, 간음하지 말라, 도둑질하지 말라, 거짓 증언 하지 말라, 속여 빼앗지 말라, 네 부모를 공경하라 하였느니라"(막 10:19). 그런데 먼저 나오는 네 계명은 말씀하지 않으시는데, 그 네 계명은 우리가 하나님을 어떻게 이해해야 하는지를 알려 준다. 그 젊은이는 자기가 그 여섯 계명을 어릴 때부터 지켜 왔노라고 주장한다. 예수님은 그를 보시고 사랑스러워하신다. 그리고 이렇게 말씀하신다. "네게 아직

---

5 *Shadowlands*, Richard Attenborough 감독 (Los Angeles: Paramont Pictures, 1993). 〈섀도우랜드〉.

도 한 가지 부족한 것이 있으니 가서 네게 있는 것을 다 팔아 가난한 자들에게 주라 그리하면 하늘에서 보화가 네게 있으리라 그리고 와서 나를 따르라"(막 10:21). 진정으로 영생을 얻고자 한다면 이 사람은 **모든 것**을 버리고 예수님을 따라야 한다. 바로 이것이 먼저 나오는, 하나님을 우선으로 하는 계명을 따르는 모습이다. 그러나 그 젊은이가 생각하기에는 치러야 하는 대가가 너무나 컸다. "그 사람은 재물이 많은 고로 이 말씀으로 인하여 슬픈 기색을 띠고 근심하며 가니라"(막 10:22).

누구든 복음서를 읽으면 이 젊은이가 직면한 것을 발견한다. 예수님은 우리의 빈 시간, 가욋돈, 정기적으로 하는 기도만을 원하시는 게 아니다. 우리의 모든 것을 원하신다. 그리고 하나님만 우리에게 모든 것을 정당하게 요구하실 수 있다. 예수님이 바로 하나님이 아니라면, 그분은 선한 선생님이 아니시다. 과대망상증 환자이거나 비정한 사기꾼이고, 자기가 주장할 권한이 없는 정체성을 주장한 사람이다. 그렇지만 어느 복음서든 처음부터 끝까지 읽어 보면 그분이 의심할 여지 없이 그 정체성을 주장하셨음을 알게 될 것이다.

나는 ……이다

케이티와 숀이 비행기를 타고 있을 때 케이티가 숀의 정체를 묻는다. 숀은 자기 이름이 사실 숀이 아니라 샹치라고 설명해 준다. 케이티는 그 이름을 몇 번 틀리게 발음하고 나서 놀리듯이 묻는다. "이름을 샹에서 숀으로 바꾸었어? 네 아버지가 어떻게 너를 찾지 못할 수가 있지?" 그리 훌륭한 가명이 아니다. 샹치는 자기가 누구인지 감추려고 정말 노력했지만 그 방식은 전혀 능수능란하지 못했다. 그러나 예수님이 이스라엘의 유일하신 참 하나님의 이름을 그대로 되풀이하실 때는 샹치의 의도와 정반대였다. 그분은 이스라엘의 유일하신 참 하나님의 이름을 취하셔서 자기 이름으로 삼으신다.

모세가 신기하게 불타는 떨기나무에서 말씀하시는 하나님을 만났을 때, 하나님은 자신을 일컬어 "나는 스스로 있는 자이니라"(I AM WHO I AM, 출 3:14)라고 하셨다. 요한복음을 보면 예수님은 거장 작곡가가 모티프에 천착하듯이 "나는 ……이다"라는 단어 표현을 이용하여 다음과 같이 언어유희를 하신다.

- "나는 생명의 떡이다"(6:35, 48, 참조. 6:41, 51).
- "나는 세상의 빛이다"(8:12).
- "나는 양의 문이다"(10:7, 참조. 10:9).
- "나는 부활이요 생명이다"(11:25).
- "나는 선한 목자다"(10:11, 14).
- "내가 곧 길이요 생명이다"(14:6).
- "나는 참포도나무다"(15:1, 참조. 15:5).

예수님은 히브리 성경에 나오는 단어 표현과 은유를 거듭 불러와서 자신이 참된 이스라엘이자 이스라엘의 유일하신 참 하나님임을 나타내신다. 이에 대한 두 가지 사례가 어느 일촉즉발의 대화에서 펼쳐진다.

성경에서 하나님이 가장 처음으로 하신 말씀이 "빛이 있으라"(창 1:3)이다. 예수님은 성전에 서서 "나는 세상의 빛이니 나를 따르는 자는 어둠에 다니지 아니하고 생명의 빛을 얻으리라"(요 8:12)고 선언하신다. 숨이 턱 막힐 정도로 대담하다. 많은 종교 지도자가 자기에게 빛이 비취었다고 주장했다. 그렇지만 예수님은 자기가 그 빛이라고 주장하신다. 더욱이 빛이 어둠을 물리친다는 주제는 이스라엘 선지자들이 전하던 이야기다. 이사야는 이렇게 말했다.

> 흑암에 행하던 백성이 큰 빛을 보고 사망의 그늘진 땅에 거주하던 자에게 빛이 비치도다(사 9:2).

이사야는 이 말씀을 갈릴리와 연관 짓는데, 갈릴리는 예수님이 사시던 곳이다(사 9:1). 마태복음은 이 말씀이 예수님이 갈릴리로 옮겨 가실 때 성취되었다고 언급하고서(마 4:12-16), 시편 23편 4절을 끌어다 덧붙인다.

> 흑암에 앉은 백성이 큰 빛을 보았고 사망의 땅과 그늘에 앉은 자들에게 빛이 비치었도다(마 4:16).

예수님은 흑암과 사망을 깨뜨리고 비추신 빛이고 생명이시다. 이사야는 이어서 하나님이 보내시는 영원한 왕의 탄생을 말한다. 예수님이 세상의 빛이라고 주장하셨을 때, 유대인이라면 누구나 귓가에 이사야의 예언이 쟁쟁했을 것이다.

바리새인들은 전혀 감동하지 않는다. 그러나 예수님이 더 강하게 밀어붙이신다. 예수님이 전하신 말씀에 따르면 그들이 예수님을 믿지 않는다면 그들의 죄 가운데서 죽겠지만, 예수님의 말씀 안에서 살아가면 그들은 진리를 알게 될 테고, 그 진리가 그들을 자유롭게 할 것이다 (요 8:24, 31, 32). 이 말씀을 듣던 이들이 자기들은 어느 누구의 종도 아니라고 항변한다. 그렇지만 예수님은 그들이 죄의 종이며, 자기만이 그들을 자유롭게 해줄 수 있다고 주장하신다(요 8:31-38). 마침내 그들이 묻는다. "너는 이미 죽은 우리 조상 아브라함보다 크냐 또 선지자들도 죽었거늘 너는 너를 누구라 하느냐"(요 8:53). 예수님이 대답하신다. "너희 조상 아브라함은 나의 때 볼 것을 즐거워하다가 보고 기뻐하였느니라" (요 8:56). 그러자 바리새인들은 예수님이 제정신이 아니라고 확신한다. "네가 아직 오십 세도 못 되었는데 아브라함을 보았느냐"(요 8:57)고 이의를 제기한다. 그때 예수님이 마지막 일격을 가하신다. "진실로 진실로 너희에게 이르노니 아브라함이 나기 전부터 내가 있느니라"(요 8:58). 유대교 지도자들은 그 말의 의미를 정확히 알았다. "내가 있느니라"(I am, 앞에서 나왔듯이 이는 구약에서 하나님의 자기 지칭이다_ 옮긴이)라는 예수님의 엄청난 주장은 신성 모독이었다. 그래서 "그들이 돌을 들어 치려" 하였다(요 8:59).

유일하신 하나님은 어떻게 되는가?

어떤 면에서 보면 유대교 지도자들의 반응을 이해할 수 있다. 하나님의 유일성은 유대교 신앙의 핵심이었다. 모세가 선포하기를 "이스라엘아 들으라 우리 하나님 여호와는 오직 유일한 여호와이시니 너는 마음을 다하고 뜻을 다하고 힘을 다하여 네 하나님 여호와를 사랑하라"(신 6:4, 5)고 했다. 많은 신을 섬기는 세계에서 유대인들이 믿던 하나님은 홀로 존재하시며 홀로 그들의 예배를 받기에 합당하신 창조주이셨다. 예수님은 이 계명이 모든 계명 중에서 가장 큰 계명이라고 말씀하신다(마 22:38). 그런데 성전에서 대립한 다른 이야기에서 예수님은 "나와 아버지는 하나이니라"(요 10:30)라고 선언하신다. 맞다고, 유일하신 하나님이 존재하신다고 예수님이 긍정하신다. 만물을 만드신 참되고 유일하신 분이 존재하신다. 그런데 예수님은 자기가 그 하나님이라고 주장하신다. 우리 머리로는 이 말을 온전히 이해할 수 없다.

도쿄 올림픽 기간에 우리 아이들은 싱크로나이즈드 다이빙에 홀딱 빠졌었다. 두 사람이 정확하게 동시에 공기를 가르며 날 수 있을 때까지 몇 년 동안 훈련한다. 세계 최고의 다이버들이 몸을 비틀어 돌기를 하고서 물을 가르며 입수할 때를 보면 완벽에 가까운 일렬로 입수한다. 그렇지만 그 둘은 여전히 공중제비를 하는 중인 두 개의 몸이다. 그들은 한 몸처럼 생각하려고 하지만, 그래도 하나는 아니다. 유대인들은 "우리 하나님 여호와는 오직 유일한 여호와시다"라고 들었는데, 예수님이 자기가 그와 같은 여호와라고 주장하시는 것이다. 또다시, 예수님 말을 들은 이들이 돌을 들어서 예수님에게 던지려고 한다(요 10:31). 또다시, 예수님이 빠져나오신다. 하지만 예수님이 자신의 가르침 때문에 죽임을 당하시는 것은 시간 문제일 뿐이었다. 그리고 그것은 비극적 사건이 아니었다. 바로 그것이 계획이었다.

그 길, 그 진리, 그 생명

〈닥터 후〉에서 닥터와 처음 만났을 때 에이미 폰드는 일곱 살이었다. 닥터가 자신의 시공간 우주선인 타디스(TARDIS, '시간과 상대적 차원의

공간(Time And Relative Dimension In Space)의 단축형)를 에이미 폰드의 현관 바깥쪽에 불시착시키고 나서 에이미와 식사를 했다. 그러고 나서 타디스를 시운전해 보고, 5분 후에 돌아오겠다고 말한다. 에이미가 짐을 싸놓고 기다린다. 그렇지만 닥터는 돌아오지 않는다. 에이미가 열아홉 살이 되었을 때에야 두 사람은 다시 만난다. 닥터가 돌아왔을 때 에이미에게 온 우주를 보여 주었고, 에이미의 인생을 완전히 바꾸어 놓았다.

예수님은 체포당하신 밤에, 제자들에게 말씀하시기를 자신의 아버지 집에 그들을 위한 처소를 마련하기 위해 곧 그들을 떠날 것이라고 하셨다. 다시 돌아오실 것이고 그들을 데리고 가서 자기와 함께 있게 하겠다고 하셨다. 그러고서는 "내가 어디로 가는지 그 길을 너희가 아느니라"(요 14:4)고 덧붙이셨다. 제자 중 하나인 도마가 여쭈었다. "주여 주께서 어디로 가시는지 우리가 알지 못하거늘 그 길을 어찌 알겠사옵나이까"(요 14:5). 그러자 예수님이 숨이 멎을 정도로 놀라운 대답을 해 주셨다. "내가 곧 길이요 진리요 생명이니 나로 말미암지 않고는 아버지께로 올 자가 없느니라 너희가 나를 알았더라면 내 아버지도 알았으리로다 이제부터는 너희가 그를 알았고 또 보았느니라"(요 14:6, 7).

이 유명한 "나는 ……이다" 진술은 그 진술 자체에 기반한다. 예수님이 하나님에게로 가는 바로 그 길이다. 그렇지만 예수님은 단순한 길이 아니시다. 그분은 목적지이시기도 하다. 많은 종교 지도자가 진리를 가르친다고 주장했다. 그렇지만 예수님은 자기가 그 **진리라고** 말씀하신다. 많은 이가 삶(life)을 지도해 주겠다고 주장했다. 그러나 예수님은 자기가 그 **생명(life)이라고** 말씀하신다. 그분에게서 떠나면 죽음이 있을 뿐이다. 예수님을 안다면 아버지 하나님도 아는 것이다.

또 다른 제자인 빌립이 "주여 아버지를 우리에게 보여 주옵소서 그리하면 족하겠나이다"라고 대꾸하자 예수님이 물으셨다. "내가 이렇게 오래 너희와 함께 있으되 네가 나를 알지 못하느냐"(요 14:8, 9). 예수님을 만나는 것은 시공간을 여행할 수 있는 사람을 만나는 것보다 훨씬 흥미진진하다. 예수님을 만난다는 것은 하나님을 만난다는 뜻이다. 우주를 만드시고, 시공간을 만드시고, 우리가 사랑했거나 꿈꾸던 모든 것을 만드신 그분을 만나는 것이다. 이 세상뿐 아니라 우주도 만드신 하나님을 만나는 것이다. 그런데 이것이 한낱 동화나 공상 과학물의 소재는 아닌가?

의심하는 도마

예수님이 정말 하나님의 아들이심을 믿기 힘들다고 생각하는가? 당신만 그런 것이 아니다. 예수님의 유대인 제자들은 유일하신 참 하나님이 존재하신다고 믿었다. 그렇지만 예수님과 몇 년간 함께 돌아다닌 후에야 예수님이 누구이신지 이해하기 시작했다. 그리고 바로 그때 생각할 수도 없는 일이 일어난다. 예수님이 로마의 십자가에서 죽으신 것이다. 십자가형은 예수님이 하나님이 **아니라는** 결정적인 증거였어야 한다. 예수님이 로마의 권력과 맞설 수 없었다는 증거이자, 그분은 거창한 "나는 ……이다"가 아니었다는 증거였어야 한다. 그러고서 예수님이 계속 죽은 상태였다면 그 증거를 부인할 수 없었을 것이다. 그러나 사복음서가 한목소리로 주장하기를 예수님은 죽음의 감옥에서 탈출을 감행하셨다. 복음서의 주장에 따르면 하나님의 아들이 죽음 자체를 이기셨다. 그런데 예수님의 제자 중 하나는 도무지 믿지 않으려

다시 만난 예수

고 했다.

예수님이 부활 후 처음으로 제자들에게 나타나셨을 때, 도마가 그 자리에 없었다. 다른 제자들이 도마에게 "우리가 주를 보았노라"고 했다. 그러나 도마는 "내가 그의 손의 못 자국을 보며 내 손가락을 그 못 자국에 넣으며 내 손을 그 옆구리에 넣어 보지 않고는 믿지 아니하겠노라"고 응수했다(요 20:25). 예수님의 죽음으로 도마의 소망이 모조리 짓밟혔고, 도마는 그 소망을 다시 일으킬 정도로 어리석지 않았다. 어쩌면 당신도 조금은 이와 비슷한 기분일 것이다. 어쩌면 자랄 때 하나님이 있다고 생각했을 것이다. 어쩌면 기도도 했을 것이다. 어쩌면 이 모든 것이 사실이기를 바랐지만, 지금껏 고통스러운 일을 겪으며 살아와서 그냥 도저히 믿을 수 없는 기분인지도 모르겠다. 어쩌면 도마처럼 당신도 눈으로 보면 믿겠다는 생각이 들지도 모르겠다. 만일 그렇다면 도마 이야기의 결말은 당신을 위한 것이다. 여드레 후에 예수님이 다시 오셨고 도마가 그 자리에 있었다. 예수님은 십자가형을 받은 상흔을 드러내 보이시며 도마에게 "네 손가락을 이리 내밀어 내 손을 보고 네 손을 내밀어 내 옆구리에 넣어 보라 그리하여 믿음 없는 자가 되지 말고 믿는 자가 되라"고 하셨다. 도마는 자기 앞에 있는 증거에서 도출할 수 있는 유일한 결론에 이렇게 답했다. "나의 주님이시요 나의 하나님이시니이다!"(요 20:27, 28)

그래서 어떻다는 것인가?

창조주 하나님이 예수 그리스도 안에서 사람이 되셨다는 것이 우리에게 무슨 의미인가? 바로 그분이 당신과 나를 온전히 다 아신다는 뜻이다. 어머니가 자기 아기를 아는 것보다, 화가가 자기 그림을 아는 것보다, 소설가가 자신의 가상 세계를 아는 것보다 하나님이 우리를 더 완전하게 아신다는 뜻이다. 우리를 만드신 그분이 우리를 사랑하셔서 살고 죽으셨고, 배고프고 목마르셨으며, 땀과 피를 흘리셨다는 뜻이다. 별들을 만드신 분이 우리를 위해 눈물을 흘리셨다는 뜻이다. 우주를 펼치신 분이 팔을 뻗으시고 우리를 위해 죽으셨다는 뜻이다. 〈닥터후〉에서 리버 송은 자기가 에이미의 아기라는 것을 닥터에게 말하지 않는다. 그저 닥터에게 보여 준다. 자신이 누구인지를 나타내고 보여주어서 패배를 승리로 바꾼다. 예수님이 하나님의 영원하신 아들이라면, 누구든 그분을 따르는 사람에게는 패배가 변하여 승리가 된다는 뜻이다. 우주를 만드신 하나님이 마침내 당신과 나를 위해 오셨다는 뜻이다. 우리를 위해 세상이 뒤집혔다는 뜻이다.

다시 만난 예수

3장

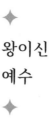

왕이신
예수

고전 영화 〈글래디에이터〉(*Gladiator*)의 배경은 주후 180년이다. 첫 장면에서 로마 장군 막시무스가 자신의 군단병들을 이끌고 게르마니아 부족들에게 승리를 거둔다. 돌아오는 길에 마르쿠스 아우렐리우스 황제가 막시무스에게 자기가 죽으면 정치에 개입해서 로마를 다시 공화정으로 만들라고 부탁한다. 그러나 황제의 아들 콤모두스가 이 계획을 듣고는 아버지를 살해하고 스스로 황제라 선언한 후 막시무스에게 충성을 요구한다. 막시무스는 충성 맹세를 거부하고서 콤모두스의 근위대에서 탈출하여 고향으로 향한다. 그는 아내와 아들을 다시 만날 날을 손꼽아 기다린다. 그러나 마침내 집으로 돌아왔을 때는 이미 콤모두스의 군대가 아내와 아들을 십자가형에 처했다는 것을 알게 된다.

탈진하고 절망하여 막시무스는 의식을 잃고 쓰러진다. 쓰러진 막시무스를 노예 상인들이 잡아서 검투사로 팔아넘긴다. 한 중요한 장면에서 우리는 모든 것을 잃은 이 남자가 바로 그 황제 앞에서 승리를 거두는 모습을 본다. 콤모두스가 원형 경기장으로 들어와 이름을 묻자 막시무스는 투구를 벗고서 선언한다. "내 이름은 막시무스 데시우스 메리디우스, 북부군 사령관이자 펠릭스 군단장, **참된** 황제 마르쿠스 아우렐리우스의 충직한 신하다. 살해당한 아들의 아버지이고 살해당한 아내의 남편이다. 그리고 나는 복수할 것이다. 이번 생에든 다음 생에든."[1]

예수님 시대에 유대인들은 영웅이 나타나 로마인들을 타도하고 이스라엘을 다시 한 번 세우기를 기다리고 있었다. 그들은 바벨론 유배에서 돌아왔다. 그러나 여전히 타국인들에게 지배받고 있었는데, 이전에 하나님이 선지자들을 통해서 그들에게 제국을 정복하는 왕을 약속해 주셨었다. 이번 장에서는 복음서가 예수님을 어떻게 왕으로 조명하는지, 그러나 예수님의 승리가 동족인 유대인들이 기대하던 것을 어떻게 뒤집는지를 살펴보겠고, 이어서 우리는 21세기 사람인데 왜 여전히 하나님의 영원하신 왕을 갈망해야 하는지도 살펴보겠다.

예수 그리스도, 하나님의 아들

콤모두스가 처음 막시무스에게 "왜 영웅은 자기를 드러내지 않지? **진짜** 이름을 밝혀라"라고 말하자 막시무스가 "제 이름은 검투사입니다"라고 대답한다. 콤모두스가 이의를 제기한다. 검투사는 이름이 아니라 역할이기 때문이다. 마찬가지로 예수님을 **그리스도**라고 부를 때, 그리스도는 이름이 아니다. 히브리어 단어 **메시아**는 '기름 부음받은 자'라는 뜻이며, 이 단어는 머리에 기름을 부어서 이스라엘 왕들을 구별하던 고대 관습에서 유래했다. **그리스도**는 **메시아**를 그리스어로 번역한 단어다. 몇 세기에 걸쳐서 하나님이 보내신 선지자들은 제국을

---

1   *Gladiator*, Ridley Scott 감독 (Universal City: CA: DreamWorks Pictures, 2000). 〈글래디에이터〉.

무너뜨리고 이스라엘을 구원하며 죽음을 불사하는 영원한 왕을 약속했다. 막시무스가 **일개** 검투사가 아니라 최고 검투사였듯이 복음서 저자들은 예수님이 **일개** 왕이 아니라 그 왕이시라고 주장한다.

마가복음은 "하나님의 아들 예수 그리스도의 복음의 시작"(막 1:1)이라는 주장으로 시작한다. 우리에게 '하나님의 아들'이라는 말은 다른 무엇보다도 예수님의 신성을 주장하는 것으로 들린다. 2장에서 보았듯이 예수님은 하나님의 영원하신 아들이라고 정말로 주장하셨다. 성부와 성령과 더불어 하나이신 참 하나님이라고 주장하신 것이다. 그렇지만 예수님 시대의 유대인들에게는 **하나님의 아들**이라는 말이 일차적으로는 '그리스도'라는 의미로 들렸을 것이다. **군 통수권자**(commander in chief)가 미국인들에게는 '대통령'을 뜻하듯이, **하나님의 아들**이라는 말은 '그리스도'라는 의미를 전달했다. 마태복음도 그 주장을 가장 앞에 내세워 "아브라함과 다윗의 자손 예수 그리스도의 계보라"(마 1:1)로 시작한다. 다윗은 이스라엘의 원형적 왕이다. 그리고 마태는 계보를 이용하는 방식으로 이스라엘 역사를 다시 이야기하면서 (믿음의 조상인) 아브라함에서 시작하여 (가장 위대한 왕인) 다윗과 (방대한 규모의 재앙인) 바벨론 유배를 거쳐 "그리스도라 칭하는"(마 1:16) 예수님의 오심에 이른다.

장군이 휘하 궁수들을 지휘하듯이 누가는 "기다려"에 더 가까운 접근법을 취한다. 그렇지만 화살이 날아갈 때는 멋지게 들어간다. 천사가 마리아에게 나타나서 마리아가 아들을 낳을 것이라고 말한다. 천사는 이렇게 설명한다. "그가 큰 자가 되고 지극히 높으신 이의 아들이라 일컬어질 것이요 주 하나님께서 그 조상 다윗의 왕위를 그에게 주시리니 영원히 야곱의 집을 왕으로 다스리실 것이며 그 나라가 무궁하리라"(눅 1:32, 33).

예수님 시대에 로마 치하에 살아가던 유대인들에게는 오랫동안 고대하던 신적 왕의 오심이 가장 중요했다. 그러나 오늘날 우리 대부분에게 예수님이 왕이시라는 생각은 주문하지 않은 택배 같은 기분이 들 수 있다. 다들 넷플릭스 방영작 〈더 크라운〉(The Crown)을 재미있게 볼 수 있지만, 아무도 왕정복고는 바라지 않는다. 우리가 역사를 통해 끊임없이 배우는 사실에 따르면, (임금이든 다른 이름으로 불리는 최고 지도자든) 어느 한 사람이 책임을 맡으면 십중팔구 머지않아 독재자가 된다. 공산주의처럼 평등을 극찬한다는 체제조차도 이내 독재 정권으로 곤두박질할 수 있다. 그래서 우리가 민주주의를 구축하여 권력을 분산시키고자 한 것이다. 민주주의가 완벽한 체제는 아니지만, 우리는 민주주의를 고수하면서 최선을 바란다. 윈스턴 처칠의 재치 있는 말처럼 "민주주의는 최악의 통치 형태다. 이따금 시도되었던 다른 모든 통치 형태를 제외한다면 말이다."[2] 그러면 예수님이 왕이시라는 주장을 오늘날 우리가 어떻게 이해할 수 있을까?

얄궂게도, 예수님 당시 사람들의 희망을 꺾었을 바로 그 일 덕분에 오늘날 우리는 하나님의 영원한 왕이신 예수님에게 희망을 품는다. 유대인들의 기대에 따르면 왕권을 주장하려던 예수님의 시도는 실패했다. 예수님은 왕좌를 차지하기는커녕 십자가를 차지하셨다. 자신을 위해 권력을 잡기는커녕 모든 것을 포기하셨다. 남을 내리깎아 정복하기는커녕 당시 사회에서 가장 천대받는 이들을 다정하게 돌보시며 높

---

2   1947년 11월 11일 하원 연설 중에서. *Irrepressible Churchill: A Treasury of Winston Churchill's Wit*, Kay Halle 발췌 편집 (Cleveland, OH: World, 1966), 279을 보라.

이셨다. 십자가는 그분이 패배하신 순간이기는커녕 그분의 가장 큰 승리를 나타낸다. 예수님은 불의를 겪으심으로 세상이 전에 한 번도 본 적 없는 정의를 보여 주셨다.

좋은 소식

막시무스가 게르마니아 부족들을 물리쳤을 때, 황제 마르쿠스 아우렐리우스는 **유앙겔리온**(*euangelion*, 좋은 소식의 선포)을 공표했을 것이다. 이 그리스어를 영어에서는 영적으로 중대한 의미가 담긴 단어인 **복음**(gospel)으로 번역한다. 복음이라는 단어를 들으면 아마 마태복음, 마가복음, 누가복음, 요한복음이라는 사복음서가 떠오르거나, 기독교 신앙의 기본이 되는 복음 메시지가 떠오르거나, 아레사 프랭클린(Aretha Franklin) 같은 예술가가 부른 복음 성가가 떠오를 것이다. 그렇지만 처음으로 이 단어를 예수님에게 직접 들은 사람들에게 유앙겔리온은 정치적 의미도 포함하고 있었을 것이다. 유대인들이 보기에 이 단어에는 영적 의미도 분명 있었다. 이사야가 이렇게 선언했기 때문이다.

> 좋은 소식을 전하며 평화를 공포하며 복된 좋은 소식을 가져오며 구원을 공포하며 시온을 향하여 이르기를 네 하나님이 통치하신다 하는 자의 산을 넘는 발이 어찌 그리 아름다운가(사 52:7).

이사야서는 처음에 히브리어로 기록되었지만 초기 그리스어 역본에서 '좋은 소식을 가져오다'에 해당하는 동사는 '**유앙겔리조**' (*euangelizō*)이다. '좋은 소식/복음'에 해당하는 명사는 '유앙겔리온'이다.

그렇지만 여기에서도 좋은 소식 또는 복음은 왕의 오심과 관련이 있다. 마가복음에 가장 먼저 나오는 예수님의 설교에서 이 모든 의미를 전하고 있다. "때가 찼고 하나님의 나라가 가까이 왔으니 회개하고 복음을 믿으라"(막 1:15). 로마의 권력에 대한 도전이자, 하나님이 새로 정하신 왕에게 복종하라는 요구이니 이는 위험한 말이다. 그런데 이 왕은 어떠한 왕이겠는가?

누가복음에 가장 먼저 기록된 예수님의 설교가 이 질문에 답한다. 고향인 나사렛의 회당에서 하신 설교다. 예수님이 선지자 이사야의 글이 담긴 두루마리를 건네받으신다. 예수님은 원하는 구절을 찾으시고서 읽어 주신다.

주의 성령이 내게 임하셨으니 이는 가난한 자에게 복음을 전하게 하시려고 내게 기름을 부으시고 나를 보내사 포로 된 자에게 자유를, 눈먼 자에게 다시 보게 함을 전파하며 눌린 자를 자유롭게 하고 주의 은혜의 해를 전파하게 하려 하심이라(눅 4:18, 19).

그리고 나서 두루마리를 다시 말아서 시중드는 사람에게 되돌려 주시고서는 자리에 앉으신다. 사람들 눈이 예수님에게 일제히 쏠린다. 예수님이 "이 글이 오늘 너희 귀에 응하였느니라"(눅 4:21)고 말씀하신다.

내 짐작으로는 우리 대부분에게 예수님의 이 왕권 표명이 매력적으로 들릴 것이다. 우리는 정의와 긍휼과 자유와 치유가 나타나는 사회에 살고 싶다. 그러나 직감하건대 우리를 건져 주는 것은 절실하게 갈망하지 않는다. 우리가 모든 이를 위한 자유와 정의에 마음을 쓸 수

다시 만난 예수

있지만, 우리에게 자유와 정의가 없다고 죽지는 않을 것이다. 그렇지만 나치 집단 수용소에 생존해 있던 유대인에게는, 또 독일군의 대공습을 받던 런던 주민들에게는 연합군의 승리가 간절히 바라던 좋은 소식이었듯이, 예수님이 하나님의 기름 부음을 받은 왕이시라는 것은 고통과 압제를 받는 이들에게 좋은 소식이다. 예수님은 오셔서 궁핍한 이들을 높여 주셨다. 갇힌 이들에게 자유를 주셨다. 신체적으로, 영적으로 눈먼 이들의 눈을 뜨게 해주셨다. 예수님은 절실하게 그분이 필요하다고 생각하는 이들을 위해 오셨다. 예수님은 바로 이러한 왕이시며, 감옥을 무너뜨리는 그분의 나라는 우리가 깨닫든지 깨닫지 못하든지 오늘날에도 계속 펼쳐지고 있다.

"도덕 세계의 포물선은 길지만 정의를 향해 휘어진다"는 주장이 세속 인본주의의 주문(mantra)이 되었다. 많은 이가 하나님을 믿지 않지만 역사에는 옳고 그른 면이 있다고 믿으며, 역사는 느리지만 자연스레 정의를 향해 진보한다고 믿는다. 위대한 진보 중에 사람들이 종종 이 신념을 증명한다고 인용하는 예가 민권 운동의 성공이다. "도덕 세계의 포물선은 길다"라는 인용문을 아는 사람이 많은 이유는 그 말을 마틴 루터 킹 목사(Dr. Martin Luther King Jr.)가 언급해서다. 그러나 킹 목사가 그 인용문을 어떻게 사용했는지 기억하는 사람은 거의 없다. 1958년에 "인종 차별의 기나긴 밤을 벗어나"라는 제목의 글에서 킹 목사는 이렇게 주장했다. "악이 카이사르는 궁정을 차지하고 그리스도는 십자가를 차지하는 사건을 정말로 만들어 낼 수는 있지만, 역사를 주전과 주후로 나눈 것은 바로 그 그리스도의 부활이다. 카이사르의 인생조차도 그리스도의 이름으로 날짜를 매기게 되었다. 그렇다, '도덕 세계의 포물선은 길지만 정의를 향해 휘어진다.'"[3] 킹 목사의 자신감은 인격이 없는 어느 힘에서 나오지 않았다. 그 자신감은 예수님의 영원하고 제국을 평정하는 통치를 믿는 신앙에 의지한 것이었다.

마틴 루터 킹이 경건한 사람이었던 것은 분명하지만, 우리는 예수님 없이도 그냥 정의를 구현할 수 있지 않은가? 아니, 그럴 수 없다. 우리가 이 중요한 기둥을 제거해 버린다면, 세계에 도덕적 포물선이 있다고 믿을 근거가 하나도 없다. 그 포물선이 정의를 향해 휘어진다는 것을 믿을 근거는 제쳐 놓더라도 말이다. 이스라엘 역사가 유발 노아 하라리(Yuval Noah Harari)는 자신의 세계적 베스트셀러 「사피엔스」(*Sapiens: A Brief History of Humankind*)에서 "인류 공동의 상상을 벗어나면 우주의 신들도, 민족도, 돈도, 인권도, 법도, 정의도 없다"[4]고 선언하면서 명석한 무신론자의 관점을 제시한다. 하라리는 '독립 선언문'(Declaration of Independence)을 논평하면서 "미국인들은 기독교에서 평등이라는 개념을 이해했다"고 언급하며, 인권을 일컬어 "우리의 풍부한 상상력이 만들어 낸 허구"[5]라고 한다. 또 다른 유명한 무신론자 리처드 도킨스(Richard Dawkins)의 말에 따르면 "도덕적 가치관은 '허공에' 있으므로 세기마다 변하고, 때로는 십 년마다 변하기도 한다."[6] 5장에서 살펴보겠지만, 사실 역사를 되돌아보면 오늘날 도덕 세계를 판단하는 바로 그

3 James H. Washington, ed., *A Testament of Hope: The Essential Writings and Speeches of Martin Luther King Jr* (New York: HarperOne, 2003), 9에서 인용.

4 Yuval Noah Harari, *Sapiens: A Brief History of Humankind* (New York: Harper, 2015), 28. 「사피엔스: 유인원에서 사이보그까지, 인간 역사의 대담하고 위대한 질문」(김영사 역간, 2023).

5 Harari, *Sapiens*, 108, 32. 「사피엔스」.

6 Richard Dawkins, *Outgrowing God: A Beginner's Guide* (New York: Random House, 2019), 159. 「신, 만들어진 위험」(김영사 역간, 2021).

다시 만난 예수

기준을 주신 분이 (우리가 알아차리든지 알아차리지 못하든지) 예수 그리스도이심을, 십자가에서 자신의 왕관을 쓰셨던 그 왕이심을 알게 된다. 그러나 예수님은 단순히 인간들 사이에만 정의와 치유를 가져다주려고 오신 것이 아니다. 우리를 만드신 거룩하시고 완전하시고 의로우신 하나님과 인간인 우리 사이에도 정의와 치유를 가져다주려고 오셨다.

2천 년 전 예수님은 두루마리를 다시 말고 회당에 앉으실 때, 하나님이 일을 바로잡고자 자신에게 기름을 부으셨다고 주장하셨다. 그러나 당시 예수님 말씀을 듣던 이들에게는 예수님이 읽지 않으신 부분이 예수님이 읽으신 내용만큼이나 인상적이었을 것이다. 이사야서에서 예수님이 두루마리를 되감으신 부분인 "주의 은혜의 해를 전파하게 하려 하심"은 "우리 하나님의 보복의 날을"로 끝나는 사상 흐름의 전반부분이기 때문이다(사 61:2, 앞뒤를 합하면 "주[여호와]의 은혜의 해와 우리 하나님의 보복의 날을 선포하여"가 된다_ 옮긴이). 예수님은 문장 중간을 끊으셨다. 지금이 기회의 시간이다. 주의 은혜의 해, 곧 반역자들이 투항하고 고향으로 돌아갈 수 있는 때다. 심판의 날은 아직 오직 않았으니, 그날이 오면 우리 각 사람은 우리를 만드신 분에게 자신의 죄를 사실대로 아뢸 것이며, 우리 중 아무도 자기 힘으로 서 있을 기회가 없을 것이다. 그러나 몸을 돌려 심판하시는 분의 자비에 매달리기에 아직은 늦지 않았다.

지난 여름 나는 아이들에게 「해리 포터와 죽음의 성물」(Harry Potter and the Deathly Hallows)을 읽어 주다가 퍼시 위즐리가 등장할 때 눈물을 흘렸다. 퍼시는 어리석었고 볼드모트의 손아귀에 있던 마법부에 가담했었다. 그런데 뜻밖에도 마지막에는 가족과 친구들과 함께 볼드모트의 군대에 맞서 싸우러 왔다.[7] 퍼시가 마음을 달리 먹기에 아직 늦지 않았던 것이다. 그리고 복음서 전체에서 보듯이 우리가 돌아서서 예수님을 믿기에도 아직 늦지 않았다. 그분만 우리의 죄 문제를 감당하실 수 있다.

아마 당신은 나사렛의 유대인들이 예수님의 메시지를 듣고서 거리에서 춤췄으리라 기대할지도 모르겠다. 하나님 나라가 다가오고 있을 뿐 아니라 자기 동네 사람이 하나님의 기름 부음받은 왕이었으니! 수니사 리(Sunisa Lee)가 올림픽 체조 금메달을 획득했을 때 미네소타의 고향 마을에서는 퍼레이드를 준비했다. 그러니 나사렛 사람들이 자기네 마을 출신 메시아를 얼마나 더 찬양했겠는가? 처음에는 입을 모아 예수님을 칭찬하고 예수님의 말씀을 놀랍게 여긴다(눅 4:22). 그러나 이내 분위기가 바뀐다. 예수님은 그들의 애국적 기대와는 반대로, 하나님이 이스라엘에 **속하지 않은** 이들을 돌보심을 강조하신다(눅 4:25-27). 듣던 이들이 격분하여 예수님을 절벽 아래로 밀어 떨어뜨리려고 한다. 예수님의 설교 사역 시작으로는 그다지 좋지 않다고 말할 수도 있겠다. 그렇지만 바로 이것이 예수님이 처음부터 택하신 행보였다. 예수님 생애의 포물선은 십자가를 향해 휘어져 있었다. 그렇지만 가장 예수님 가까이에 있던 제자들조차도 이해하지 못했다.

너희는 나를 누구라 하느냐?

소셜 미디어(social media) 문화 때문에 우리는 간결하게 표현할 수

---

7   J. K. Rowling, *Harry Potter and the Deathly Hallows* (New York: Scolastic, 2009), 605. 「해리 포터와 죽음의 성물」(문학수첩 역간, 2014).

밖에 없게 되었다. 인스타그램에서는 자기소개를 150자 이내로 요약해야 한다. 트위터에서는 그보다 넉넉하게 160자다. 정말 유명한 사람들은 그 이하로 적는다. 시몬 바일스는 "올림픽 금메달리스트, 개 엄마, 피자 애호가"라고 적어 놓았고, 테일러 스위프트(Taylor Swift)는 자신을 "행복하고 자유로우며 혼란스럽고 외로운"이라고 묘사한다.[8] 우리는 테일러 스위프트가 누군지 안다. 그러나 역사상 가장 유명한 분이 제자들에게 사람들이 자기를 누구라고 생각하느냐고 물으셨을 때는 그 대답이 각양각색이었다.

마태복음의 중심축에 해당하는 장면에서 예수님이 제자들에게 물으신다. "사람들이 인자를 누구라 하느냐"(마 16:13). 제자들에게서 "더러는 세례 요한, 더러는 엘리야, 어떤 이는 예레미야나 선지자 중의 하나라 하나이다"(마 16:14)라는 대답이 나왔다. 그러자 예수님이 덧붙여 "너희는 나를 누구라 하느냐"(마 16:15)라고 물으신다. 시몬 베드로가 대답한다. "주는 그리스도시요 살아 계신 하나님의 아들이시니이다"(마 16:16). 처음에는 예수님이 베드로에게 무척 긍정적으로 말씀하신다. "바요나 시몬아 네가 복이 있도다 이를 네게 알게 한 이는 혈육이 아니요 하늘에 계신 내 아버지시니라 또 내가 네게 이르노니 너는 베드로라 내가 이 반석 위에 내 교회를 세우리니 음부의 권세가 이기지 못하리라"(마 16:17, 18). 베드로라는 이름은 '반석'이라는 뜻이다. 이 말을 듣고서 베드로의 마음이 얼마나 부풀었을까? 그런데 예수님은 그러시고는 실망스럽게도 "이에 제자들에게 경고하사 자기가 그리스도인 것을 아

8　시몬 바일스(@simonebiles)와 테일러 스위프트(@taylorswift)의 인스타그램 프로필. https://www.instagram.com, 2021년 10월 19일 접속함.

무에게도 이르지 말라"고 하신다(마 16:20).

아마 이 시점에서 제자들 생각에 예수님은 출마할 때까지는 **절대로 출마 예정이 없는** 대선 후보들과 같을 것이다. 어쩌면 예수님이 그냥 시기를 가늠하면서 지지 표명이 적당히 준비되게 하고 있을지도 모른다고 생각했다. 그러나 상황이 점점 나빠진다. 마태복음은 "이때로부터 예수 그리스도께서 자기가 예루살렘에 올라가 장로들과 대제사장들과 서기관들에게 많은 고난을 받고 죽임을 당하고 제삼일에 살아나야 할 것을 제자들에게 비로소 나타내[셨다]"고 전한다(마 16:21). 예수님은 적절한 지지를 얻어 집권하기는커녕 자기가 권력자들에게 지지를 얻지 못할 것이라고 말씀하신다. 사실상 실패한 여느 메시아들처럼 예수님도 십자가에 못 박히는 것으로 끝나실 것이다.

베드로는 그 말을 듣지 않으려고 한다. 갓 임명된 수석 보좌관으로서, 예수님을 한쪽으로 데리고 가서 "주여 그리 마옵소서 이 일이 결코 주께 미치지 아니하리이다!"(마 16:22)라고 말한다. 그런데 예수님이 베드로를 향해 돌아서시더니 "사탄아 내 뒤로 물러가라 너는 나를 넘어지게 하는 자로다 네가 하나님의 일을 생각하지 아니하고 도리어 사람의 일을 생각하는도다"(16:23) 하신다. 이 말씀이 얼마나 쓰라렸을까. 베드로는 예수님의 오른팔이 될 준비를 빠짐없이 끝냈다. 어쩌면 부통령이 된 기분이었을지도 모르겠다. 그런데 여기에서 예수님이 베드로를 사탄이라고 칭하신다! 그리고 나서 상황은 훨씬 나빠진다. 예수님이 제자들을 향해 돌아서시더니 이렇게 말씀하시기 때문이다. "누구든지 나를 따라오려거든 자기를 부인하고 자기 십자가를 지고 나를 따를 것이니라 누구든지 제 목숨을 구원하고자 하면 잃을 것이요 누구든지

다시 만난 예수

나를 위하여 제 목숨을 잃으면 찾으리라 사람이 만일 온 천하를 얻고
도 제 목숨을 잃으면 무엇이 유익하리요 사람이 무엇을 주고 제 목숨과
바꾸겠느냐"(마 16:24-26). 예수님은 십자가형을 받을 각오를 하고 자기가
그리스도라고 주장하시는 것이 아니다. 십자가형을 받는 것 자체가 그
분의 계획이다. 더욱이 누구든지 예수님을 따르는 사람 역시 자기 목
숨을 포기해야 한다고 말씀하신다.

어쩌면 당신은 가장 원하는 것을 얻기 위해 나머지 모든 것을 기
꺼이 포기한 때가 생각날 수도 있겠다. 그것이 관계일 수도 있고, 직장
일 수도 있다. 당신이 절실히 보여 주고 싶었던 자신의 이미지일 수도
있다. 오스카 와일드(Oscar Wilde)의 「도리언 그레이의 초상」(The Picture of
Dorian Gray)에서 주인공이 자신의 초상화를 응시하다가 이렇게 말한다.

참으로 슬프군! 나는 점점 늙어 가고 고약해지고 형편없어지겠지. 하지
만 이 그림은 마냥 젊음을 간직할 테지. …… 만일 반대라면! 내가 마냥
젊을 수 있고 그림이 늙어 갈 수 있다면! 그렇게 된다면, 정말 그렇게 된
다면 나는 죄다 내어 줄 텐데! 그래, 세상에서 내가 내주지 않을 것은 하
나도 없어! 내 영혼이라도 내주겠어![9]

내용 전개를 보면 도리언의 소원이 실현된다. 도리언은 계속 젊음
과 아름다움에 집착하고 그동안 이 그림은 도리언의 다락방에서 늙어
가면서 도리언의 이기적이고 잔인한 특징을 덧입는다. 한번은 스승인

9   Oscar Wilde, *The Picture of Dorian Gray* (London: Penguin Classics, 2003), 205. 「도리언 그레
이의 초상」.

헨리 경이 도리언에게 무심하게 묻는다. "'사람이 만일 온 천하를 얻고
도'라는 구절이 어떻게 이어지지? '제 영혼을 잃으면 무엇이 유익하리
오'인가?"(대부분의 한글 성경은 '영혼'을 '목숨'으로 번역함_ 옮긴이) 헨리 경은 런던
에서 '어느 거리 설교자'가 예수님이 하신 말씀을 인용하는 것을 듣고
서, 그 질문을 다시 도리언에게 한 것이다. 도리언은 이렇게 대답한다.
"전혀 그렇지 않아요. 영혼은 무시무시한 실재예요. 사고팔 수 있고 서
로 교환해 버릴 수도 있어요."[10] 도리언은 자기가 원한다고 생각한 것
을 얻었지만, 결국은 유일하게 중요한 것을 잃었다. 그러나 예수님은
세상에서 좋은 것을 무엇이든 기꺼이 포기하신다. 젊은 나이에 십자가
에서 고통스러운 죽음을 맞이하게 되더라도 하늘 나라를 얻기 위해서
라면 다 포기하신다. 예수님에게 가장 중요한 것은 권력과 영광을 얻
는 것이 아니었다. 권력과 영광이라면 이미 영원 전부터 가지고 계셨
다. 예수님에게 가장 중요한 것은 '우리'였다.

예수님은 도리언의 초상화처럼 우리 죄를 받아들이셨다. 그러나
그 대가로 우리 영혼을 파멸에 이르게 하시지 않고, 대신 우리를 따뜻
하게 품어 주신다. 우리가 예수님을 따르려고 모든 것을 포기한다면,
예수님은 우리 몸과 영혼을 강한 팔로 지켜 주실 것이다. 그분은 우리
를 건져 주려고 오신 왕이시며, 여느 왕들과 달리 우리를 속속들이 아
신다. 사실 그분은 우리를 열렬히 찾아다니신다.

---

10   Wilde, *The Picture of Dorian Gray*, 205. 「도리언 그레이의 초상」.

우물가의 여자

요한복음 1장에서 여러 인물이 예수님을 그리스도라고 지목한다. 우선 세례 요한이 자기는 그리스도가 아니며 그 길을 준비하러 왔다고 명확히 한다. 예수님에 대해서는 "내가 보고 그가 하나님의 아들이심을 증언하였노라"(요 1:34)고 말한다. 세례 요한의 제자였던 안드레는 예수님을 따르기 시작하고서 형제인 시몬 베드로에게 "우리가 메시아를 만났다"(요 1:41)고 전한다. 그다음에는 "나사렛에서 무슨 선한 것이 날 수 있느냐"고 질문한 것으로 유명한 나다나엘이 예수님을 만나더니 "랍비여 당신은 하나님의 아들이시요 당신은 이스라엘의 임금이로소이다"(요 1:49)라고 단언한다. 그렇지만 요한복음에서는 더 뒷부분에 가서야 예수님이 자기가 그리스도이심을 처음으로 친히 솔직하게 인정하신다. 그리고 그렇게 인정하실 때 그분은 그 놀라운 소식을 가장 예상 외의 인물과 공유하신다.

제자들이 먹을거리를 구하러 예수님에게서 떠나 있었다. 예수님은 우물가에 앉아 계시다가 어느 사마리아 여자에게 마실 물을 청하신다. 여자는 당황해한다. "당신은 유대인으로서 어찌하여 사마리아 여자인 나에게 물을 달라 하나이까"(요 4:9). 예수님 당시에 유대인들은 사마리아인을 멸시했다. 사마리아 땅을 밟지 않으려고 먼 길로 돌아서 이동할 정도였다. 사마리아 사람하고 물만 마셔도 예수님의 평판이 위태위태할 것이다. 더구나 여자였으니 문제가 훨씬 컸다. 두 사람의 대화를 들어 보면 상황은 한층 나빠진다. 이 여자에게는 남편이 다섯 명 있었는데 현재 동거하는 남자는 자기 남편도 아니기 때문이다. 유대인 측면에서 보면 여자는 말 그대로 예수님이 함께 있는 모습을 절대로 보여서는 안 될 사람이다. 하지만 예수님은 전혀 놀라지 않으신다. 여자에게 물을 달라고 청하실 때 이미 여자가 어떤 사람인지 정확하게 알고 계셨기 때문이다.

사마리아 여자에게는 예수님이 선지자로 보일 수 있었기에 여자는 예수님에게 신학적 질문을 던지기 시작한다. 마지막 대화를 나누면서 여자가 "메시아 곧 그리스도라 하는 이가 오실 줄을 내가 아노니 그가 오시면 모든 것을 우리에게 알려 주시리이다"라고 말하자, 예수님이 "네게 말하는 내가 그라"고 대답하신다(요 4:25, 26). 대화를 끝내는 이 순간에 예수님의 제자들이 돌아온다. 그들은 예수님이 이 여자와 이야기를 나누시는 모습을 보고서 기겁한다. 그러나 여자는 물동이를 버려 두고 동네로 돌아간다. 이 여자는 예수님 때문에 몹시도 가슴이 벅차 올라서, 물 긷는 도구도 내팽개쳐 두고는 만나는 사람에게 일일이 이렇게 말한다. "내가 행한 모든 일을 내게 말한 사람을 와서 보라 이는 그리스도가 아니냐"(요 4:28, 29).

예수님은 남들이라면 멸시할 사람들에게 자기 시간을 허비하는 그런 왕이시다. 사실 이 여자와 나눈 대화가 복음서에 나오는 사적 대화 중에 가장 길게 기록되어 있다. 예수님은 그 여자가 정확히 누구인지 아셨고, 여자는 자기 동네의 선교사가 된다. "내가 행한 모든 일을 내게 말한 사람"(요 4:39)이라는 여자의 단순한 증언 때문에 많은 사람이 예수님을 뵈러 와서 믿었다. 예수님은 이 여자를 사사롭게, 초자연적으로 알고 계신 것으로 자기가 그리스도라는 주장을 확증하신다. 가끔 나는 사람들이 나를 진짜로 알게 된다면 내가 사랑스럽지 않다는 것을 알아차리지 않을까 걱정한다. 초콜릿 포장을 벗겨 보니 맛이 없다고,

다시 만난 예수

아니면 더 형편없다고 밝혀지는 것처럼 되지나 않을지 걱정하는 것이다. 어쩌면 당신도 그런 기분을 느낄 때가 있을 것이다. 그러나 예수님은 우리를 속속들이 아시며, 그런데도 사랑 안에서 우리에게 손을 내미신다. 예수님의 왕권은 개인적이지만, 보편적이기도 하다. 나머지 사마리아 사람들은 예수님에게 직접 말씀을 듣고 나서 여자에게 이렇게 말한다. "이제 우리가 믿는 것은 네 말로 인함이 아니니 이는 우리가 친히 듣고 그가 참으로 세상의 구주신 줄 앎이라"(요 4:42).

다윗의 자손에게 호산나

〈글래디에이터〉에서 막시무스는 처음에 정체를 숨긴다. 아직은 자기가 누구인지 콤모두스가 알아차릴 때가 아니다. 마찬가지로 복음서에서 예수님은 사람들에게 자기가 그리스도라는 주장에 대해 아무 말도 하지 말라고 누누이 이르신다. 그런데 그 소식이 거리마다 울려 퍼지는 날이 온다. 예수님은 예루살렘으로 올라갈 채비를 하시면서 제자들을 보내어 나귀를 빌려 오신다. 사람들이 오랫동안 기다리던 하나님의 왕이 이동하는 방식으로는 이상해 보인다. 고급 승용차 대신 경차를 몰고 시내로 들어가는 셈이다. 그런데 바로 그것이 요점이다. 마태복음은 이 순간을 스가랴서에 나오는 예언과 연결 짓는다.

> 시온 딸에게 이르기를 네 왕이 네게 임하나니 그는 겸손하여 나귀, 곧 멍에 메는 짐승의 새끼를 탔도다 하라 하였느니라(마 21:5).

예수님은 왕으로서 예루살렘으로 나귀를 타고 들어가실 때조차도 겸손하게 가신다. 그러나 예루살렘의 유대인들은 그 의미를 알아차렸다. 그들은 길에 겉옷을 펴고, 종려나무 가지를 깔았는데, 이는 레드카펫을 까는 것에 해당하는, 고대 유대의 관습이다. 위태로운 장면이다.

〈글래디에이터〉에서 드디어 막시무스가 자기가 누구인지 드러내자, 황제 근위대가 막시무스에게 칼을 겨눈다. 그러나 원형 경기장의 관중이 "살려! 살려! 살려! 살려!"라고 외쳐서 콤모두스는 엄지손가락을 세워서 관중의 말에 찬성한다는 표시를 할 수밖에 없었다. 마찬가지로 예수님이 드디어 공공연히 왕권을 주장하시자 예루살렘에 있던 무리는 "왕이시다! 왕이시다! 왕시이다! 왕이시다!"에 해당하는 말을 외친다. "호산나 다윗의 자손이여 찬송하리로다 주의 이름으로 오시는 이여"(마 21:9)라고 외친 것이다. '호산나'는 '[하나님,] 구원해 주소서'라는 뜻이고, '다윗의 자손'은 예수님을 그리스도로, 즉 이스라엘의 가장 위대한 왕의 후계자로 부각하는 말이다. 예수님의 제자들도 "찬송하리로다 주의 이름으로 오시는 왕이여"(눅 19:38)라고 소리친다. 바리새인들이 소스라치게 놀라서 "선생이여 당신의 제자들을 책망하소서"라고 청한다. 그러나 예수님은 복음서를 통틀어 내가 무척 좋아하는 구절 중 하나로 답하신다. "내가 너희에게 말하노니 만일 이 사람들이 침묵하면 돌들이 소리 지르리라"(눅 19:39, 40).

예수님은 무리에게 자신의 왕권을 승인받을 필요가 없으시다. 이 시점에서는 땅에 있는 자갈도 예수님의 왕권을 선언할 태세다. 우주를 만드신 분이 오셔서 여기 이 세상에 그분 나라를 주장하셨는데, 혹시 그분이 만드신 사람들이 무슨 일이 일어나는지 알아차리지 못한다면, 돌들이 그 일을 소리쳐 알릴 것이다. 막시무스처럼 예수님도 그날에는

다시 만난 예수

살아남으셨다. 그러나 막시무스와 마찬가지로 시간 문제일 뿐이다. 이들 겉옷과 외치는 소리와 종려나무 가지는 대관식이 아니라 죽음을 향해 가는 예수님의 길을 나타내고 있다.

유대인의 왕

메시아를 반가이 맞이해야 했던 사람이 있다면 바로 대제사장들과 장로들이었다. 그러나 그들은 예수님을 환영하기는커녕 체포했다. 심문 중에 대제사장이 "내가 너로 살아 계신 하나님께 맹세하게 하노니 네가 하나님의 아들 그리스도인지 우리에게 말하라"고 요구한다(마 26:63). 이에 예수님은 "네가 말하였느니라 그러나 내가 너희에게 이르노니 이후에 인자가 권능의 우편에 앉아 있는 것과 하늘 구름을 타고 오는 것을 너희가 보리라"(마 26:64)라고 대답하신다. 이들은 예수님이 무슨 뜻으로 이렇게 말씀하시는지 알았다. '인자'는 예수님이 자기를 지칭할 때 즐겨 쓰시던 표현이었다. 이 표현은 다니엘서에 나오는 어느 환상과 연결되는데, 그 부분에서 다니엘이 다음과 같이 단언한다.

내가 또 밤 환상 중에 보니 인자 같은 이가 하늘 구름을 타고 와서 옛적부터 항상 계신 이에게 나아가 그 앞으로 인도되매 그에게 권세와 영광과 나라를 주고 모든 백성과 나라들과 다른 언어를 말하는 모든 자들이 그를 섬기게 하였으니 그의 권세는 소멸되지 아니하는 영원한 권세요 그의 나라는 멸망하지 아니할 것이니라(단 7:13, 14).

예수님이 대제사장에게 인자가 하늘 구름을 타고 오는 것을 그가 보리라고 말씀하실 때, 이는 자기가 하나님의 영원하고 우주적인 왕이심을 주장하시는 것이다. 대제사장은 두려워하며 자기 옷을 찢고, "그가 하나님을 모독하였소. 이제 우리에게 이 이상 증인이 무슨 필요가 있겠소? 보시오, 여러분은 방금 하나님을 모독하는 말을 들었소. 여러분의 생각은 어떠하오?"라고 말한다(마 26:65, 66, 새번역). 나머지 종교 지도자들이 "그는 사형을 받아야 합니다"라고 대답한다(마 26:66, 새번역). 그러더니 그들이 "그리스도야 우리에게 선지자 노릇을 하라 너를 친 자가 누구냐" 하며 예수님 얼굴에 침을 뱉고 예수님을 손바닥으로 철썩 때린다(마 26:67, 68).

대제사장들은 직접 예수님에게 돌을 던지지 않고 예수님을 로마 총독 빌라도에게 보내고, 빌라도는 예수님에게 "네가 유대인의 왕이냐?"고 묻는다. 예수님은 "네 말이 옳도다"라고 말씀하시고는 자신을 변호하려고 하지 않으신다(마 27:11-14). 그 모습이 빌라도에게 인상적이었다. 당시 유월절이면 명절을 지키려고 예루살렘에 모인 유대인들에게 총독이 죄수 한 명을 석방해 주는 전통이 있었기에, 빌라도가 사람들에게 예수님을 석방해 주기를 원하느냐고 묻는다. 원형 경기장에 있던 무리가 막시무스의 목숨을 살려 주라고 외쳤듯이, 예루살렘에 있던 무리도 예수님을 석방하라고 요구할 수 있었다. 그러나 무리는 그 반대로 요구했다. 대제사장들과 장로들이 그들을 구슬렸기 때문이다. 이들은 대신 악명 높은 죄수 바라바의 석방을 요구한다. 빌라도가 "그러면 그리스도라 하는 예수는, 나더러 어떻게 하라는 거요?"라고 묻자, 무리가 "그를 십자가에 못 박으시오!"라고 말한다. 빌라도가 "정말 이 사람이 무슨 나쁜 일을 하였소?"라고 대응한다. 그러나 무리는 더욱 크게 외

다시 만난 예수

친다. "십자가에 못 박으시오!"(마 27:22, 23, 새번역) 그래서 빌라도는 예수님을 채찍질하고서 십자가형에 처하도록 넘겨준다.

로마 군인들은 예수님을 희롱한다. 예수님 옷을 죄다 벗기고는 자줏빛 겉옷을 입히고 가시로 만든 왕관을 예수님 머리에 억지로 씌웠다. 그러고 나서 예수님 오른손에 가짜 홀처럼 갈대를 쥐여 주고는 "유대인의 왕 만세!"라고 말하며 무릎을 꿇는다. 군인들은 예수님에게 침을 뱉고 홀 삼아 쥐여 주었던 갈대로 예수님을 때리고 나서 십자가형을 집행하려고 데리고 간다(마 27:28-31). 십자가에는 예수님 머리 위쪽에 "이는 유대인의 왕 예수라"라고 죄목을 적어서 고정해 놓았다(마 27:37). 그 죄명은 더할 나위 없이 정확했다. 그러나 십자가형은 왕이신 예수님이 실패하셨다는 낙인이 아니었다. 십자가는 예수님이 승리를 거두신 바로 그 원형 경기장이었다.

"예수여, 당신의 나라에 임하실 때에 나를 기억하소서"

사람들이 십자가에 달리신 예수님에게 야유를 보낼 때, 아이러니가 한층 확연해진다. 유대인 지도자들은 "저가 남을 구원하였으니 만일 하나님이 택하신 자 그리스도이면 자신도 구원할지어다"라고 말하면서 예수님을 비웃는다(눅 23:35). 로마 군인들도 "네가 만일 유대인의 왕이면 네가 너를 구원하라"며 예수님을 조롱한다(눅 23:37). 예수님과 함께 십자가형을 받는 죄수 중 한 명조차도 "네가 그리스도가 아니냐 너와 우리를 구원하라"고 말하며 욕을 퍼붓는다(눅 23:39). "네가 너를 구원하라. 너나 구원해 보아라. 너나 구원해. 예수야, 만일 네가 그렇게 능력이 많다면, 너나 구원해"라고 말하는 것이다. 그러나 예수님은 자기를 구원하려고 오신 것이 아니다. 그분은 우리를 구원하려고 오셨다.

예수님의 한쪽 옆에 달려 있던 죄수가 다른 쪽에 달린 죄수에게 응수했다. "네가 동일한 정죄를 받고서도 하나님을 두려워하지 아니하느냐 우리는 우리가 행한 일에 상당한 보응을 받는 것이니 이에 당연하거니와 이 사람이 행한 것은 옳지 않은 것이 없느니라"(눅 23:40, 41). 그리고 나서는 예수님을 바라보며 믿기 어려울 정도로 놀라운 말을 했다. "예수여 당신의 나라에 임하실 때에 나를 기억하소서"(눅 23:42). 십자가에서 죽는다는 것은 실패한 메시아라는 표였다. 그러나 이 죄수는 인생에서 가장 고통스러운 마지막 순간에 예수님이 진정 누구이신지 보았다. 우물가에 있던 여자처럼, 이 사람은 예수님의 환대를 결코 받지 못해야 하는 그런 사람이다. 그런데 예수님은 그를 환대하신다. "예수께서 이르시되 내가 진실로 네게 이르노니 오늘 네가 나와 함께 낙원에 있으리라 하시니라"(눅 23:43).

1장에서 보았듯이 사복음서는 예수님이 죽으시고 수십 년이 지나서 기록되었다. 그렇지만 한결같이 처음부터 예수님이 왕이시라고 선언한다. 예수님이 십자가 처형을 당하셨다고 해서 실패하신 것은 아니다. 십자가 처형은 예수님이 왕좌에 오르시기 위해 내디디신 걸음이었다. 예수님은 로마인들을 타도하려고 오신 것이 아니다. 죄와 죽음을 친히 떠안으셔서 정복하려고 오신 것이다. 예수님이 부활하지 않으셨다면 이 말은 조금도 앞뒤가 맞지 않는다. 그 내용은 9장에서 다룰 것이다. 그러나 예수님이 정말 다시 살아나 영생하신다면, 죽음 자체를 정복하신 왕이라는 뜻이요, 예수님의 승전보, 즉 '유앙겔리온'이 아직도 울려 퍼지고 있다는 뜻이다.

다시 만난 예수

그래서 어떻다는 것인가?

예수님이 죽음을 물리치시고 영원하시며 제국을 무너뜨리시는, 하나님의 왕이라면 우리에게 무엇이 달라지는가? 그분이 옥에 갇히고 눈멀고 가난하고 압제당하는 이들에게, 매춘부들에게, 부랑자들에게, 다섯 번 이혼한 사람들에게, 심지어 상습범들에게도 좋은 소식이라면 무엇이 달라지는가? 언젠가 모든 그릇된 일이 바로잡히리라는 뜻이다. 언젠가 예수님이 다시 오셔서 영원히 다스리실 때 현재의 권력은 다 무너지리라는 뜻이다. 너무 늦기 전에, 지금 우리가 태도를 바꾸고 예수님을 믿어야 한다는 뜻이다. 그렇게 한다면 정의를 실현하고 갇힌 사람을 풀어 주며 가난한 사람을 보호하는, 예수님의 나라에 속할 수 있으며, 영생의 생수를 예수님과 함께 영원히 마실 수 있다. 막시무스는 원형 경기장에서 자기가 누구인지 밝히면서 콤모두스에게 자기는 복수를 하겠다고, 이번 생에서든 다음 생에서든 그러겠다고 약속한다. 우리가 예수님의 사람이라면 예수님의 무기, 곧 자기를 희생하고 권력을 뒤집고 다함이 없는 사랑을 가지고 싸워야 한다. 예수님이 이번 생에서든 다음 생에서든 정의를 실현하실 테니 말이다.

4장

✦

치유자이신
예수

✦

이 글을 쓰고 있는 지금, 나는 멍울 세 개의 조직 검사를 받고 막 돌아온 참이다. 의사는 그 멍울이 암일 가능성이 50퍼센트라고 했다. 나는 암에 걸리기에는 젊은 편이다. 그러나 나보다 여섯 살 어린 친구가 최근에 진행성 유방암 진단을 받았다. 젊다고 암에 걸리지 않는다는 보장은 없다. 이 글을 쓰고 있는 지금은 내가 양호한 상태인지, 아픈 상태인지 모른다. 수술을 받을지, 항암 치료를 할지, 아니면 더 심각한 치료를 받을지 알 수 없다. 아이들에게 엄마가 암에 걸렸다고 말해 줘야 할지도 모른다. 복음서에서 말하는 것을 믿기에 나는 예수님에게 치유 능력이 있다고 간절히 믿는다. 그렇지만 예수님이 그렇게 하실지 나는 모른다.

이번 장에서는 예수님의 삶을 그대로 관통하는 치유 이야기의 맥락을 따라가며 기술하겠다. 예를 들어 열병을 앓던, 베드로의 장모를 고쳐 주신 일(막 1:30, 31) 같은 예수님의 첫 기적들부터 잡히시던 날 밤에 대제사장의 종이 베드로에게 귀가 잘렸을 때 그를 치료해 주신 일(눅 22:50, 51; 요 18:10)까지 살펴보겠다. 앞으로 보겠지만 예수님에게는 몸의 상처는 물론이고 정신의 상처도 치유하실 능력이 있다. 그러나 예수님이 궁극적으로 약속하시는 것은 지금 당장 육신의 치유가 아니라 영원히 누리는 부활 생명이다.

건강한 사람에게는 의사가 필요 없다

첫 정기 유방암 검사에서 멍울이 보여 조직 검사를 받았다. 암이 무서운 이유는 기척도 없이 정말로 불쑥 찾아와서는, 심하게 아프거나 아니면 죽을 때까지 부지불식간에 우리를 잠식하기 때문이다. 그래서 우리는 피부 안쪽을 살펴보아서, 우리가 빠져나가지 못할 정도로 암이 얽히고설키게 거미줄 치는 것을 미리 '포착할 방법을 발견해 왔다. 쾌유할 희망을 품으려면, 우선 자기가 아프다는 것을 알아야 한다.

마태, 마가, 누가는 예수님이 중풍병자에게 치유와 죄 용서를 둘 다 행하신 이야기를 서술하고 나서(2장에서 살펴본 내용이다), 세리를 부르신 이야기를 곧이어 들려준다. 이것은 반대파에서 사람을 모집하는 것과 같다. 신실한 유대인들은 세리를 반애국적 죄인으로 여겼다. 세리들은 로마의 통치에 저항하기는커녕 로마인들과 손을 잡고서 자기 민족에게 세금을 갈취하면서 자기 주머니도 채웠다. 그런데 예수님이 이 세리에게 "나를 따르라"고 하시자 세리는 곧바로 일어난다(눅 5:27, 28). 한술 더 떠서 자기가 새로이 찾은 주님을 위해 잔치도 벌인다. 바리새인들은 경악하며 화를 낸다. 이들은 예수님의 제자들에게 "너희가 어찌하여 세리와 죄인과 함께 먹고 마시느냐"(눅 5:30)고 묻는다. 예수님이 대답하신다. "건강한 자에게는 의사가 쓸데없고 병든 자에게라야 쓸데 있나니 내가 의인을 부르러 온 것이 아니요 죄인을 불러 회개시키러 왔노라"(눅 5:31, 32).

예수님은 바리새인들의 판단에 이의를 제기하지 않으신다. 세리들이 사실 선한 사람들이라고, 그저 조금 엇나갔을 뿐이라고 말씀하지 않으신다. 아니, 세리들은 그런 사람들이 아니다. 손쓸 수 없을 정도로 영적으로 병든 사람들이다. 그러나 예수님의 발언은 아슬아슬하다. 바리새인들은 자기들이 얼마나 병들었는지는 보지 못하므로 곤경에 처해 있으면서도 그 잔치를 바깥에서 보며 참견하고 있는 반면, 죄 많은 세리들은 자기에게 의사가 필요하다는 것을 안다. 마가와 누가는 이 세리를 레위라고 부른다(막 2:14; 눅 5:27). 그러나 마태는 그 세리를 마태라고 부른다(마 9:9). 초기 전승에서는 마태복음을 이 세리와 연관 짓는다. 이 연관성이 틀림없다면, 복음서를 통틀어 가장 찬연히 유대인다운 복음서에 우리를 위한 증언이 보존된 셈이다. 이 증언을 한 사람은 당시 종교 지도자들에게는 배척당했으나 자기에게 영적 의사가 필요하다는 것을 알았다. 나중에 예수님은 대제사장들과 장로들에게 "내가 진실로 너희에게 이르노니 세리들과 창녀들이 너희보다 먼저 하나님의 나라에 들어가리라"(마 21:31)고 경고하신다.

내 짐작에 우리 대부분은 막연하게 영이 병든 것보다 몸이 병든 것을 더 겁낸다. 지금 당장 나도 진단 결과를 기다리면서 가장 중요하게 생각하고 싶은 질문은 "내가 암에 걸렸나?"이다. 그러나 예수님이 하나님의 아들이라면, 그것은 가장 중요한 질문이 아니다. 우리의 가장 심각한 질환은 영적 질환이다. 너나없이 우리는 다 말기 환자다. 하나님이 친히 보내신 의사가 없다면 아무 가망이 없다. 반대로 몸이 쇠약해지고 있지만 예수님의 품에 안겨 있다면, 우리는 기본적으로 건강하다. 4기암을 앓고 있는 오래된 친구와 얼마 전에 저녁을 먹었다. 그 친구는 병이 낫기를 기도한 적이 한 번도 없다고 했다. 죽는 것을 겁내지 않았다. 실은 "주님, 저를 본향으로 데려가 주세요"라고 기도하는 중이다. 친구는 최후에 주님 품에 안길 준비가 되어 있다. 그러면 예수님은 우리 몸에 조금이라도 관심이 있으신가? 물론이다.

내가 원하노니

2021년 3월에 나는 코로나19 양성을 판정받았다. 나는 그 즉시 격리해야 했다. 친구를 만날 수도 없었고, 우리 아이들을 안아 줄 수도 없었고, 남편 손을 잡을 수도 없었다. 며칠 동안은 사람과 일절 접촉하지 못했다. 예수님이 마가복음에서 처음으로 병을 고쳐 주신 사람들 가운데 한 명도 아마 수년 동안 그와 같은 상황에서 살아왔을 것이다. 어느 날 나병 환자가 예수님 앞에 무릎을 꿇고서 말한다. "원하시면 저를 깨끗하게 하실 수 있나이다"(막 1:40). 나병은 감염성이 아주 높다고 여겨졌다. 나병 환자들은 살이 짓무르고 썩는 병이 퍼질까 두려워 다른 사람들에게서 멀리 떨어져 살아야 했다. 나병은 사회적 사형 선고인 셈이었다. 복음서의 다른 이야기들을 통해 우리는 예수님이 멀리 떨어진 곳에서도 사람들을 고쳐 주실 수 있음을 알고 있다. 그냥 말씀만 하셔도 되었다. 그렇지만 자기 앞에 이 나병 환자가 무릎을 꿇을 때, 예수님은 "불쌍히 여기사" 손을 내밀어 그 사람과 접촉하신다. "내가 원하노니 깨끗함을 받으라"고 말씀하신다(막 1:41).

예수님이 다정하게 만지시자, 썩어 들어가 문드러지고 있던 나병 환자의 피부가 나았다. 사망에 이르는 나병 환자의 질병이 예수님에게 퍼지기는커녕 생명을 주시는 예수님의 건강이 나병 환자에게 옮겨 갔다. 알다시피 오늘날에는 6개월에서 12개월간 약물 요법으로 나병을 치료한다. 그런데 그날, 예수님은 애정 어린 손길로 나병을 치료하셨다. 예수님이 환자에게 일어난 일에 관해 아무 말도 하지 말라고 이르셨지만, 나병 환자였던 사람은 참을 수가 없었다. 그 사람이 나가서 그 소식을 퍼트리기 시작했는데, 전에 나병을 퍼트릴 수 있었던 것보다도 빨리 퍼트렸다(막 1:45). 예수님은 과시용으로 이 사람을 고쳐 주신 것이 아니었다. 마음이 쓰였기 때문에 고쳐 주신 것이다. 그런데 예수님은 사랑하는 사람들을 늘 고쳐 주지는 않으신다. 적어도 아직은 말이다.

지난 달 어느 날, 아래층에 내려갔다가 내가 아침에 마실 라테용 우유가 보조 탁자 위에 있는 것을 보았다. 몹시 짜증이 났다. 우유가 얼마 안 남았고 소비 기한이 거의 다 되었다는 것은 알고 있었다. 하지만 바로 전날 저녁에 딱 하루 더 마실 만큼은 남았다는 것도 확인했었다. 짐작하기로는 남편이 내 우유를 시리얼에 다 넣었고, 그래서 이제 거의 한 방울도 남지 않은 것이었다. 정말 배려심도 없지! 남편은 다른 우유를 마실 수 있었는데도, 내 우유를 제멋대로 싹 마셔 버린 것이다. 나는 다른 우유를 가지러 냉장고로 막 걸어갔다. 그런데 냉장고를 열어 보니 내 우유가 새로 한 통 가득 있었다. 그 순간 내 머리에 스친 생각은, 남편이 내 오래된 우유를 다 마셔 버리지 않았다는 것이다. 남편은 내 우유가 얼마 남지 않은 것을 보았기에 퇴근길에 우유를 더 사다 둔 것이었다. 우리 몸이 병들게 놔 두셨다는 이유로 하나님에게 매우 화가 날 때가 있다. 우리는 하나님이 원하신다면 우리를 낫게 하실 수 있다는 것을 안다. 우리를 하루 더 건강하게 하실 수 있다는 것도 안다. 그러나 결국에 하나님은 부활 생명을 약속하신다. 새로운 생기가 충만하

다시 만난 예수

게 넘치며 숨이 끊어지지 않는 몸으로 그분과 영원히 살게 되어 있는 것이다. 우리는 반드시 그분을 믿어야 하며, 오래되고 숨이 끊어지는 몸은 버려야 한다. 그렇다면 부활의 몸에 대한 이러한 약속이 있으니 지금은 병이 낫기를 기도하지 말아야 한다는 말인가? 그렇지 않다.

나병에 걸린 사람은 무릎을 꿇고 애원했다. 그래서 나도 오늘 암이 나를 피해 가기를 하나님에게 기도하고 또 기도했다. 중풍병자의 친구들이 지붕에 구멍을 뚫고서 그를 예수님의 발치로 내려 보냈듯이 (막 2:2-4), 내 친구들도 나를 위해 주님에게 간구하고 있다. 그러나 예수님이 중풍병자를 낫게 하시기 전에 보여 주신 것처럼, 현시점에서는 내 죄에 대한 용서가 내 몸보다 훨씬 중요하다. 예수님이 나를 만드셨다면 내가 반드시 믿어야 하는 것은 그분이 가장 좋은 것을 아신다는 것과 만일 내가 암에 걸려 있다고 해도 예수님의 부활 생명이 언젠가는 내 상처를 치료하시고 흉터를 아름답게 만드시리라는 것이다. 그러리라는 것을 내가 아는 것은 예수님의 부활의 몸에도 흉터가 있고 예수님은 그 흉터가 있는 몸을 영원히 입고 있으실 것이기 때문이다. 예수님은 의심하는 도마를 만나셨을 때, "보아라, 내가 십자가에서 입은 상처가 사라졌다!"고 말씀하지 않으셨다. 예수님은 이렇게 말씀하셨다. "네 손가락을 이리 내밀어 내 손을 보고 네 손을 내밀어 내 옆구리에 넣어 보라"(요 20:27). 우리가 예수님을 믿으면, 결국은 그분이 언제나 우리를 낫게 하신다. 그러나 그 과정에서 죽음이 중간 기착지가 될 수도 있다.

하혈과 임종

나병 환자가 예수님에게 간청한 내용이 우리에게는 이상하게 들린다. 왜 **낫게** 해달라고 하지 않고 **깨끗하게** 해달라고 간청했을까? 유대교 율법에 따르면 나병 환자는 의식(儀式)상 '부정'(unclean)해서, 문자 그대로 부정을 옮길 수 있을 뿐 아니라 성전 예배에 참여할 수 없었다. 다른 일로도 일시적으로 부정해질 수 있다. 사마리아 여자와 같은 잔으로 물을 마신다면 예수님이 부정해졌을 것이다. 시체를 만진다면 부정해진다. 남자든 여자든 몸에서 흘러나온 것 때문에 부정해지므로 여자는 월경 기간에 부정해졌다. 사실상 월경 중인 여자와 접촉만 해도 부정해졌다. 이 맥락에서 보면 마태복음, 마가복음, 누가복음에 나오는 이중 치유를 더 분명히 이해할 수 있다.

먼저, 야이로라 불리는 사람이 예수님 발 앞에 엎드려서 간곡히 청한다. "내 어린 딸이 죽게 되었사오니 오셔서 그 위에 손을 얹으사 그로 구원을 받아 살게 하소서"(막 5:23). 예수님이 곧바로 야이로와 함께 출발하신다. 가는 길에 무리가 에워싸고 밀어댄다. 그런데 복음서 저자들은 인산인해 속에서 단 한 명의 여자를 집중 조명한다. 그 여자는 12년 동안 하혈 증상이 있었는데, 이는 야이로의 딸이 살아온 햇수와 같다. 여자는 "여러 의사에게 보이면서, 고생도 많이 하고, 재산도 다 없앴으나, 아무 효력이 없었고, 상태는 더 악화되었다"(막 5:26, 새번역). 이 순간 여자는 가망이 없고 궁핍한 상태다. 그래서 예수님에게 슬쩍 다가가서 예수님 옷을 만지는데, 여자는 "내가 그의 옷에 손을 대기만 하여도 나을 터인데"(막 5:28, 새번역)라고 말하고 있었던 것이다. 이내 여자는 하혈이 멈춘 것을 느꼈다. 분명 여자는 사람들 속으로 사라질 수 있기를 바랐을 것이다. 12년 동안 내내 부정했는데 이 유명한 랍비에게 손을 댔으니 말이다. 하나님, 아무도 알아채지 못하게 해주세요!

그러나 예수님은 자기에게서 능력이 나간 것을 감지하고서 물으신다. "누가 내 옷에 손을 대었느냐?"(막 5:30, 새번역)

제자들은 "무리가 선생님을 에워싸고 떠밀고 있는데, 누가 손을 대었느냐고 물으십니까?"(막 5:31, 새번역)라고 대답한다. 그러나 예수님은 그냥 내버려 두려고 하지 않으신다. 여자는 더는 숨을 수 없다는 것을 깨닫자 "두려워하여 떨면서, 예수께로 나아와 엎드려서 사실대로 다 말하였다"(막 5:33, 새번역). 이 여자는 두려워서 떨고 있었다. 여자는 자신과 같은 건강 상태에서 예수님에게 손을 대는 것이 무슨 일을 저지르는 것이라고 생각했을까? 그런데 예수님은 여자를 전혀 꾸짖지 않으시고 그저 다정하게 말씀하신다. "딸아, 네 믿음이 너를 구원하였다. 안심하고 가거라. 그리고 이 병에서 벗어나서 건강하여라"(막 5:34, 새번역). 야이로는 말 그대로 자기 딸을 절절히 걱정하고 있다. 그런데 예수님은 자신에게 손을 댄 이 여자를 예수님을 믿는 믿음이 있는 딸로 인정하신다. 여자에게는 자기가 아무리 더럽더라도 예수님 옷자락 끝만 만져도 변할 수 있다는 믿음이 있었다. 사람들에게 매우 흔한 생각은, 먼저 자신을 깨끗하게 하고 그다음에 예수님에게 나아가야 한다는 것이다. 술 문제를 없애고, 음란물 중독을 떨쳐 버리고, 잘못된 관계에서 벗어난 다음에 예수님에게 가야 한다고 생각한다. 그렇지만 예수님은 신체적인 면에서든 도덕적인 면에서든 우리의 부끄러운 모습을 속속들이 아시며, 지금 모습 그대로의 우리를 원하신다. 자기 자신을 깨끗하게 하고서 예수님에게 나아가려고 한다면, 병이 나은 다음에 의사에게 가려는 것이나 마찬가지다.

하혈하던 여자에게 하신 말씀에 묻어나던 다정함은 야이로의 집에서 누군가가 왔을 때에도 예수님의 입에서 거의 사라지지 않았다. 그 사람이 "당신의 딸이 죽었나이다 어찌하여 선생을 더 괴롭게 하나이까"(막 5:35)라고 말한다. 그러나 예수님은 야이로에게 "두려워하지 말고 믿기만 하라"(막 5:36)고 말씀하신다. 야이로의 집에 도착해 보니 사람들이 그 소녀를 애도하고 있는데, 예수님은 "너희가 어찌하여 떠들며 우느냐 이 아이가 죽은 것이 아니라 잔다"(막 5:39)고 하신다. 그 말씀을 듣고 사람들이 예수님을 비웃는다. 예수님이 농담을 하고 있다고 생각하는 것일까? 죽은 사람의 몸을 만진다면 시체와 마찬가지로 부정해질 것이다. 그렇지만 예수님은 죽은 이 소녀의 손을 잡으시고는 그들의 공통 모국어로 "달리다굼"이라고, "번역하면 내게 네게 말하노니 소녀야 일어나라"고 말씀하신다(막 5:41). 소녀가 곧 일어난다. 예수님은 소녀의 가족에게 이 일을 비밀로 하고 아이에게 먹을 것을 주라고 말씀하신다(막 5:42, 43). 먼지 한 톨이 해를 가릴 수 없듯이 하혈 증상이 있는 여자도, 죽은 소녀도 예수님을 부정해지게 할 수 없었다. 그러나 예수님은 그 두 사람을 낫게 하실 수 있었다.

자격 없는

1971년에 화장품 회사 로레알이 고안한 "나는 소중하니까"(Because I'm worth it, 직역하면 '나는 그럴 자격이 있으니까'_ 옮긴이)라는 표어는 40개 언어로 번역되었다. 50년이 지났지만 이 표어는 여전히 영향력이 강력한데, 근대의 주문인 "자기 자신을 믿으라"를 명문화했기 때문이다. 회사들은 우리가 자기네 상품을 가질 만한 자격이 있음을 알라고 주장하면서 우리 손에 무기를 쥐어 주고, 우리는 그 무기를 들고서 낮은 자존감이라는 거대한 용과 싸워야 한다. 그런데 복음서에서 예수님에게 가장 마음이 끌린 사람들은 그 정반대를 믿었다.

마태복음 8장에서 예수님이 나병 환자를 고쳐 주신 직후에 한 로마 백부장이 예수님에게 와서는 "주여 내 하인이 중풍병으로 집에 누워 몹시 괴로워하나이다"(마 8:6)라고 말한다. 그 백부장은 이방인이고 사회적으로 지위가 있는 사람이었다. 자기 휘하에 있는 군인이 100명이었다. 예수님이 그 백부장의 집으로 가서 하인을 고쳐 주겠다고 말씀하신다(마 8:7). 그런데 백부장은 이렇게 대답한다. "주여 내 집에 들어오심을 나는 감당하지 못하겠사오니 다만 말씀으로만 하옵소서 그러면 내 하인이 낫겠사옵나이다"(마 8:8). 그는 자기가 병사들에게 무엇을 하라고 명령할 수 있듯이, 자기 하인이 그만 앓도록 예수님이 명령하실 수 있다는 것을 안다(마 8:9). 예수님이 굳이 가서서 명령하실 필요가 없다. 사실, 이 백부장은 자신에게 예수님을 자기 집에 모실 자격이 없다고 생각했다.

예수님은 이 백부장에게 상당히 깊은 인상을 받으셔서 자신의 유대인 제자들을 향해 이렇게 말씀하신다.

내가 진실로 너희에게 이르노니 이스라엘 중 아무에게서도 이만한 믿음을 보지 못하였노라 또 너희에게 이르노니 동서로부터 많은 사람이 이르러 아브라함과 이삭과 야곱과 함께 천국에 앉으려니와 그 나라의 본 자손들은 바깥 어두운 데 쫓겨나 거기서 울며 이를 갈게 되리라(마 8:10-12).

당시 메시아에 대한 기대에 따르면 예수님은 백부장들을 쫓아내셔야 했다. 그런데 예수님은 백부장들이 겸손히 그분을 신뢰하려고 하면 그들을 반가이 맞아들이신다. 사실상, 여기에서 예수님은 많은 이방인이 하나님 나라에 들어가겠지만 유대인들은 예수님을 인정하지 않았기 때문에 버림받을 것이라고 말씀하신다. 그러나 이것은 반유대주의 정서를 근거로 하신 말씀이 아니다. 그와는 정반대다. 언제나 예수님은 유대인들이 자리잡고 사는 곳에 먼저 가셨다. 그렇지만 유대인이 아닌 사람들이 예수님에게 오면 결코 그들을 외면하지 않으셨다.

예외가 한 번 있기는 하다.

개들에게 먹이 주기

나는 윈저에서 가까운 마을에서 자랐는데, 윈저는 영국 국왕이 사는 곳이다. 우리 마을의 교회는 수 세기 동안 성공회 기도문을 사용했다. 내가 좋아하는 기도문은 이렇게 시작한다. "자비로우신 주님, 저희가 자신의 의를 믿는다면 감히 주님의 식탁에 가지 못할 것입니다. 저희는 그저 주님의 풍성하고 크나큰 자비를 믿고서 나아갑니다. 저희에게는 주님의 식탁 아래서 부스러기조차도 주워 모을 자격이 없습니다."[1] 당시에는 몰랐지만 이 기도문은 거의 2천 년 전에 살았던 어느 여자에게서 영감을 받은 것이었다. 바로 도와달라고 애걸하던 이방인

---

1 '겸손히 나아가는 기도문'이라고도 알려진 이 기도문은 영국 성공회 「공동 기도서」(Book of Common Prayer)에 들어 있으며, 이 「공동 기도서」는 16세기에 토마스 크랜머(Thomas Cranmer)가 편집했다. 이 기도문의 표현은 1662년판을 반영하였다. The 1662 Book of Common Prayer: International Edition, ed. Samuel L. Bray and Drew Nathaniel Keene (Downers Grove, IL: IVP Academic, 2021), 261을 보라.

여자다.

　먼저 예수님이 바리새인들과 서기관들과 논쟁하신다. 그들의 불만은 예수님 제자들이 음식을 먹기 전에 의식을 따라 손을 씻지 않는다는 것이다. 예수님은 다름 아닌 바로 바리새인들과 서기관들이 사실상 하나님의 명령을 범하고 있다고 말씀하시고는 그들에게 불리하게 이사야서를 인용하신다.

　이 백성이 입술로는 나를 공경하되 마음은 내게서 멀도다(막 7:6).

　그러시고서 사람의 배로 들어가는 부정한 음식이 사람을 더럽히는 것이 아니라 사람 마음에서 나오는 악이 사람을 더럽힌다고 설명하신다(막 7:14-23). 이 가르침은 유대인과 이방인의 차이를 뭉개 버린다. 예수님은 이 주장을 입으로뿐 아니라 발로도 입증하시려는 듯이, 일어나서 대체로 이방인 지방인 두로와 시돈으로 떠나신다(막 7:24).

　예수님이 그 지방에 도착하시자마자 "더러운 귀신 들린 어린 딸을 둔 한 여자가 예수의 소문을 듣고 곧 와서 그 발 아래에 엎드[렸다]"(막 7:25). 마가는 그 여자를 "헬라인이요 수로보니게 족속"(막 7:26)이라고 칭한다. 마태는 그 여자를 "가나안 여자"(마 15:22)라고 칭한다. 이것은 서로 어긋나는 표현인가? 아니다. 가나안 사람들은 하나님이 유대인에게 약속하신 땅의 원주민이었다. 마태는 이 여자를 이스라엘 백성이 하나님의 명령에 따라 쫓아낸 민족과 연결한다. 이 여자는 전형적인 외부인이다. 그런데 그 여자가 간청한다. "주 다윗의 자손이여 나를 불쌍히 여기소서 내 딸이 흉악하게 귀신 들렸나이다"(마 15:22). 예수님은 아무 대꾸도 하지 않으신다. 제자들이 예수님에게 여자를 보내 버리시라고 말씀드린다. 예수님은 "나는 이스라엘 집의 잃어버린 양 외에는 다른 데로 보내심을 받지 아니하였노라"(마 15:24)며 그 상황을 그냥 내버려 두신다. 여자는 그래도 와서 예수님 앞에 무릎을 꿇고 애걸한다. "주여 저를 도우소서"(마 15:25). 예수님은 부탁받으시면 몇 번이고 치유해 주셨는데, 이번에는 충격적인 대답을 하신다. "자녀의 떡을 취하여 개들에게 던짐이 마땅하지 아니하니라"(마 15:26).

구약 성경에서는 하나님의 백성을 흔히 그분의 '자녀'라고 칭한다. 예수님은 유대인을 먼저 먹여야 한다고 말씀하시고는 유대인들이 때때로 이방인들에게 사용하는 멸칭을 쓰신다. 분명한 것은, 예수님이 사용하신 개에 해당하는 단어에는 그분이 사용하실 수도 있었던, 개를 지칭하는 다른 단어보다 긍정적인 의미가 함축되어 있다는 것이다. 그렇더라도 그 단어는 듣기 좋은 말이 아니다. 유대인인 제자들이 "유대인 우선!"에 박수 갈채를 보냈을 법하다. 그러나 부자 청년에게 "네가 어찌하여 나를 선하다 일컫느냐?"라고 질문하셔서 듣는 이들로 더 깊이 생각하게 하신 것과 마찬가지로, 예수님은 이 여자에게 이렇게 대답하셔서 반문화적 진리를 드러내고자 하신다. 그리고 실제로 그 진리가 드러났다. 여자가 이렇게 대답한다. "주여 옳소이다마는 개들도 제 주인의 상에서 떨어지는 부스러기를 먹나이다"(마 15:27). 예수님이 "여자여 네 믿음이 크도다 네 소원대로 되리라"고 응답하셨고, "그때로부터 그의 딸이 나았다"(마 15:28).

어떤 이들은 이 여자가 이방인에 관한 예수님의 생각을 돌려놓았다고 생각한다. 그러나 이는 앞뒤가 맞지 않는다. 앞에서 보았다시피 예수님은 이미 로마 백부장의 하인의 병을 고쳐 주셨고, 이방인들이 하나님 나라에 들어가겠지만 그 나라의 아들들은 많은 이가 들어가지 못하리라는 것도 언급하셨다. 로마 백부장, 하혈하던 여자, 죽은 소녀, 나병 환자와 마찬가지로 예수님은 이 여자에게도 자격이 있다고 생각하셨다. 그렇지만 각 이야기를 보면, 예수님에게 나아가는 것은 무척이나 아름다운 지하 동굴에 들어가는 것과 같다는 걸 알 수 있다. 그곳에 들어가려면 우리 손과 무릎을 낮추어야 하기 때문이다. 그렇게 낮추고 들어가면 예수님은 우리를 높이시고 그분 안에 있는 온갖 경이를 다 보여 주신다.

아마 이런 생각이 들지도 모르겠다. '이 이야기에서 가장 이상한 부분을 놓치지 않았나? 천사들이 예수님의 탄생을 알렸다는 것도 불편한데, 내가 **귀신**의 존재를 믿으리라 예상하는 건가?' 무슨 말인지 안다. 천사들과 귀신들은 내 일상 경험과도 아주 동떨어져 있다. 오늘날 서구 문화에서는 인간이 기본적으로 선하며, 터무니없는 악행은 분명 제대로 교육받지 못했거나 정신 질환을 치료받지 못한 결과라고 생각하는 경향이 있다. 성경의 세계관에는 잘못에 대한 이러한 각각의 원인을 수용할 자리가 있다. 그러나 복음서에서 우리는 악이 다른 두 가지 근원에서도 나온다는 것을 알 수 있다. 첫째 근원은 사람의 마음 자체다. 둘째는 하나님에게 적대적인 영적 세력이다. 악의 원인을 이렇게 진단하면 우리는 인간에게 호의적이지 않은 관점을 이해하려고 고심하게 되고 악한 영들의 존재를 믿는, 문화적으로 이질적인 믿음과도 부딪히게 된다. 그렇지만 모든 악을 단순히 질 낮은 교육이나 정신 질환으로 판단해 버린다면, 결국은 자신에게서 선의 실재도 없애 버리는 것이다. 내 시기심이나 비열함이 단순히 뇌의 구성 요소와 인생 경험의 결과물이라면, 관용과 친절을 베풀려는 시도 역시 그런 결과물에 지나지 않는다. 증오의 실재로 나아가는 문을 닫아 버린다면 진짜 사랑으로 나아가는 문 역시 뒤에서 소리 없이 닫히게 마련이다.[2]

영적으로 병든 사람들 치유

J. R. R. 톨킨(Tolkien)의 「왕의 귀환」(The Return of the King)에서 내가 무척 좋아하는 인물인 에오윈이 앙그마르의 악한 마술사 왕과 싸운 후 죽음의 문턱에 있게 되었다. 에오윈은 신체적으로, 또 정신적으로도 부상을 입었다. 선한 마법사 간달프의 선언에 따르면 아라고른이 와야 조금이라도 희망이 있다. 간달프가 옛 예언을 읊는다. "**왕의 손은 치유자의 손이다.**"[3] 아라고른은 그다지 왕처럼 보이지 않는다. 수십 년을 집 없이 방랑자로 살아왔으니 그럴 만도 하다. 그렇지만 그 책의 이 시점에서는 아라고른이 자기가 곤도르의 정당한 왕이라고 주장하며, 신체와 정신에 병이 든 사람들을 고쳐 줄 수 있다는 것도 그가 적법한 **왕임을** 증명한다.

복음서가 귀신이나 "더러운 귀신"에 들린 사람들 이야기만 하지 않느냐는 생각이 들 수도 있는데, 이는 당시 사람들이 정신 질환이나 뇌전증(epilepsy) 같은 건강 상태를 이해하지 못했기 때문이다. 그렇지만

---

2 이 사항을 더 알고 싶다면, Rebecca McLaughlin, *Confronting Christianity: 12 Hard Questions for the World's Largest Religion* (Wheaton, IL: Crossway, 2019), 209-221을 보라. 「기독교가 직면한 12가지 질문」(죠이북스 역간, 2021).

3 J. R. R. Tolkien, *The Return of the King* (New York: Ballantine, 2012), 142 (강조는 원본의 것). 「왕의 귀환」.

복음서를 자세히 읽어 보면, 동일한 신체 증상(이를테면 듣거나 말하지 못하는 짓)일지라도 그 원인이 더러운 귀신인 경우도 있고 질병인 경우도 있다. 예수님의 관점에서 보면 "이 사람에게 귀신이 있다"는 것은 두루뭉술한 진단이 아니었다.

예수님이 귀신을 쫓아내실 때는, 일종의 마녀사냥을 하듯 문제 있는 사람들을 쫓아내지 않으셨다. 그러시기는커녕, 수색하고 구조하는 임무를 수행하셔서 상처 입은 사람들을 데리고 들어오셨다. 누가복음에서 특히 인상적인 일화 가운데 예수님이 고쳐 주신 남자 이야기가 있다. 남자는 많은 귀신에게 사로잡혀 벌거벗은 채로 무덤 사이에서 난폭하게 살아왔다. 그 남자가 "지극히 높으신 하나님의 아들 예수여 당신이 나와 무슨 상관이 있나이까 당신께 구하노니 나를 괴롭게 하지 마옵소서"(눅 8:28)라고 부르짖는다. 귀신들의 파괴적인 힘이 어찌나 강력한지 예수님이 귀신들에게 그 남자에게서 나와서 근처에 있던 돼지 떼에게 들어가라고 명하시자, 돼지들이 곧장 스스로 호수에 빠져 죽는다. 돼지를 치던 사람들이 도망가서 사람들에게 무슨 일이 일어났는지 전한다. 사람들이 예전에 심하게 해를 끼치던 남자를 보러 왔는데, 남자는 옷을 입고 제정신인 채로 예수님 발 앞에 평온하게 앉아 있었다(눅 8:32-35).

사람들은 이 놀라운 변화를 보고서 하나님을 찬양하기보다는 "크게 두려워하여" 예수님에게 자기네 지역에서 떠나시기를 구한다(눅 8:37). 반면에 치유받은 남자는 자기를 데려가 달라고 예수님에게 간청한다. 예수님을 따라다닌 사람 중에 아주 유명한 사람이자 일곱 귀신이 떨어져 나가는 치유를 받은 막달라 마리아처럼(눅 8:2), 이 남자도 예수님이 어디로 가시든지 따라갈 태세다. 그렇지만 예수님은 이 남자에게 다른 계획이 있으시다. "집으로 돌아가 하나님이 네게 어떻게 큰 일을 행하셨는지를 말하라"(눅 8:39) 하신 것이다. 그래서 그 남자는 가서 "예수께서 자기에게 어떻게 큰 일을 행하셨는지를 온 성내에 전파[한다]"(눅 8:39). 여기서 누가가 '하나님'을 은근슬쩍 '예수'로 바꾼 것을 눈치챘는가? 누가가 우리에게 말하고 **있다.** 그리고 이상하지만 귀신들도 마찬가지다.

「반지의 제왕」(The Lord of the Rings)에서 호빗인 프로도는 반지를 낄때마다 자기가 맞서 싸우고 있는 악한 영적 존재를 볼 수 있다. 그 반지가 프로도에게 야간 시력처럼 영적 시력을 제공하는 것이다. 마찬가지로 복음서에서 악한 귀신들도 예수님을 마주할 때 그분이 누구신지 정확히 아는 것처럼 보인다. 그래서 두려움에 사로잡힌다. 마가복음에 가장 먼저 나오는 귀신 들린 사람이 자기 목소리가 아닌 목소리로 울부짖는다. "나사렛 예수여 우리가 당신과 무슨 상관이 있나이까 우리를 멸하러 왔나이까 나는 당신이 누구인 줄 아노니 하나님의 거룩한 자니이다"(막 1:24). 이에 예수님은 "잠잠하고 그 사람에게서 나오라"고 응답하신다(막 1:25). 후에 마가는 이렇게 요약한다. "더러운 귀신들도 어느 때든지 예수를 보면 그 앞에 엎드려 부르짖어 이르되 당신은 하나님의 아들이니이다 하니 예수께서 자기를 나타내지 말라고 많이 경고하시니라"(막 3:11, 12).[4]

3장에서 보았듯이 예수님은 적절한 때가 될 때까지는 메시아라는

---

4   마가복음 1장 34절, 누가복음 4장 41절도 보라.

다시 만난 예수

정체를 철저하게 비밀로 지키셨다. 귀신들이 예수님이 누구신지 큰 소리로 말하면, 예수님이 그들을 침묵시키셨다. 아라고른은 앙그마르의 마술사 왕과 반지 유령들을 처음 정면으로 맞닥뜨릴 때, 타오르는 횃불을 휘둘러 그들을 몰아낸다. 그러나 예수님에게는 횃불이 필요 없다. 예수님이 세상의 빛이시기 때문이다. 그분은 어둠을 격퇴하시며 가장 놀라운 방법으로 악을 없앨 준비가 된 빛이시다. 그런데 사람은 악에 얽혀 있는데도 2차 피해가 없다. 사람은 그 비밀 요원이신 예수님이 생명을 걸 정도로 임무 수행에 필수불가결한 자산이기 때문이다.

누구의 죄 때문인가?

우리 맏이가 두 살일 때, 아이가 자기 손에 침을 뱉고 유아용 의자 식탁에 침을 바르는 것을 목격했다. 나는 "미란다, 더러워! 우리는 침을 뱉지 않아!" 하고 제지했다. 아이는 잘난 체하는 눈길로 나를 쳐다보더니 이렇게 말했다. "예수님도 언젠가 침을 잔뜩 사용해서 아주 훌륭한 기적을 일으키셨잖아요." 미란다의 말이 맞았다. 그렇지만 예수님은 진흙과 침을 섞어서 앞을 못 보는 사람 눈에 발라 그 사람을 고쳐 주시기 전에 먼저 인상적인 대화를 나누셨다.

예수님 제자들이 앞을 못 보는 사람이 구걸하는 것을 보고 예수님에게 묻는다. "선생님, 이 사람이 눈먼 사람으로 태어난 것이, 누구의 죄 때문입니까? 이 사람의 죄입니까? 부모의 죄입니까?"(요 9:2, 새번역) 예수님 시대에, 많은 유대인이 신체상의 이상은 죄의 결과라고 믿었다. 어떤 의미에서 보면 틀린 생각이 아니다. 성경의 가르침에 따르면, 우리 인간들은 하나님의 형상으로 영광스럽게 지음받았으나 머리끝부터 발끝까지 죄가 가득하다. 성경적 서사에 따르면 AK-47 소총에서 암에 이르기까지 이 세상에서 나쁜 것은 모두 우리가 하나님을 거부한 결과다. 그렇게 보면 제자들의 질문을 이해할 수 있다. 그런데 예수님은 제자들이 완전히 오해했다고 말씀하신다. "이 사람이 죄를 지은 것도 아니요, 그의 부모가 죄를 지은 것도 아니다. 하나님께서 하시는 일들을 그에게서 드러내시려는 것이다"(요 9:3, 새번역).

우리 인생에서 죄가 되는 행동 때문에 병에 걸리는 때가 당연히 있을 수 있다. 그리스도인인 내 친구 하나는 알코올 의존증과 싸우고 있다. 그 친구는 대체로 어떻게든 술을 마시지 않고 지내지만, 더 참기 힘들어지면 병원에 입원할 정도로 폭음하기도 한다. 우리의 선택에 신체상의 결과가 따라올 **수도 있다.** 그러나 몸이 아파 고생하지만 죄의 결과가 아닌 경우도 허다하다. 나는 지금 친구 한 명과 문자 메시지를 주고받고 있는데, 그 친구는 자기 몸으로 두더지 잡기 게임을 하고 있다는 기분이 들 정도로 심신을 쇠약하게 하는 병에 연달아 걸려 심하게 시달리고 있다. 누구나 그렇듯이 그 친구도 죄인이다. 그렇지만 그 친구는 죄를 지었기 때문에 병에 걸린 것이 아니다. 알고 보니 내가 암에 걸렸다고 해서 그 일이 내 죄의 증거가 아닌 것처럼, 만일 암이 아니라고 해도 내가 선하다는 증거가 아니다. 실제로 예수님이 그 눈먼 사람을 고쳐 주실 때, 우리는 그 사람이 영적으로는 바리새인들보다 건강하다는 것을 알 수 있다.

예수님이 "내가 세상에 있는 동안에는 세상의 빛이로라"고 선언하신다. 그러시고는 땅에 침을 뱉으시고 그 침에 진흙을 이기신다(요 9:5, 6). 그 진흙을 눈먼 사람의 눈에 바르시고는 가서 실로암이라는 연

　　　　　　　　　　　　　　　　　다시 만난 예수

못에서 씻으라고 하신다. 그 사람이 돌아왔을 때는 앞을 볼 수 있었다. 대체로 예수님은 말씀을 하시거나 손으로 만지셔서 병을 고쳐 주셨다. 그런데 여기에서는 자기가 세상의 빛이라고 말씀하시면서도 물리적으로 복잡한 방식을 취해서 이 사람을 고쳐 주신다. 사람들은 그 눈먼 사람이 평생 구걸하는 것을 보아 왔기에 무슨 일이 일어났는지 궁금해한다. 그래서 그 사람을 바리새인들에게 데려가지만, 바리새인들은 그 사람이 나았다는 것을 믿지 않는다. 바리새인들이 그 사람의 부모를 불러와서 이 사람이 **정말로** 앞을 못 보던 아들이 맞는지 확인하고자 한다. 그런데 부모는 몹시 두려워서 예수님에 관한 질문에 대답할 수 없었으므로, 바리새인들이 다시 자기 아들에게 주의를 돌리게 한다(요 9:7-23).

대담하게도, 전에 눈멀었던 사람은 바리새인들을 향해 예수님이 틀림없이 하나님에게서 온 분이라고, 그렇지 않다면 자기를 고쳐 주지 못했을 것이라고 말한다. 바리새인들이 화가 머리끝까지 나서 말한다. "네가 온전히 죄 가운데서 나서 우리를 가르치느냐"(요 9:34). 그러고는 그를 내쫓아 버린다. 그러나 예수님은 그를 만나셔서 "네가 인자를 믿느냐"고 물으신다(요 9:35). 그 사람이 "주여 그가 누구시오니이까 내가 믿고자 하나이다"라고 묻자 예수님이 "네가 그를 보았거니와 지금 너와 말하는 자가 그이니라"(요 9:36, 37)고 답하신다. 그 사람이 "주여 내가 믿나이다"라고 대답하고는 예수님에게 경배한다. 그러자 예수님이 "내가 심판하러 이 세상에 왔으니 보지 못하는 자들은 보게 하고 보는 자들은 맹인이 되게 하려 함이라"고 말씀하신다(요 9:38, 39). 몇몇 바리새인이 그 말씀을 듣고서 "우리도 눈이 먼 사람이란 말이오?" 하고 묻는다. 예수님은 "너희가 눈이 먼 사람들이라면, 도리어 죄가 없을 것이다. 그러나, 너희가 지금 본다고 말하니, 너희의 죄가 그대로 남아 있다"고 대답하신다(요 9:40, 41, 새번역).

복음서에는 자기에게 신체 질환이 있는 것을 아는 사람들이 병을 고치고 생명을 얻기 위해 예수님에게 오는 일이 거듭거듭 나온다. 자기가 영적으로 건강하다고 생각하는 사람들은 거듭거듭 예수님을 배척한다. 그 눈먼 사람은 온전히 죄 가운데서 태어났다. 그렇지만 바리새인들도 마찬가지다. 그 사람은 영적 시력이 바리새인들보다 좋았으므로 예수님이 진정 누구신지를 직접 볼 수 있었다.

그분은 우리의 병약함을 친히 떠맡으셨다

나는 남편이 어떻게든 내가 조직 검사를 받는 동안 나와 함께 있어 줄 수 있으리라고 생각했다. 남편이 내 손을 잡아 줄 테니 괜찮을 것이라고 혼잣말했다. 나는 사람들 앞에서는 거의 우는 법이 없다. 그렇지만 진료실에 도착했을 때, 브라이언은 들어오지 못한다는 말을 듣고 그만 눈물이 났다. 울면서 걸어 들어갔다. 병력에 관한 질문을 장황하게 받았을 때도 울고, 의사가 검사 도구를 준비하는 동안에도 누워서 울었다. 그러고 나서 나는 교회에서 가끔 부르는 노래를 속으로 부르기 시작했다.

내가 누구를 두려워하리요? 내가 누구를 두려워하리요?
주는 내 생명의 능력이시니.[5]

---

5 Lillian Bouknight, "The Lord Is My Light" (Jackson, MS: Savgos Music, 1980).

내가 정말로 암에 걸렸다면, 브라이언이 최선을 다해 내 손을 잡아 줄 것이다. 그렇지만 남편은 수술실에 들어오지 못할 것이다. 내가 고통과 두려움을 겪는 많은 자리에 남편은 함께 있지 못할 것이며, 결국 내 병을 떠맡지는 못할 것이다. 그러나 복음서에 따르면, 예수님은 세상 끝날까지 항상 우리와 함께 계시며(마 28:20), 우리의 모든 질병을 몸소 떠안으신다.

마태는 예수님이 어느 날 저녁에 귀신 들린 사람은 물론이고 신체에 병든 사람까지 많은 사람을 고치셨다고 전하고는 이렇게 말한다. "이는 선지자 이사야를 통하여 하신 말씀에 우리의 연약한 것을 친히 담당하시고 병을 짊어지셨도다 함을 이루려 하심이더라"(마 8:17). 이사야서에 나오는 이 구절은 이렇게 적혀 있다.

> 그는 실로 우리의 질고를 지고
> > 우리의 슬픔을 당하였거늘
> 우리는 생각하기를 그는 징벌을 받아
> > 하나님께 맞으며 고난을 당한다 하였노라
> 그가 찔림은 우리의 허물 때문이요
> > 그가 상함은 우리의 죄악 때문이라
> 그가 징계를 받으므로 우리는 평화를 누리고
> > 그가 채찍에 맞으므로 우리는 나음을 받았도다(사 53:4, 5).

예수님의 십자가 죽음은 그분의 치유 능력과 밀접한 관계가 있다. 예수님은 우리의 신체상, 정신상 병약함을 친히 짊어지려고 오셨다. 우리가 암이나 에이즈, 우울증이나 코로나19나 만성적이고 치료 불가능한 통증으로 고통받을 때, 우리를 잡아 주려고 오셨다. 우리의 질병을 다 모아 우리에게서 벗겨 내서 자기 몸에 붙이려고 오셨다. 자기 몸을 상하게 해서 언젠가 다시 오실 때 우리가 완전해지게 하려고 오셨다.

그래서 어떻다는 것인가?

수영을 한 터라 흠뻑 젖은 우리 애들을 차에 막 태웠을 때 의사가 전화해서 말했다. "좋은 소식이에요. 암에 걸리신 것 같지 않아요." 이번에 예수님은 "원하시면 저를 깨끗하게 하실 수 있나이다"라는 간구에 "내가 원한다"고 답하셨다. 그렇지만 나와 마찬가지로 예수님을 믿는, 내 젊은 친구는 이번 주에 지긋지긋한 항암 치료를 또 한 차례 받을 예정이다. 언젠가는 나도 다른 응답을 받을 것이다. 십중팔구 나는 언젠가 다시 병원으로 향할 것이다. 내게는 가망이 없을 것이다. 막이 내릴 것이다. 기계를 더 많이 달게 될 것이고, 나는 떠나려 하지 않을 것이다. 그날이 오면 내게 필요한 것은 예수님 말고는 어느 의사도 줄 수 없는 부활 생명일 것이다.

이 세상에 악한 세력이 있다면, 우리에게는 아주 강력하고 귀신을 제압하며 어둠을 사라지게 하는 전사가 필요하다. 우리를 어둠에서 떼어 내서 빛으로 감싸 줄 이가 필요하다. 우리에게 필요한 의사는 몸뿐 아니라 영혼도 고칠 수 있는 의사, 우리의 아픔을 떠맡을 의사, 죽은 자들 가운데서도 살아날 수 있는 의사다. 복음서에 나오는 예수님은 말씀하시고 만지시고 침을 뱉으셔서 치유하신다. 왕의 손은 치유자의 손이다. 그런데 이 왕은 우리의 병약함을 떠맡으시고 우리의 질병을 짊

다시 만난 예수

어지시고 십자가로 가실 때 조롱과 구타와 침 뱉음을 당하셨다. 그분은 거의 2천 년 전에 죽으셨으나 흉터가 남은 치유의 손을 오늘 우리에게 내미신다. 우리는 그분에게 나아가기를 원하기만 하면 된다.

5장

✦

선생이신
예수

✦

나는 미주리주(州) 작은 마을의 커피숍에 앉아 있었다. 내 대화 상대인 여성은 색색의 화려한 머리카락과, 성 소수자임을 보여 주는(gay pride) 장신구를 하고 있었다. 자기는 성 소수자(LGBTQ)라고, 구체적으로 말하자면 범성애자(pansexual, 상대의 성별이나 성 정체성과 관계없이 성적 매력을 느끼는 것_옮긴이)라고 했다. 전에는 여자 애인 한 명과 진지하게 만났고, 나를 만날 당시에는 남자 두 명과 다자간 연애 중이었다. 그날 아침, 나는 커피숍 인근 교회에서 성(gender)과 성적 지향(sexuality)이라는 주제로 강연했다. 지역 활동가 몇 명이 항의 시위를 벌였다. 그렇지만 이 여성은 와서 내 말을 끝까지 들어주었다. 깊이 생각하고서 질문했고 친절하게도 나랑 커피를 마시며 이야기를 더 해 보겠다고 했다. 수다를 떨면서 나는 그이가 매우 귀 기울여 듣고 있음을 알았다. 그이가 예상한 메시지가 아니었기 때문이다. 내가 늘 동성에게 끌리곤 했기에, 그이는 내 말이 무지나 편견에서 나오지 않는다는 것을 알았다. 어느 한 시점에 내게 이렇게 말했다. "그러면 당신은 사람들이 동성애자라서 지옥에 가는 것은 아니라고 말하고 있는 것 같아요. 예수님 안에 숨지 않기 때문에 지옥에 간다는 것이죠." 나는 "맞아요"라고 대답했다.

복음서에 나오는 예수님은 현대의 패러다임과 맞지 않는다. 어찌나 부자들을 신랄하게 비난하시고 가난한 사람을 비호하시는지 가장 강경한 좌익 지도자들이 피도 눈물도 없는 부유한 특권층으로 보일 정도다. 그러나 성적 범죄에 관해 가르치실 때는 가장 강경한 보수주의자들이 온건해 보인다. 차이를 넘어선 사랑과 소외된 사람들 포용에 관해서는 가장 다정다감한 자유주의자보다도 많이 말씀하신다. 그러시면서도 하나님의 심판에 대한 무시무시한 경고를 발하신다. 자기들은 신앙심이 깊어서 하나님의 마음을 흔들고 있다고 생각하는 자들을 무력하게 하신다. 그래도 하나님을 사랑하는 것이 모든 것을 이긴다. 예수님은 비판을 받지 않으려면 비판하지 말라고 우리에게 명하신다. 그렇기는 해도 자기가 우리를 모두 심판하실 날이 있다고 말씀하신다. 예수님의 도덕 기준이 어찌나 높은지 우리가 그 기준에 도달할 가망이 도무지 없다. 그런데 예수님은 도덕적으로 극도로 실패한 사람들을 환대하기도 하신다.

이 책의 각 장은 예수님의 가르침에 의지하여 내용을 전개하지만, 이번 장에서 제시하는 예수님 말씀에 관한 설명은 아주 불충분할 것이다. 그래서 실망해도 괜찮다. 실망했다면 이 책을 내려놓고 복음서를 집어 들라. 이 책은 잘해 봤자 준비 운동에 지나지 않기 때문이다. 그렇지만 다음 몇 쪽을 읽으면서 이 1세기 랍비가 가르치는 방식에 감각 주파수를 맞추고 세 가지 핵심 주제에 대해 그분이 하신 말씀을 맛보아서, 그분 말씀에 귀 기울이게 되면 좋겠다. 그 세 가지 핵심 주제, 즉 차이를 넘어선 사랑, 돈, 성(sex)은 지금도 우리가 골몰하는 것이다. 예수님의 가르침은 단독으로 존재하는 도덕 진리가 아님을 살펴보겠다. 그

가르침은 모두 예수님이 누구이신지와 떼려야 뗄 수 없다. 그리고 우리가 현재 자명하다고 주장하는 도덕 진리의 바탕이기도 하다.

예수님이 정말 그 뜻으로 말씀하셨는가?

나는 아이들한데 걸핏하면 "너네들 ……하면 엄청 혼날 줄 알아"
("I will have your guts for garters if you ……." 직역하면 "……하면 너희 내장으로 가죽끈을 만들겠어"이다_ 옮긴이) 하고 말한다. 내가 특히 잘 쓰는 영국식 협박이다. 당연히 내가 그 표현의 문자적 의미대로 실행하지는 않을 것이다. 하지만 아이들은 그 말을 어느 정도는 알아듣는다. 아이들이 내가 하지 말라고 경고한 일을 저질러 놓고는 "엄마가 그 말을 **문자 그대로**의 뜻으로 말씀하시지 않았다는 걸 알아요"라고 말하더라도 나는 전혀 감동하지 않을 것이다.

복음서를 읽어 보면 예수님은 종종 문자적 의미와 무관한 표현을 사용하셔서 진리를 전하신다. 그분은 청중에게 은유와 비유를 분무하듯 뿌리셨고, 수사적 효과를 위해 극단적으로 부풀리는 과장법을 자주 터뜨리셨다. 종교적 위선자들을 향하여 "눈먼 인도자들아! 너희는 하루살이는 걸러내면서, 낙타는 삼키는구나!"(마 23:24, 새번역)라고 말씀하셨을 때, 그들이 **문자 그대로** 낙타를 먹는다는 뜻으로 말씀하신 것이 아니다. 그들이 하나님의 율법을 어찌나 요점에 엇나가게 이해했는지, 그러다 보면 낙타를 삼키게 될 수도 있겠다는 뜻이었다. 마찬가지로, 자주 인용되는 "비판을 받지 아니하려거든 비판하지 말라"(마 7:1)는 예수님의 경고에 이어서 비슷하게 생생한 질문이 연이어 나온다.

어찌하여 너는 남의 눈 속에 있는 티는 보면서, 네 눈 속에 있는 들보는 깨닫지 못하느냐? 네 눈 속에는 들보가 있는데, 어떻게 남에게 말하기를 '네 눈에서 티를 빼내 줄테니 가만히 있거라' 할 수 있겠느냐? 위선자야, 먼저 네 눈에서 들보를 빼내어라. 그래야 네 눈이 잘 보여서, 남의 눈 속에 있는 티를 빼 줄 수 있을 것이다(마 7:3-5, 새번역).

현대 서구인들의 관점에서도 예수님의 말뜻을 이해할 수 있다. 자기가 죄에 푹 싸여 있으면서도 남을 거리낌 없이 비판한다면, 자기 각막에 나무가 박혀 있으면서 남의 눈에서 톱밥 한 점을 꺼내도록 도와줄 수 있다고 생각하는 것만큼이나 어처구니없다. 서구 문화에서는 비판하지 않는 것 자체를 자랑스러워하므로 이러한 종류의 교훈은 잘 통한다. 그렇지만 예수님의 과장법 사용은 더 불편한 경우가 많다.

예수님은 큰 무리가 따라오는 것을 보시고서 이렇게 말씀하셨다. "무릇 내게 오는 자가 자기 부모와 처자와 형제와 자매와 더욱이 자기 목숨까지 미워하지 아니하면 능히 내 제자가 되지 못하고"(눅 14:26). 예수님의 가르침을 이것만 알고 있다면, 우리는 예수님이 우리에게 가족을 미워하라고 명하신다고 생각할 수도 있다. 그러나 예수님은 자신의 종교 대적자들이 부모를 방치하는 것을 비난하신다(막 7:10-13). 또 결혼을 어찌나 강하게 옹호하시는지 제자들마저도 충격을 받을 정도다(마 19:1-12). 게다가 아이들을 귀하게 여기셔서 예수님의 말씀 이후로 아이들의 지위가 바뀌었다(마 19:13-15). 그러면 예수님은 무슨 뜻으로 우리가 가족을 미워하지 않는다면 예수님의 제자가 될 수 없다고 말씀하시는가? 이 말은 **예수님에 대한 사랑과 비교할 때** 다른 어느 사람에 대한 사랑이든지 그 사람을 미워하는 것과 마찬가지가 되어야 한다는 뜻이다.

이와 같은 표현은 세속 자유주의의 가설인 "예수님은 그저 선한 선생님이었을 뿐이다"에 잘 들어맞지 않는다. 예수님은 우리에게 그분을 예배하라고, 다른 요구는 무엇이든 다 버리라고 명하신다. 예수님이 하나님이 아니라면 이 요구는 선하지 않다. 그러나 복음서에 나오는 예수님을 보수주의의 전형적인 틀에 억지로 밀어 넣을 수도 없다. 예수님은 가족의 가치관에 추가된 근사한 종교적인 것이 아니다. 당신이 따스하고 포근한 기분을 위해 결혼을 바라고, 일요일에 교회에 함께 데리고 갈 아이 2.4명(2021년 세계 출산율 평균_옮긴이)을 원할 뿐이라면, 당신에게는 예수님이 있을 수 없다. 예수님이 원하시는 것은 **당신** 곧 당신의 전부이지, 당신의 남는 시간과 남는 돈과 남는 종교성이 아니기 때문이다. 그렇지만 우리가 예수님을 위해 모든 것을 내려놓으면, 결국에는 주위 사람들을 더 사랑하게 될 것이다. 실제로 우리는 사랑할 의향이 있는 사람들까지 미워하는 것이 아니라 미워할 의향이 있는 사람들까지 결국 사랑하게 될 것이다.

선한…… 사마리아 사람?

어느 날, 한 유대인 율법 교사가 예수님에게 질문한다. "선생님 내가 무엇을 하여야 영생을 얻으리이까"(눅 10:25). 예수님이 "율법에 무엇이라 기록되었으며 네가 어떻게 읽느냐"고 응수하시자, 그 율법 교사는 "네 마음을 다하며 목숨을 다하며 힘을 다하며 뜻을 다하여 주 너의 하나님을 사랑하고 또한 네 이웃을 네 자신같이 사랑하라 하였나이다"라고 대답한다(눅 10:26, 27). 그러자 예수님이 "네 대답이 옳도다 이를 행

다시 만난 예수

하라 그러면 살리라"고 답해 주신다(눅 10:28). 그러나 그 율법 교사는 추가 질문을 한다. "그러면 내 이웃이 누구니이까"(눅 10:29). 바로 그때 예수님이 선한 사마리아 사람이라는 터무니없는 이야기를 들려주신다.

예수님의 이야기에서, 한 사람이 예루살렘을 떠나 여리고를 향해 걸어가는 중에 강도를 만나 거의 죽게 된 채로 버림받는다. 가장 처음에 유대인 제사장이 지나간다. 제사장은 그 두들겨 맞은 사람을 보고서 길을 건너간다. 도와주려는 것이 아니라 피하려고 건너간 것이다. 2년 전에 내 친구 하나가 강도와 폭행을 당한 후 우리 집 근처 산책로로 한쪽 길가에 피 흘리는 상태로 방치되었다. 그런데 어느 낯선 사람이 오더니 구급차를 불러서 그 친구의 생명을 구해 주었다. 예수님 이야기에 나오는 제사장은 그 다친 사람이 죽어 가도록 내버려둔다. 그다음에는 (제사장 곁에서 돕는) 레위인이 지나가면서 똑같이 피해서 간다. 이윽고 사마리아 사람이 그 죽어 가는 사람을 구조해서는 자기 돈을 아주 많이 들여서 돌보아 준다.

이 이야기를 오늘날 서구인의 눈으로 읽으면, 의지할 데 없는 낯선 사람 사랑하기에 관한 아주 감동적인 이야기다. 우리는 종교 지도자들에게 적대적인 이야기임을 (아마도 흐뭇해하면서) 알아챌 것이다. 그렇지만 현재 번역으로는 포착하지 못하는 부분이 있는데, 예수님에게 이 이야기를 처음으로 듣고 있던 사람들은 비명을 질렀으리라는 것이다. 바로 이 이야기의 주인공이 사마리아 사람이기 때문이다. 이것은 남부에서 인종 차별이 시행되던 때에 흑인이 도덕적 주인공인 이야기를 백인들에게 들려준 것과 같다. 아니면 민주당 전당 대회에서 공화당 상원의원이 어려운 상황을 극복한 이야기를 들려주는 것과 같다.

예수님의 이야기가 어찌나 큰 화제를 불러 모았는지 그 이야기를 한 번도 들어 본 적 없는 사람들조차도 누군가가 다른 사람에게 '선한 사마리아 사람'이 되어 준 일을 이야기하고, 국제적 자살 예방 기구 이름도 "사마리탄즈"(사마리아 사람들)로 짓는다. 예수님의 이야기는 그 율법 교사가 자기가 사랑해야 할 사람들로 정해 놓은 범주를 갈가리 찢어 버린다. 율법 교사는 민족이나 종교로 돌봄 범위에 경계선을 긋지 말아야 했다. 물론, 예수님은 유대인이 어느 사마리아 사람을 사랑한 이야기를 이용해서 이러한 주장을 하실 수도 있었다. 그렇지만 오히려 도덕의 흐름을 뒤바꾸셔서, 같은 유대인들이 민족적으로 열등하게 여기는 사람에게 윤리적으로 우월한 배역을 맡기셨다.

누구나 자기 편이 원수를 사랑할 정도로 고결하면 기분이 좋다. 예를 들어, 근래에 성 소수자(LGBT) 옹호 사이트에서 읽은 소식에 따르면, 동성애 혐오자들이 배를 타고 있던 동성애자들에게 해코지하다가 동성애 혐오자들 배에 불이 났고, 바로 그때 동성애자들이 구조해 주었다. 그 역할이 서로 반대였다면 아마 그 사이트에서 그 이야기를 전하지 않았을 것이다. 그런데 예수님은 전하신다. 네 이웃을 사랑하라는 말은, 자라면서 **미워하라**고 배운 사람들을 사랑한다는 뜻이다. 인종적, 민족적, 문화적, 종교적 차이를 넘어서 사랑한다는 뜻이다. 자기와 비슷한 데가 **전혀** 없는 사람이 곤경에 처했다면 그 사람을 도와주기 위해 자기 돈을 쓰고 위험이 도사린 길에서 목숨을 걸고 멈춘다는 뜻이다. 그것도 당신 친구들이 전염병처럼 피하려고 할 사람, 당신이 자라면서 정말로 싫어하라고 배운 사람을 위해서 말이다.

예수님은 이 교훈을 그 유명한 산상 설교에서 강조하신다. "또 네

이웃을 사랑하고 네 원수를 미워하라 하였다는 것을 너희가 들었으나 나는 너희에게 이르노니 너희 원수를 사랑하며 너희를 박해하는 자를 위하여 기도하라"(마 5:43, 44). 이 말씀이 우리에게는 근사하게 들린다. 아마 회사에서 거슬리는 그 사람에게 친절을 조금 더 베풀 수 있을 것이다. 그런데 내가 이 글을 쓰고 있는 오늘, 탈레반이 카불을 점령했다. 예수님의 이 말씀은 오늘 아프가니스탄에 있는 그리스도인들이 탈레반을 사랑하라는 명령을 받았다는 뜻이다. 예수님에 의하면, 이러한 충격적이고 희생적이고 보편적인 사랑은 도덕적으로 근사한 것이 아니다. 이 사랑이 하나님의 윤리적 관심사의 핵심이다. 그래서 하나님을 마음과 목숨과 힘과 뜻을 다하여 사랑하는 것에서 이러한 사랑을 떼어 낼 수 없다. 그 제사장과 레위인이 진정 하나님을 사랑했다면, 강도를 만나 얻어맞은 그 사람도 사랑했을 것이다.

나는 이 이야기를 범성애자인 새 친구에게 들려주었다. 그 친구는 한 번도 들어 본 적 없는 이야기였다. 그렇지만 나는 이를테면 인종이나 성, 건강이 어떻든 인간은 평등하다는 신념, 가난한 사람들에게 필요한 것을 주어야 하고 압제당하는 사람들을 보호해야 한다는 신념, 종교와 문화적 차이를 넘어선 사랑에 대한 신념처럼 우리 둘 다 소중히 여기는 신념이 나사렛 예수로 알려진 1세기 유대인 랍비의 가르침에서 나왔음을 설명해 주었다. 선한 사마리아 사람 이야기는 예수님이 만드신 윤리 뗏목을 구성하는 널빤지 중 하나다. 그 뗏목은 인간 평등에 관한 우리의 신념을 모두 떠받친다. 우리는 내내 그 뗏목 위에서 떠다니고 때로는 떨어지기도 한다. 우리가 이 오래된 뗏목을 거부하면, 이러한 심오한 신념들을 떠받치며 현대의 과학적 모터 엔진을 장착한 세속의 구명정도 발견하지 못한다. 그러면 우리는 익사할 것이다.

평등은 기독교에서 나온다

인간 평등이 예수님에게서 나온다는 주장은 그저 극도로 편향된 그리스도인의 해석이라는 생각이 들지도 모르겠다. 다시 말해 영화 〈나의 그리스식 웨딩〉(*My Big Fat Greek Wedding*)에서 무엇이나 다 그리스에서 비롯되었다고 주장하는 아버지와 같다고 생각할 수도 있다. ("아무 단어나 말해 봐. 그러면 그 단어의 뿌리가 그리스어라는 것을 보여 주지.")[1] 그러나 영국인 사학자 톰 홀랜드(Tom Holland)는 「도미니언: 기독교는 어떻게 서양의 세계관을 지배하게 되었는가」(*Dominion: How the Christian Revolution Remade the World*) 집필을 시작했을 당시에 그리스도인이 아니었다.[2] 언제나 홀랜드에게는 십자가형을 당한 기독교의 영웅보다는 그리스와 로마의 신이 훨씬 매력적이었다. 그러나 몇 년에 걸쳐 연구 조사하여 내린 결론에 따르면, 자기(또는 자기와 같은 불가지론자)는 엄밀히 말하면 기독교적인 신념을 상당수 믿고 있었다. 예를 들어, 인간의 보편적 평등에 대한 신념, 가난하고 압제당하는 사람들을 돌보아 주어야 한다는 신념이 기독교적 신념이었다.

내 범성애자 친구와 내 의견이 서로 완전히 반대인 쟁점인 성과 성적 지향에 대한 질문은 어떤가? 이 부분에서도 홀랜드의 주장에 의

---

1 *My Big Fat Greek Wedding*, Joel Zwick 감독 (Beverly Hills, CA: Gold Circle Films, 2002). 〈나의 그리스식 웨딩〉.

2 Tom Holland, *Dominion: How the Christian Revolution Remade the World* (New York: Basic, 2019). 「도미니언: 기독교는 어떻게 서양의 세계관을 지배하게 되었는가」(책과함께 역간, 2020).

다시 만난 예수

하면, 어느 편에 속한 사람이든지 다들 기독교적 토양에 텐트를 친다.

어느 인간이든 동등하게 존엄하다는 것은 전혀 자명한 진리가 아니다. 로마인이라면 이 말을 비웃을 것이다. 성이나 성적 취향을 근거로 하는 차별을 반대하는 운동을 하려면 "사람은 누구에게나 타고난 가치가 있다"는 가정을 공유하는 아주 많은 사람에게 의지해야 했다. 이 원칙의 기원은 니체가 경멸조로 지적했듯이 프랑스 혁명도 아니고, 미국 독립 선언도 아니고, 계몽주의도 아니고, 바로 성경이다.[3]

차이를 넘어선 그런 사랑을 예수님이 선한 사마리아인 비유를 통해 가르치셨고 그 사랑이 성경에서 윤리에 관해 말하고자 하는 전부라면, 당연히 나는 미주리주에서 훨씬 수월하게 대화를 나누었을 것이다. 그 여성에게 "당신이 이미 믿고 있는 내용이 예수님에게서 나왔어요"라고 말해 주기만 하면 되었을 것이다. 그러나 많은 사람이 성과 성적 취향과 관련하여 고수하는 신념과 기독교가 충돌하는 면은 어떻게 되는가? 어떤 사람들이 주장하듯이 예수님은 우리가 누구랑 잠자리를 하든 전혀 개의치 않으시는가?

예수님이 성적인 죄를 저지른 사람들을 사랑하신 유명한 이야기에서 사람들은 이러한 생각을 찾아내기도 한다. 예수님은 어느 사마리아 여자의 친구가 되어 주셨는데 그 여자는 전에 남편이 다섯 명이 있었고 당시에는 동거 중이었다(요 4:1-30). 예수님은 간음 중에 잡힌 여자

---

3 Holland, *Dominion*, 494. 「도미니언」.

를 보호해 주셨다(요 8:1-11). 또 "그 동네에 죄를 지은 한 여자"를 환대하셨다(눅 7:37). 그러나 복음서를 통독해 보면 예수님이 성적인 죄에 신경을 쓰지 않으셔서 성적인 죄를 지은 사람들을 한결같이 부드럽게, 말도 안 되게 환대하신 것은 아니다.

……라고 말한 것을 너희가 들었다

지난 일요일에 친구들을 불러서 점심을 먹었다. 남편은 우리가 교회에 간 동안 닭이 구워지도록 닭을 오븐에 넣고 시간을 맞춰 놓았다. 집에 오니 좋은 냄새가 가득했다. 오븐에 든 닭이 아주 바삭하고 맛있게 보였다. 그렇지만 닭을 썰고 보니 겉만 조금 익었을 뿐이었다. 속은 전혀 익지 않아 온통 분홍빛이어서 먹을 수 없을 뿐 아니라 먹으면 위험할 지경이었다. 오늘날 특히 성적 지향에 관해서 말하자면, 자신의 진정한 자아를 발견하는 것을 목표로 여긴다. 자신을 들여다보고 자신의 가식과 사회적 제약을 버리기만 하면, 무엇이 선하고 아름다운지 발견하리라고 생각한다. 내 경우에 대입하면 지금도 계속 다른 여자들에게 마음이 끌릴 가능성은 틀림없이 선하다. 아주 자연스럽다. 그것이 내 내면의 진실이라고 말할 사람도 있을 것이다. 그렇지만 예수님은 그러한 생각을 완전히 뒤집어 버리신다. 우리가 먹는 것이 아니라 마음에서 나오는 것 때문에 하나님 앞에서 더러워진다고 단언하시고서 이렇게 설명하신다. "속에서 곧 사람의 마음에서 나오는 것은 악한 생각 곧 음란과 도둑질과 살인과 간음과 탐욕과 악독과 속임과 음탕과 질투와 비방과 교만과 우매함이니 이 모든 악한 것이 다 속에서 나와서 사람을 더럽게 하느니라"(막 7:21, 22). 예수님이 우리 마음을 한 점 취하

다시 만난 예수

서서 우리의 가장 진정한 자아를 속속들이 드러내신다면, 우리 남편이 요리한 생닭만큼이나 날것 그대로 보실 것이고, 그 결과는 훨씬 심각할 것이다.

다른 수많은 죄 가운데 예수님은 ('성적인 문란'으로 번역되는) '포르네이아'(porneia)와 간음이라는 두 단어를 이용해서 성적인 죄를 넌지시 언급하신다. 오늘날 많은 이가 보기에, 합의한 것이기만 하면 혼외정사는 간음인 경우만 빼고 괜찮다. 혼외정사가 배우자를 기만하는 불륜인지, 합의에 따른 건전한 성적 탐구인지가 문제라는 것이다. 그러나 예수님은 우리가 남편이나 아내를 기만하는 간음이 성적인 죄라는 형태로만 존재하지는 않는다고 못 박으신다. 우리가 간음으로 생각할 수 있는 범위를 비약적으로 확장하신다. 아마도 역사상 도덕적 교훈 중에 사람을 가장 변화시키는 구절일 산상 설교 중간에 이런 말로 우리에게 충격을 주신다. "또 간음하지 말라 하였다는 것을 너희가 들었으나 나는 너희에게 이르노니 음욕을 품고 여자를 보는 자마다 마음에 이미 간음하였느니라"(마 5:27, 28).

"간음하지 말지니라"는 십계명 중 하나다. 예수님은 성적으로 신의를 지키라는 이 명령을 완화하시기는커녕 엄격하게 강화하신다. 예수님이 마음을 꼬집어 말씀하신 이유는 우리 행동이 중요하지 않기 때문이 아니라 행동은 마음속 더 깊은 문제가 겉으로 드러난 것이기 때문이다. 남들은 어떤지 모르지만, 나는 (결혼 전은 물론이고 결혼 후에도) 여자들을 욕정을 품은 마음으로 보아 왔으니 예수님이 보시기에 간음을 저질러 왔다. 의심의 여지 없이 그 말씀은 남자들에게 욕정을 느끼는 것에도 적용된다.

사람들이 예수님 말씀을 들으면서 어색하게 발가락을 꼼지락거리는 광경이 눈에 선하다. 그렇지만 딱지만 떼는 줄 알았는데 차가 견인까지 된 것을 알게 될 때처럼 상황은 악화된다.

네 오른눈이 너로 하여금 죄를 짓게 하거든, 빼서 내버려라. 신체의 한 부분을 잃는 것이, 온몸이 지옥에 던져지는 것보다 더 낫다. 또 네 오른손이 너로 하여금 죄를 짓게 하거든, 찍어서 내버려라. 신체의 한 부분을 잃는 것이, 온몸이 지옥에 던져지는 것보다 더 낫다(마 5:29, 30, 새번역).

여기에 예수님은 두 가지 섬뜩한 사항을 얹어 놓으신다. 첫째, 성적인 죄든 다른 죄든 죄는 지극히 심각하다는 것이다. 죄 때문에 우리는 지옥으로 가는 직행 열차표를 얻는다. 그 직행 열차를 타느니 신체에 장애가 생기는 편이 낫다. 그렇지만 예수님의 가르침 전체라는 맥락에서 이 말씀을 읽으면 눈이나 손이 우리로 하여금 죄를 짓게 하는 것이 아님을 알게 된다. 죄를 짓게 하는 것은 바로 우리 마음이다. 마음은 매우 속속들이 썩어서 우리에게는 구원받을 수 있는 구석이 전혀 없다. 그러면 도대체 우리는 어떻게 해야 하는가? 이 진단에 따르면 우리에게는 치유자이신 예수님이 간절히 필요하다. 그분이 진정 우리의 유일한 소망이시다. 그리고 우리가 간다면 예수님은 두 팔을 벌려 기쁘게 맞아 주실 것이다.

어느 날 예수님이 어느 바리새인 집에서 식사를 하시는데 "그 동네에 죄를 지은 한 여자가" 들어오더니 예수님 발 앞에 엎드렸다(눅 7:37). 여자는 예수님 발에 향유를 붓고 입을 맞추고는 그 발을 눈물로

다시 만난 예수

적시고 머리카락으로 닦았다. 그 바리새인이 질겁하며 "이 사람이 만일 선지자라면 자기를 만지는 이 여자가 누구며 어떠한 자 곧 죄인인 줄을 알았으리라"고 생각했다(눅 7:39). 물론 예수님은 잘 알고 계셨다. 그리고 여자가 그런 행동을 했다고 해서 그 여자에게 수치를 안기시기는커녕 그 바리새인을 부끄럽게 하는 비유를 하나 들려주셨다. "빚 주는 사람에게 빚진 자가 둘이 있어 하나는 오백 데나리온을 졌고 하나는 오십 데나리온을 졌는데 갚을 것이 없으므로 둘 다 탕감하여 주었으니 둘 중에 누가 그를 더 사랑하겠느냐"(눅 7:41, 42). 그 바리새인이 정답을 말하자 예수님은 그가 어떤 면에서 예수님을 환대하지 못했으며, 그가 하지 못한 환대를 여자가 어떻게 사랑으로 만회했는지를 지적하셨다. 예수님은 "이러므로 내가 네게 말하노니 그의 많은 죄가 사하여졌도다 이는 그의 사랑함이 많음이라 사함을 받은 일이 적은 자는 적게 사랑하느니라"고 말씀을 마무리하셨다. 그리고서 여자에게 "네 죄 사함을 받았으니라"고 하셨다(눅 7:47, 48). 같이 식사를 하던 손님들이 "이가 누구이기에 죄도 사하는가"라며 수군거리기 시작했다(눅 7:49). 그러나 예수님은 그들을 상대하지 않으시고 그 여자에게 계속 집중하신다. "네 믿음이 너를 구원하였으니 평안히 가라"고 확실하게 말씀해 주신다(눅 7:50).

6장에서는 남녀의 결혼에 관한 예수님의 말씀과, 그러한 말씀이 예수님이 궁극적인 신랑이시라는 주장과 어떻게 연결되는지 살펴볼 것이다. 그러나 여기서는 성적인 죄에 대한 예수님의 교훈이 우리에게 대단히 불편하다는 것을 인정하기만 하면 된다. 그 교훈은 (자신과 타인에 대해) 긍정하는 현대의 온갖 본능에 어긋난다. 그 동네의 죄 많은 여자처럼 우리도 예수님에게 가고자 한다면 눈물로 그분의 발을 적셔야 한다. 그런데 돈에 대한 예수님의 교훈은 우리에게 훨씬 더 불편하다.

부자와 나사로

영국에 있을 때 우리 가족은 〈굿 플레이스〉(The Good Place)라는 텔레비전 프로그램에 폭 빠져 있었지만, 나는 그다지 재미가 없었다. 사후 세계에 사는 사람들에 관한 코미디라니? 사후 세계는 농담으로 삼기에는 지나치게 진지한 주제로 보였다. 그런데 내가 결국은 굴복하고서 보기 시작했을 때, 우리 가족이 그 프로그램에 열광한 이유를 이해할 수 있었다. 정말 재미있었지만, 그 프로그램은 많은 이가 천국과 지옥을 어떤 식으로 생각하는지에 관한 진실을 깊이 탐구하기도 했다. 첫 장면에서 주요 인물인 엘리너는 자기가 죽었지만 모든 상황이 괜찮다고 듣는다. 굿 플레이스에 있기 때문이다. 그렇지만 이야기가 전개되면서 엘리너는 자기가 잘못 배정되었음을 깨닫는다. 굿 플레이스에 있는 다른 사람들은 **유난히** 착했다. 엘리너는 자기가 실은 아주 나쁜 사람임을 알고 있으니 발각되는 것은 시간 문제일 뿐이다.[4]

복음서를 통독하면 성에 관해서뿐 아니라 예수님이 돈에 관해 하시는 말씀을 읽을 때도 아마 엘리너와 비슷한 기분이 들기 시작할 것이다. 어쩌면 예수님이 부자 청년에게 가진 것을 모조리 가난한 사람들에게 나눠 주고 예수님을 따르라고 말씀하시는 대목에서 당신은 심장이 욱신거리는 불편한 기분이 들지도 모르겠다. 그렇지만 그것으로 끝

---

4 *The Good Place*, 시즌 1, 에피소드 1, "Everything Is Fine," Michael Schur 제작, 2016년 9월 19일 NBC에서 방영. 〈굿 플레이스〉.

다시 만난 예수

이 아니다. 예수님은 "너희 가난한 자는 복이 있나니 하나님의 나라가 너희 것임이요 …… 그러나 화 있을진저 너희 부요한 자여 너희는 너희의 위로를 이미 받았도다"(눅 6:20, 24)라고 하셨다. 또 예수님이 하신 유명한 말씀으로 "낙타가 바늘귀로 들어가는 것이 부자가 하나님의 나라에 들어가는 것보다 쉬우니라"가 있다(마 19:24; 막 10:25; 눅 18:25). 얼마든지 계속 이어서 말할 수 있다. 그렇지만 개인적으로 내가 가장 해석하기 어려운 말씀은 비유 형식으로 나온다.

예수님은 그 비유를 이렇게 시작하신다.

한 부자가 있어 자색 옷과 고운 베옷을 입고 날마다 호화롭게 즐기더라 그런데 나사로라 이름하는 한 거지가 헌데투성이로 그의 대문 앞에 버려진 채 그 부자의 상에서 떨어지는 것으로 배불리려 하매 심지어 개들이 와서 그 헌데를 핥더라(눅 16:19-21).

빈부가 극도로 선명하게 대비된다. 구약 율법에 따르면 그 부자는 나사로를 돌보아 주었어야 했다. 그러나 그렇게 하지 않는다. 그런데 나사로의 이름은 '하나님이 도우신다'는 뜻이며, 예수님은 하나님이 나사로를 어떻게 도우시는지 들려주신다. "이에 그 거지가 죽어 천사들에게 받들려 아브라함의 품에 들어[갔다]"(눅 16:22). 나사로는 죽은 후에 가장 높은 자리를 차지했다. 여기까지는 괜찮다. 가난하고 고생하던 사람들이 더 좋은 곳으로 가리라는 생각은 아마 누구든지 좋아할 것이다. 그런데 바로 그때 이렇게 일격이 날아온다. "부자도 죽어 장사되매 그가 음부에서 고통 중에 눈을 들어 멀리 아브라함과 그의 품에 있는 나사로를 보고 불러 이르되 아버지 아브라함이여 나를 긍휼히 여기사 나사로를 보내어 그 손가락 끝에 물을 찍어 내 혀를 서늘하게 하소서 내가 이 불꽃 가운데서 괴로워하나이다"(눅 16:22-24). 여기에서 예수님은 이글거리는 불과 유황을 떠올리게 하는 설교자가 되셔서 지옥을 무시무시하게 그려 내신다. 부자의 말에 아브라함이 이렇게 대답한다.

얘 너는 살았을 때에 좋은 것을 받았고 나사로는 고난을 받았으니 이것을 기억하라 이제 그는 여기서 위로를 받고 너는 괴로움을 받느니라 그뿐 아니라 너희와 우리 사이에 큰 구렁텅이가 놓여 있어 여기서 너희에게 건너가고자 하되 갈 수 없고 거기서 우리에게 건너올 수도 없게 하였느니라(눅 16:25, 26).

부자는 자신에 대해서는 희망이 없으므로 "그러면 아버지여 구하노니 나사로를 내 아버지의 집에 보내소서 내 형제 다섯이 있으니 그들에게 증언하게 하여 그들로 이 고통받는 곳에 오지 않게 하소서"(눅 16:27, 28) 하고 간청한다. 그러나 아브라함은 "그들에게 모세와 선지자들이 있으니 그들에게 들을지니라"라고 대꾸한다(눅 16:29). 히브리 성경(구약 성경)에는 가난한 사람들을 보살피라는 명령과 그 명령을 행하지 않는 이들에 대한 하나님의 심판 경고가 빼곡하다. 부자와 그 형제들은 필요한 정보를 빠짐없이 갖고 있는 셈이다. 그런데도 부자는 "그렇지 아니하니이다 아버지 아브라함이여 만일 죽은 자에게서 그들에게 가는 자가 있으면 회개하리이다"라고 되받아친다. 그러자 아브라함이 우리 귀에서 떠들썩하게 울릴 만한 말로 응수한다. "모세와 선지자들

다시 만난 예수

에게 듣지 아니하면 비록 죽은 자 가운데서 살아나는 자가 있을지라도 권함을 받지 아니하리라"(눅 16:30, 31).

우리는 대저택에 살지도 않고, 거지가 우리 집 문간에 누워서 죽어 가지도 않는다. 그렇지만 예수님 시대에 가장 부유한 사람도 우리의 옷차림과 음식, 이용할 수 있는 의료 서비스, 여기저기로 이동하는 수단 등 우리가 누리는 편의를 보면 대경실색할 것이다. 지금 이 책을 읽고 있다면 당신은 상대적으로 부유한 사람일 것이다. 당신이 친구들 중에 가장 부자라는 말이 아니다. 그렇지만 아마 당신에게는 지붕이 있는 집과 음식이 차려진 식탁이 있을 테고, 모르면 몰라도 학사 학위가 있을 테고, 아마 자가용도 있을 것이다. 돈은 원하는 만큼 없을지도 모르겠다. 그렇지만 오늘날에도 국제적 기준으로 보면 당신은 부자일 것이다. 세계 인구의 거의 절반이 하루에 5.5달러(약 7,500원)가 채 안 되는 돈으로 먹고산다. 예수님에 따르면 우리가 가난을 남의 문제로 대한다면 우리는 그 부자와 같은 끔찍한 상황에 있는 것이다. 부자는 가난한 사람을 돌보라는 히브리 성경의 명령에 귀 기울이지 않았다. 반면에 우리는 죽은 자 가운데서 살아나신 분에게 귀 기울이지 않은 것이다.

양과 염소

또 다른 유명한 이야기에서 예수님은 자신이 온 우주의 왕으로서 이 땅에 다시 오시는 날의 광경을 묘사하신다. 자신의 오른쪽과 왼쪽에 모든 민족을 "목자가 양과 염소를 구분하는 것같이"(마 25:32) 둘로 나누실 것이라고 말씀하신다. 오른쪽에 있는 양들을 향해서는 이렇게 말씀하실 것이다.

내 아버지께 복 받을 자들이여 나아와 창세로부터 너희를 위하여 예비
된 나라를 상속받으라 내가 주릴 때에 너희가 먹을 것을 주었고 목마를
때에 마시게 하였고 나그네 되었을 때에 영접하였고 헐벗었을 때에 옷
을 입혔고 병들었을 때에 돌보았고 옥에 갇혔을 때에 와서 보았느니라
(마 25:34-36).

양들이 자기네가 언제 그런 일을 했느냐고 여쭙자, 예수님은 "내
가 진실로 너희에게 이르노니 너희가 여기 내 형제 중에 지극히 작은
자 하나에게 한 것이 곧 내게 한 것이니라"라고 대답하신다(마 25:37-40).
여기에서 궁핍하거나 병들거나 옥에 갇힌 그리스도인들에게 예수님이
얼마나 마음을 쓰시는지가 보인다. 우리가 그러한 사람들을 대하는 방
식이 예수님을 대하는 방식이다.

이 대목에서 우리에게 엘리너와 같은 기분이 다시 들지도 모르겠
다. 엘리너는 자기에게 굿 플레이스에 있을 자격이 있다고 생각하지
않는다. 그렇다면 배드 플레이스에 있어야 하는가? 아니다. 엘리너는
"나는 중간에 있는(medium) 사람이에요. 미디엄 플레이스에서 영원을
보내야 한다고요. 신시내티와 같은 곳 말이지요"라고 말한다. 그렇지
만 예수님에게는 미디엄 플레이스 같은 곳이 없다. 왼쪽에 있는 사람
들을 향해서 예수님이 이렇게 말씀하신다.

저주를 받은 자들아 나를 떠나 마귀와 그 사자들을 위하여 예비된 영원

다시 만난 예수

한 불에 들어가라 내가 주릴 때에 너희가 먹을 것을 주지 아니하였고 목
마를 때에 마시게 하지 아니하였고 나그네 되었을 때에 영접하지 아니
하였고 헐벗었을 때에 옷 입히지 아니하였고 병들었을 때와 옥에 갇혔
을 때에 돌보지 아니하였느니라(마 25:41-43).

가진 것을 모두 빼앗긴 가난한 사람들을 배려하라고 이미 구약 성
경에서 강하게 표현했지만, 예수님은 한층 강하게 밀어붙이셨다. 예수
님이 일으키신 파도가 지금도 우리의 도덕 해변에 찰싸닥거린다. 그런
데 이러한 배려는 예수님이 태어나신 제국에 만연했던 도덕 신념과 아
주 뚜렷하게 대비된다. 사학자 톰 홀랜드는 로마사 일부를 들어서 이
를 설명해 준다.

신들은 가난한 사람들에게 전혀 관심이 없다

337년에 전혀 생각지도 못하게 로마 황제 콘스탄티누스가 기독교
로 개종했다. 그전 3세기 동안 기독교는 박해를 받으면서도 제국 전역
으로 퍼져 나갔다. 콘스탄티누스의 개종과 함께 기독교가 제국의 중심
을 뒤흔들었다. 그러나 콘스탄티누스의 조카인 율리아누스는 기독교
를 배척했고, 361년에 황제가 되자 "'유대인의 시체 때문에 영원히 살
아 있는 신들을 버린' 자들에게서 제국의 중심을 되찾아오는 데 전념했
다." 율리아누스는 갈라디아의 대사제에게 편지를 쓰면서 자기가 좋아
하는 여신 키벨레(Cybele)가 자선을 베푸는 데 실패하여 안 좋은 여론을
얻었다고 불평한다. "우리 민족은 우리에게서 전혀 지원받지 못하는데
유대인은 한 명도 구걸할 필요가 없고, 저 불경한 갈릴리인(즉 그리스도

인)들은 자기네 가난한 자들뿐 아니라 우리의 가난한 자들도 부양한다는 것이 어찌나 똑똑히 보이는지 참으로 부끄럽도다."[5]

율리아누스는 옛 종교를 바탕에 깔고서 이 불평을 하고자 했다. 그렇지만 홀랜드가 지적하듯이 그리스와 로마의 신들은 "가난한 사람들에게 전혀 관심이 없었다. 일리아드의 영웅들, 즉 신들의 총애를 받는 부유한 약탈자들은 약해서 짓밟히는 사람들을 경멸했다. 철학자들도 …… 마찬가지였다. 굶어 죽어 가는 사람들은 동정받을 자격이 없었다. 거지들은 한데 몰려서 추방당하는 것이 그나마 최선이었다."[6]

가난에 관한 예수님의 급진적 가르침 덕분에 극빈자들의 신분이 완전히 변했다. 예수님의 추종자들은 자기네 가난한 사람들은 물론이고 이교도 거지들도 돌봐 주었다. 홀랜드의 결론에 따르면 "이 젊은 황제는 '갈릴리인의' 교훈을 진심으로 증오했고 그 교훈이 자기가 가장 귀중하게 여기는 모든 것에 끼치는 영향에 유감스러워했지만, 그 교훈과 싸우려는 자신의 계획에 어떠한 모순이 있는지는 알아차리지 못했다. 바로 자신의 계획 자체가 어찌할 도리가 없을 정도로 기독교적이었다는 것이다."[7] 홀랜드는 이어서 오늘날 많은 이가 율리아누스와 같은 실수를 범한다고 지적한다. 기독교를 인간 평등과 가난한 사람들 돌봄에 관한 자신들의 깊은 신념의 적으로 간주하지만, 바로 그 신념이 홀랜드가 말하듯이 "어찌할 도리가 없을 정도로 기독교적"이라는 것을 깨닫지 못하는 것이다.

---

5   Holland, *Dominion*, 139에 인용. 「도미니언」.

6   Holland, *Dominion*, 139. 「도미니언」.

7   Holland, *Dominion*, 139. 「도미니언」.

다시 만난 예수

집으로 오라!

예수님 시대에 창녀들이 성적인 죄인의 전형이었다면, 세리들은 경제적 죄인의 전형이었다. 두 부류 모두 자석에 끌리듯 예수님에게 끌렸다. 누가의 말에 따르면 '모든 세리와 죄인들이 가까이 나아온' 반면에 바리새인과 서기관들은 "이 사람이 죄인을 영접하고 음식을 같이 먹는다"고 투덜거렸다(눅 15:1, 2). 예수님의 대답은 이러했다.

> 너희 중에 어떤 사람이 양 백 마리가 있는데 그중의 하나를 잃으면 아흔
> 아홉 마리를 들에 두고 그 잃은 것을 찾아내기까지 찾아다니지 아니하
> 겠느냐 또 찾아낸즉 즐거워 어깨에 메고 집에 와서 그 벗과 이웃을 불러
> 모으고 말하되 나와 함께 즐기자 나의 잃은 양을 찾아내었노라 하리라
> 내가 너희에게 이르노니 이와 같이 죄인 한 사람이 회개하면 하늘에서
> 는 회개할 것 없는 의인 아흔아홉으로 말미암아 기뻐하는 것보다 더하
> 리라(눅 15:4-7).

예수님은 주장을 강조하시고자 이 이야기에 이어서 탕자의 비유로 알려진 비유를 들려주신다. 어느 한 젊은이가 아버지에게 자기 몫의 유산을 요구하고서 아버지 집을 떠났고, 앞뒤 생각 없이 그 돈을 흥청망청 썼다. 마침내 돈은 다 떨어지고, 어느새 돼지를 치면서 돼지 먹이라도 먹고 싶어 할 지경이 되었다. 그러다 정신이 번뜩 들어서 집으로 돌아왔다. 아마도 운이 좋다면 아버지가 자기를 품꾼으로 받아 줄 것이었다. "그가 아직도 먼 거리에 있는데, 그의 아버지가 그를 보고 측은히 여겨서, 달려가 그의 목을 껴안고, 입을 맞추었다"(눅 15:20, 새번역).

게다가 그 아버지는 아들을 위해 잔치를 열고는 욕 한 마디 하지 않고 아들을 반가이 맞이했다. 예수님은 이러한 광경을 우리에게 제시하여 하나님이 얼마나 간절히 우리를 다시 받아 주고자 하시는지 보여 주신다. 우리가 아무리 하나님에게서 멀리 달아났어도, 돈을 아무리 흥청망청 썼어도, 음란물을 아무리 많이 봤어도, 아무리 많은 사람과 잠을 잤어도, 아무리 거짓말을 많이 했어도, 도와주지 못한 사람이 아무리 많아도, 하나님은 우리를 다시 받아 주고자 하신다는 것이다. 하나님은 우리가 돌아오기를 바라신다.

그래서 어떻다는 것인가?

당신이 예수님의 말씀을 들을 때 어떤 기분이 드는지 나는 모른다. 아마도 가난한 자들을 돌보라는 교훈에서는 정의를 느끼겠지만, 성적인 죄에 대한 이 모든 말씀은 완전히 억압하는 듯이 보이기도 하고 심지어 해로워 보이기도 한다. 아니면 성적인 죄에 관한 말씀은 높이 평가하면서도 가난한 이들을 보살피는 것에 관한 견해는 극단적이라고 생각할지도 모르겠다. 어쩌면 가족의 가치는 신봉하면서도, 궁핍한 외국인을 환대하거나 옥에 갇힌 사람을 찾아가 보는 일은 안 좋은 방책처럼 들릴지도 모른다. 십자형(+) 못이 원형인 구멍에 들어맞지 않듯이 복음서의 예수님은 우리 범주에 들어맞지 않는다. 그렇지만 예수님의 메시지는 명확하다. 죄는 어떠한 종류든지 다 지옥으로 가는 길을 닦는다는 것이다. 그렇지만 우리가 도와달라며 예수님에게 가면 예수님은 두 팔을 벌려 우리를 안아 주시리라.

미주리주에서 새로 사귄 친구는 나한테 들었다고 생각하는 내용

다시 만난 예수

을 유용하게 스케치해 주었다. 예수님도 가르치실 때 은유와 이야기와 과장법과 행위 같은 생생한 묘사를 사용하여 가르치셨다. 예수님의 메시지는 그 친구가 들었다고 생각한 내용과 딱 일치했다. 즉 우리는 예수님 안에 숨지 않으면 장차 다 지옥으로 간다는 것이다. 그러나 예수님 안에 숨는다면 우리는 완전하게 용서받고 그분의 품에 폭 안길 것이다. 예수님은 우리의 생명줄이요, 비상구요, 탈출구다. 그리고 6장에서 살펴보겠지만, 예수님은 우리의 목적지이기도 하시다.

6장

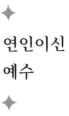

연인이신
예수

야 지야시(Yaa Gyasi)의 「밤불의 딸들」(Homegoing)을 읽고 나는 가슴이 미어졌다. 그 소설은 18세기 가나를 배경으로 시작해서 두 이부(異父) 자매의 운명을 따라가며 전개된다. 이부 자매 중에 언니는 가나에 계속 있으면서 백인인 영국 노예 상인과 결혼한다. 동생은 잡혀서 신세계(아메리카)에 노예로 실려 간다. 이 책은 이들의 후손 사이를 각기 여덟 세대에 걸쳐 오가면서 전개된다. 우리는 인간성을 말살하는 끔찍한 노예제와 더불어 인종 차별의 여파를 본다. 가나의 부족 문화와 백인 노예 상인들이 지역 정치에 끼친 영향도 본다. 지야시가 혈통을 추적하여 글을 써 내려감에 따라 소망과 두려움, 사랑과 상실이 차곡차곡 쌓이고 가중되는 것이 보인다. 그러나 내가 가장 마음 아팠던 이야기는 네스의 사연이었다.

네스는 미국 남부에서 노예로 태어났다. 주인('악마')이 네스에게 남편을 정해 주었다. 남편은 미국으로 납치당해 온 지 얼마 되지 않아서 영어를 전혀 할 줄 몰랐는데도 '샘'이라는 영어 이름이 찍혔다. 강제로 결혼했지만 샘과 네스는 감동적이고 자기 희생적인 사랑을 키워 간다. 두 사람은 일 년에 한 번 흑인 교회에 갈 수 있었는데, 아기가 생기

다시 만난 예수

자 그 교회에서 만난 여자의 도움을 받아 도망칠 계획을 세운다. 그러나 북부를 향해 떠난 지 며칠이 지나서 네스는 '악마'가 곧 자기들을 찾아내리라는 것을 감지했기에 아기를 가이드에게 넘겨준다. 네스와 샘은 아들을 구하기 위해 자신을 내준다. 두 사람은 붙잡혀서 대농장으로 돌아가게 된다. 네스는 무자비하게 구타당한다. 그리고서 그 자들은 네스의 고개를 들어 올려 남편이 교수형당한 것을 보게 한다.[1]

연애담을 다룬 현대의 어느 대본이든 다 찢어 놓을 만한 이야기다. 열렬한 사랑을 선택하는 것을 우리가 무엇보다 중요하게 여기기는 하지만, 네스는 처음 만나는 남자를 배정받았으며, 심지어 처음에는 그 남자가 무슨 말을 하는지도 알아들을 수 없었다. 그렇지만 아들이 도망칠 수 있게 하려고 샘이 자기 목숨을 바칠 정도로 두 사람은 진정으로 사랑하게 된다. 이번 장에서 우리는 연인이신 예수님을 만날 것이다. 샘처럼 예수님의 사랑도 꽃이나 초콜릿이나 낭만적인 대사로 표현되지 않는다. 그 사랑은 예수님의 피로 기록된다. 그리고 샘이 아내와 아들을 사랑하는 방식이 각기 달랐듯이 우리는 아내를 향한 남편의 사랑, 자녀를 향한 부모의 사랑, 친구를 향한 친구의 사랑 같은, 서로 다른 사랑의 진정한 근원이 예수님임을 보게 될 것이다.

신랑이신 예수님

현재 나는 큰딸 미란다와 함께 제인 오스틴(Jane Austen)의 작품을 읽는 중이다. 나는 미란다에게 제인 오스틴의 소설은 죄다 결혼으로

1　Yaa Gyasi, *Homegoing* (New York: Vingate, 2016), 87. 「밤불의 딸들」(열린책들 역간, 2021).

끝난다고 알려 주는 잘못을 저질렀다. 아주 엄청난 스포일러다. 오스틴은 누가 누구와 결혼하면 탈락하는 과정을 이용하여 소설을 풀어 나간다. 플롯이 완벽하여 반전이 없다. 그런데 여자 주인공들을 위해서 연애담을 쓴 오스틴 자신은 정작 독신을 선택했다. 오스틴은 스물여섯 살 때 스무 살 친구에게 청혼을 받았다. 오스틴이 처음에는 청혼을 받아들인 것으로 보인다. 그렇지만 하룻밤을 자며 생각해 보고는 마음이 바뀌었다. 오스틴은 무척이나 사랑하는 언니의 품에서 마흔한 살 나이로 죽었다.

마가복음을 집어 들고서 스포일러 없이 읽는다면, 2장에서 일종의 연애담이 아닌가 하는 생각이 드는 장면이 있다. 예수님은 죄인들과 함께 시간을 보낸다는 이유로 비난받으신 후에 왜 당신의 제자들은 금식하지 않느냐는 질문을 받으신다. 예수님이 그들에게 대답하신다. "혼인 집 손님들이 신랑과 함께 있을 때에 금식할 수 있느냐 신랑과 함께 있을 동안에는 금식할 수 없느니라 그러나 신랑을 빼앗길 날이 이르리니 그날에는 금식할 것이니라"(막 2:19, 20).

이 말씀은 행복한 결말을 예언하지 않는다. 「오만과 편견」(Pride and Prejudice)보다는 「로미오와 줄리엣」(Romeo and Juliet)에 더 가깝게 들린다. 그렇기는 하지만 예수님은 자신을 신랑으로 묘사하신다. 그러면 신부는 누구인가? 마가복음을 끝까지 읽어도 신부를 발견하지 못한다. 제인 오스틴처럼 예수님도 젊은 나이에 죽으셨고 결혼하지 않으셨다. 그러나 복음서의 프리퀄에 해당하는 구약의 책들을 읽어 보면 예수님이 무슨 뜻으로 말씀하셨는지 이해할 것이다.

이사야서, 예레미야서, 에스겔서, 호세아서를 비롯한 구약의 여

다시 만난 예수

러 예언서에서는 하나님을 신실하고 다정한 남편으로 묘사하고, 이스라엘을 걸핏하면 바람피우는 아내로 묘사한다. 호세아는 정조를 지키지 않는 여자와 결혼하여, 하나님이 이스라엘을 끝까지 포기하지 않고 사랑하시는 모습을 보여 주라는 명령을 받는다(호 1:2, 3; 3:1-5). 이사야는 "너를 지으신 이가 네 남편이시라 그의 이름은 만군의 여호와이시며"(사 54:5)라고 선포한다. 하나님은 예레미야를 통해서 백성에게 "네 청년 때의 인애와 네 신혼 때의 사랑을 기억하노니 곧 씨 뿌리지 못하는 땅, 그 광야에서 나를 따랐음이니라"라고 말씀하신다(렘 2:2). 그러나 이어서 "너는 수많은 남자들과 음행을 하고서도, 나에게로 다시 돌아오려고 하느냐?"고 그들을 고발하신다(렘 3:1, 새번역). 하나님의 백성은 몇 번이고 다시 다른 신들을 섬기고 불의를 저지른 혐의로 정죄받는다. 그래서 예레미야가 "너의 치맛자락에는 가난한 사람들의 죄 없는 피가 묻어 있다"고 한탄한 것이다(렘 2:34, 새번역). "이스라엘 족속아 마치 아내가 그의 남편을 속이고 떠나감같이 너희가 확실히 나를 속였느니라 여호와의 말씀이니라"(렘 3:20). 에스겔도 같은 진단을 내린다. 하나님의 백성은 다른 민족과 달리 자기 자녀를 제물로 바치지 않았다. 그러나 여호와께서는 예루살렘의 우상 숭배에 대해 "네가 나를 위하여 낳은 네 자녀를 그들에게 데리고 가서 드려 제물로 삼아 불살랐느니라"고 고발하신다(겔 16:20). 하나님의 백성은 고질적으로, 심각하게 영적 간음을 저질렀다. 하나님이 거듭 돌아오라고 백성을 부르셨다. 그러나 그 결혼 생활이 제대로 유지된 적은 한 번도 없어 보인다.

이러한 배경 이야기는 요한복음에서 예수님이 처음으로 행하신 기적을 밝히 설명해 준다. 예수님과 제자들이 어느 혼인 잔치에 손님으로 갔다. 포도주가 동이 나자 예수님의 어머니 마리아가 예수님에게 그 상황에 개입하라고 권했다. 예수님은 몇 통의 물이 값비싼 포도주가 되게 하셨다. 보통은 신랑이 음료를 담당하므로, 잔치를 맡은 사람은 신랑이 가장 좋은 포도주를 가장 마지막까지 내놓지 않았다고 생각했다(요 2:10). 그리고 그 생각이 맞았다. 그러나 잔치 담당자는 그 신랑이 누구인지는 잘못 파악했다. 예수님이 얼마나 많은 기적을 행하셨는지를 감안하면, 요한이 우리를 위해 기록할 기적으로 이 사건을 선택한 것이 이상하다는 생각이 들 수도 있다. 어쨌든 아무도 병이 낫지 않았다. 그러나 혼인 잔치에서 신랑이 전통적으로 맡아 오던 역할을 예수님이 대신 맡으셨으니 이 사건은 예수님이 진정 누구이신지를 슬쩍 보여 준다.

세례 요한은 이렇게 스치듯이 본 것을 눈여겨보게 한다. 세례 요한은 자기보다 예수님을 따라다니는 무리가 더 많아지고 있다는 말을 듣고서 이렇게 대답한다. "신부를 취하는 자는 신랑이나 서서 신랑의 음성을 듣는 친구가 크게 기뻐하나니 나는 이러한 기쁨으로 충만하였노라 그는 흥하여야 하겠고 나는 쇠하여야 하리라"(요 3:29, 30).

예수님이 그 신랑이시다. 예수님은 오셔서 하나님의 백성을 자기 것이라고 주장하셨다. 그리하여 모든 것이 변한다.

무엇이 진품인가?

「해리 포터와 죽음의 성물」에서 덤블도어 교수가 해리에게 그리핀도르의 검을 남기고 죽는다. 그런데 이야기가 전개되면서 그 검의 모조품이 사이코패스인 마녀 벨라트릭스 레스트레인지의 금고에 소장

되어 있음이 밝혀진다. 진품 검에는 볼드모트의 영혼 조각을 파괴하는 데 필요한 마법적 특성이 있다. 모조품에는 그러한 특성이 없다.[2]

성경에서 결혼에 대한 은유를 처음 마주치면 우리는 인간의 결혼이 원형이고 그 결혼이 우리를 향한 하나님의 신실하고 열렬한 사랑을 나타내는 데 쓰였다고 생각하기 쉽다. 그렇지만 성경을 찬찬히 읽어 보면, 그러한 직관을 거스르는 진실을 발견한다. 자기 백성을 향한 하나님의 사랑이 원형이다. 인간의 사랑이 아무리 크다고 해도 기껏해야 하나님의 사랑을 모방한 것일 뿐이다. 물론 인간의 사랑도 아름다울 수 있다. 그렇지만 모조 그리핀도르의 검처럼 그 사랑에는 생기 넘치며 악을 소멸하는 능력이 없다. 그래서 인간의 결혼 생활을 예수님의 사랑보다 귀중하게 여긴다면, 결혼 생활에 실망할 것이다. 그렇지만 예수님의 사랑을 무엇보다도 소중히 여긴다면, 우리의 약함이 변하여 죽음을 불사하는 강함이 되는 능력이 그 사랑에 있음을 알게 된다. J. K. 롤링의 책이 결말을 향해 갈 무렵, 불운한 네빌 롱보텀이 볼드모트에게 저항한다. 네빌에게는 자기보다 훨씬 우월한 이 마법사를 물리칠 가망이 전혀 없었다. 그리핀도르의 검이 나타나기 전까지는 말이다. 이것이 예수님의 사랑이 지닌 능력이다. 그 사랑에는 악을 정복하고 우리를 확 붙잡아 죽음에서 건져 내는 능력이 있다. 그런데 우리가 이 사랑을 단단히 붙잡는다면, 그 사랑이 지금 바로 우리를 사랑 안에서 살아가게 해준다.

그린고츠 은행(해리 포터 시리즈에 나오는 마법사 전용 은행_ 옮긴이) 가장

---

2 J. K. Rowling, *Harry Potter and the Deathly Hallows* (New York: Scolastic, 2009), 298. 「해리 포터와 죽음의 성물」(문학수첩 역간, 2020).

깊숙한 곳에 있는 금고처럼, 유명해지고 사랑받으려는 열망이 우리 마음 깊숙이 자리 잡고 있다. 그렇지만 그 욕구를 만족시킬 수 있는 분은 예수님뿐이다. 예수님은 우리 머리에 있는 머리카락 한 올 한 올을 다 아시고, 우리 마음에 있는 두려움을 속속들이 아시며, 우리가 선하거나 악하게, 잔인하거나 친절하게 한 말과 행동을 낱낱이 아신다. 우리가 남이 알아봐 주기를 바라는 것이 무엇인지, 어떻게 해서든 감추려는 것이 무엇인지 아신다. 예수님은 당신에 대해 모르는 것이 하나도 없으시지만, 그렇게 다 아시면서도 당신을 대신하여 죽으러 오셨을 정도로 당신을 사랑하신다. 그냥 **사람들** 전체가 아니라 바로 **당신**을 사랑하신다. 당신 이름을 나는 모른다. 하지만 예수님은 아신다. 당신의 소망과 두려움과 상처와 꿈을 나는 모른다. 그러나 예수님은 아신다. 신랑이 신부를 기다리듯이 예수님은 당신이 예수님 곁에 있기를 간절히 바라신다.

우리를 향한 예수님의 사랑이 원형임을 이해할 수 있을 때, 성애와 낭만적 사랑을 바라는 우리의 깊은 갈망뿐 아니라 애써 그 사랑에 만족하려는 우리의 몸부림을 이해하는 데 도움이 된다. 그러한 갈망은 형태가 다양할 수 있다. 어떤 이들에게는 그 갈망이 끝 모르는 성욕으로 나타나서, 틴더(온라인 데이팅 앱_옮긴이), 음란물, 하룻밤 성관계, 불륜, 짧게 짧게 이어 가는 관계 같은 것에 마음이 끌린다. 또 어떤 이들에게는 그 갈망이 강한 정서적 친밀에 대한 열망으로 나타난다. 즉 나를 완전히 이해해 주고, 나를 속속들이 알며, 내 희망과 꿈을 일일이 공유하는 그런 사람을 바라는 것이다. 현대 서구 문화는 낭만적 사랑을 희한하게 떠받들어 왔다. 그렇지만 그 반대 흐름도 모든 문화에서, 또 기록

다시 만난 예수

이 남은 모든 시대에서 사람들이 느껴 왔다.

"그런데 쉿, 무슨 빛이 저기 보이는 창문으로 쏟아져 들어오는가?" 라고 로미오가 묻는다. "저기는 동쪽이니 줄리엣이 태양이구나."[3] 동이 트고 우리를 둘러싼 모든 것이 변할 때 그 느낌, 이글이글 타오르는 기분, 태양이 우리 눈을 상하게 할 것이며 눈을 감아도 잔상이 아른거릴 것을 알면서도 태양을 응시하고픈 그 열망, 젊은 로미오가 줄리엣을 보았을 때 바로 그러한 기분이었다. 그렇지만 우리는 로미오가 아내 줄리엣과 함께 죽으려고 자살하는 것을 보면서도 이 타는 듯한 강렬함이 지속되지 않으리라는 것을 안다. 편지가 너무 늦지 않았다면, 그래서 로미오와 줄리엣이 행복하게 끝을 맺었다면 어떻게 되었을까? 셰익스피어가 속편을 썼다면, 우리는 이 부부가 '사랑에 빠지는' 설렘은 차츰차츰 사라지더라도 신의를 지키며 성장하는 모습을 보았을 수도 있고 그렇지 않을 수도 있다. 로미오가 줄리엣을 처음 보았을 때 이렇게 묻는다.

내 심장이 지금까지 사랑을 했었는가? 맹세코 부인하라, 시선이여!
나는 오늘 밤이 되어서야 비로소 진정한 아름다움을 보았으니.[4]

그런데 몇 시간 전에 로미오는 다른 여자를 몹시 그리워하고 있었다. 그의 이력이 보여 주듯이 로미오는 아마 시간이 흐르면 다른 여자

---

3 William Shakespeare, *Romeo and Juliet*, ed. G. Blakemore, Riverside Shakespeare (Boston, MA: Houghton Mifflin, 1974), 2막 2장 2-3행. 「로미오와 줄리엣」.

4 Shakespeare, *Romeo and Juliet*, 1막 5장 52-53행. 「로미오와 줄리엣」.

가 아름답다고 생각했을 것이다. 진실을 말하자면, 단 한 사람의 사랑도 태양의 강렬한 힘처럼 우리를 오래 붙잡아 둘 수 없다. 그렇게 붙잡게 되어 있지 않다.

내 말을 오해하지 말라. 하나님은 우리를 향하신 예수님의 열렬하고 격렬하게 타오르며 영원하고 희생적인 사랑을 생생하게 보여 주시려고 낭만적인 사랑을 만드셨기 때문이다. 훌륭한 복제본이라면 걸작이 아니어도 귀중하다. 또 예수님의 사랑에는 인간의 사랑에서는 대체로 차츰차츰 식어 버리는 열정이 담겨 있으면서, 우리 인간에게서는 시간이 흐르면서 피상적으로 되어 버리는 깊이도 담겨 있다.

지난주에 내가 암에 걸렸을 확률 50퍼센트를 검토하면서 나는 항암 치료가 암이라는 질병 자체만큼 내 몸을 어떠한 방식으로 망가뜨릴 수 있는지 두려워하고 있음을 남편에게 쭉 이야기했다. "만일 내가 ……하더라도 나를 사랑하겠어요?"라고 묻지 않았지만, 남편은 좀체 사라지지 않는 두려움이 있는 것을 자기도 안다고 말하고 무슨 일이 있어도 나를 변함없이 사랑하겠노라고 말해 주었다. 나는 남편을 믿었다. 처음에는 겉모습이 사랑이 싹트는 계기가 될 수 있지만, 최고의 사랑은 결국 내면에서 외면으로 작용할 때까지 깊이 파고든다. 그러나 예수님은 우리의 속을 먼저 보신다. 우리를 속까지 다 꿰뚫어 보시고서도 여전히 우리를 사랑하시며, 우리가 스스로 사랑스럽지 않다고 느끼더라도 우리를 사랑하신다. 우리처럼 사랑에 눈멀어서 그러시는 것이 아니다. 예수님은 우리의 흠과 거짓말, 도덕적으로 좀스러운 추악을 보신다. 그렇지만 내가 암에 걸린다고 해서 남편의 사랑이 틀어질 리가 없듯이 우리 죄 때문에 예수님의 사랑이 틀어질 리는 없다. 우리

다시 만난 예수

가 인간의 결혼을 진품의 모사품, 즉 영원토록 진정으로 불타는 사랑이라는 걸작의 모작으로 여긴다면, 미혼이든지 기혼이든지 사별했든지 이혼했든지, 연애에 성취감을 느꼈든지 실망했든지 상관없이 누구나 인간의 결혼을 가장 잘 이해할 것이다. 그리하여 이 걸작을 가장 눈에 잘 띄는 곳에 놓으면, 성경이 성관계(sex)를 둘러싸고 그어 놓은 경계선이 이해되기 시작할 것이다.

성경은 성관계를 왜 그렇게 별나게 대하는가?

대학생 시절에 내가 가장 좋아한 교수는 도발적인 의견 때문에 유명했다. 그 교수는 가르치면서 줄담배를 피웠고 내가 성 경험이 전혀 없는 것을 조롱했다. 그는 자신이 동성애자였고 우리에게 온갖 문학 작품을 알려 주기를 무척 좋아했기에, 고대 로마 동성애자를 다룬 단편 소설을 필독서에 넣었다. 그때 나는 처음으로 고대 로마의 부유층 남자들의 다채로운 성생활을 접했다. 우리가 5장에서 보았듯이 예수님은 성에 관해서 신랄하게 가르치셨다. 간음은 물론이고 남녀의 결혼을 벗어난 성관계는 어떠한 형태든 다 정죄하셨다. 그리스인과 로마인들에게는 온갖 형태의 성관계가 아무 문제가 없었다. 자기가 노예로 삼은 사람들과 하는 성교나 아동 학대처럼 우리 문화에서 비난하는 성관계부터, 이성이든 동성이든 성교 대상을 연이어 두거나 동성애 관계처럼 우리 사회가 용인하는 성관계에 이르기까지 다 괜찮았다.

분명한 것은 이러한 성적 자유는 부유층 남자들의 전용이었다는 것이다. 여자들은 대부분 노예나 매춘부가 아니라면 순결해야 했다. 그러나 부유한 남자는 여러 사람과 마음껏 동침할 수 있었다. 동성애자의 관계에 대해서는 때로 눈살을 찌푸렸으나 그럼에도 예상 범위 안에 있는 관계였다. 로마의 역사가 수에토니우스(Suetonius)의 언급에 따르면, (예수님 사후 10년 동안 다스린) 클라우디우스 황제는 "여자들을 지나치게 좋아했지만 남색에는 전혀 빠지지 않았다."[5] 클라우디우스가 남자와는 잠자리를 하지 않았다는 말이다. 그렇지만 이것이 주목할 만하다는 사실은 동성애 관계가 얼마나 보편적이었는지를 보여 준다. 실제로 그리스와 로마 문화에서는 상대가 남자인지 여자인지가 아니라, 능동적인 역할을 하는지 수동적인 역할을 하는지가 문제였다. 성교는 사회적 지위를 행사하는 것이어서, 삽입을 당한다면 열등하다는 표시였기 때문이다. 그러나 예수님의 견해는 완전히 달랐다. 예수님은 성교를 타인을 **지배하는** 권력 행사가 아니라 타인과 **더불어** 하나 됨을 이루는 것으로 말씀하셨다.

어느 날 바리새인들이 예수님을 말로 책잡으려고 "사람이 어떤 이유가 있으면 그 아내를 버리는 것이 옳으니이까"라고 질문했다(마 19:3). 어떤 유대 랍비들은 어떤 이유로든 이혼할 수 있다고 했다. 또 어떤 랍비들은 간음한 경우에만 이혼할 수 있다고 했다. 더 관대한 견해의 피해자는 여자였는데, 그 견해에 따르면 아내를 마음껏 유기할 수 있었기 때문이다. 예수님은 이렇게 대답하셨다.

사람을 지으신 이가 본래 그들을 남자와 여자로 지으시고 말씀하시기를 그러므로 사람이 그 부모를 떠나서 아내에게 합하여 그 둘이 한 몸이

---

5 Suetonius, *The Lives of the Caesars*, vol. 2, trans. J. C. Rolfe, Loeb Classical Library (Cambridge, MA: Harvard University Press, 1914), 65.

될지니라 하신 것을 읽지 못하였느냐 그런즉 이제 둘이 아니요 한 몸이니 그러므로 하나님이 짝지어 주신 것을 사람이 나누지 못할지니라(마 19:4-6).

예수님은 성경에서 태초 부분으로 곧장 돌아가셨다. 태초에 하나님이 우리를, 즉 '남자와 여자'를 그분의 형상으로 창조하셨다(창 1:27). 이것이 성경에서 인간에 대해 가장 처음 나오는 표현이다. 이 남자와 여자는 인간 평등이라는 뗏목의 첫 널판이기도 하다. 우리는 남녀 평등을 자명한 진리로 여기는 경향이 있다. 그렇지만 이는 자명한 진리가 아니다. 남녀 평등은 유대-기독교 신앙으로 시작되었다.

예수님은 창세기 1장에 나오는 하나님의 남녀 창조를 창세기 2장의 중심 구절과 연결하신다. 하나님은 남자를 먼저 만드셨지만, 만드시고 나서 "사람이 혼자 사는 것이 좋지 아니하니 내가 그를 위하여 돕는 배필을 지으리라"(창 2:18)고 말씀하신다. 이 돕는 역할은 열등한 역할이 아니다. 구약의 나머지 부분을 보면 하나님도 도우시는 분으로 묘사되는 경우가 무척 흔하게 나온다. 더욱이 나중에 생각나서 여자를 창조하신 것이 아니다. 창세기 1장에서 인간은 "생육하고 번성하여 땅에 충만하라, 땅을 정복하라"고 명령받는다(창 1:28). 남자가 여자 없이 이 사명을 완수하기란 그야말로 불가능하다!

하나님은 돕는 배필을 만들겠다고 말씀하신 직후에 남자에게 동물들을 이끌어 가셔서 이름을 짓게 하신다. 그렇지만 어느 동물도 남자에게 딱 맞는 돕는 배필이 아니다(창 2:20). 하나님은 이 사실을 시행착오를 통해 발견하지 않으신다. (혹시 오랑우탄이 어울릴까? 아니. 침팬지는 어때? 아니.) 하나님은 사전에 그 동물들을 만드시고 나서, 남자를 위해 돕는 배필을 만들겠다고 말씀하셨다. 남자 앞에 동물을 죽 보여 주셔서 여자가 그 동물들과 다르다는 점을 강조하신 것이다. 여자는 동물들과 같지 않고 남자와 같을 것이다. 이 점을 분명히 하기 위해, 창세기는 하나님이 남자를 잠들게 하시고, (꺾꽂이하는 것과 거의 비슷하게) 남자 옆구리의 한 부분을 취하셔서 여자를 만드시는 장면을 묘사한다. 여자를 보자마자 남자가 탄성을 지른다.

> 이는 내 뼈 중의 뼈요
>> 살 중의 살이라
> 이것을 남자에게서 취하였은즉
>> 여자라 부르리라(창 2:23).

영어와 흡사하게, 히브리어도 여자에 해당하는 단어(잇샤[ishshah])에 남자에 해당하는 단어(이쉬[ish])가 포함된다(영어에서는 woman에 man이 들어가 있다_옮긴이). 성경에서 하나님이 사람과 관련하여 처음 말씀하신 표현이 그들(남자와 여자)을 하나님 형상을 따라 만들겠다는 말씀이다. 성경에서 사람이 처음으로 말한 표현은 남녀 간의 관계를 기리는 말이다. 그 표현 다음에는 예수님이 바리새인들에게 답하면서 인용하신 "이러므로 남자가 부모를 떠나 그의 아내와 합하여 둘이 한 몸을 이룰지로다"(창 2:24)가 나온다.

남자와 여자는 같은 천에서 잘라낸 것처럼 같은 부류다. 결혼은 어떤 의미에서 보면 재결합인데, 남자와 여자가 '한 몸'이 되기 때문이

다시 만난 예수

다. 우리가 성관계의 역할을 못 보고 지나치지 않도록 이 내러티브는 "남자와 그 아내가 둘 다 벌거벗고 있었으나, 부끄러워하지 않았다"(창 2:25, 새번역)고 끝맺는다. 예수님이 이혼에 관한 질문을 받으셨을 때 언급하신 그림이 바로 이것이다. 남편과 아내가 '이제 둘이 아니요 한 몸'이라면, 하나님이 친히 그 둘을 짝지어 주셨다면, 우리가 누구라고 그 둘을 떼어 놓을 수 있는가? 그러나 우리는 그렇게 한다.

치마만다 응고지 아디치에(Chimamanda Ngozi Adichie)의 아주 감동적인 단편 소설 「지코라」(Zikora)는 산고를 겪고 있는 여자로 시작한다. 이야기가 전개되고 진통이 진행되면서 그 여자, 지코라가 아기 아버지에게 문자를 보내는 장면이 나온다. 남자는 지코라의 오래된 애인이었지만 자신의 청을 지코라가 받아들이지 않자 지코라를 버린다. 남자가 청한 것은 결혼이 아니라 아기를 지우는 것이었다. 남자는 "내가 전부 다 책임질게"라고 말한다.[6] 지코라는 피임을 중단했다고 말하고, 남자가 동의했다고 생각한다. 그렇지만 남자는 두 사람 간 의사소통에 문제가 있었다고 말한다.

"콰메," 결국 나는 애원하며 기도하는 마음으로 그를 바라보며, 그를 사랑하며 말했다. 우리 대화는 어린애 같았고, 비현실적인 분위기가 우리를 감쌌다. 나는 이렇게 말하고 싶었다. "나는 서른아홉 살이고 당신은 서른일곱 살이야. 우리 둘 다 취업을 했고 안정적이야. 나한테 당신 아파트 열쇠가 있고, 당신 옷이 내 옷장에 들어 있어. 우리가 무슨 말을 주

---

6 Chimamanda Ngozi Adichie, *Zikora: A Short Story* (Seattle, WA: Amazon, 2020), Kindle.

고받고 있어야 하는지 모르겠지만 이런 건 아닐 거야."[7]

나중에 알게 되지만, 지코라는 열아홉 살에 낙태한 경험이 있다. 당시 대학에서 만난 남자의 아이를 임신했었다. "나는 약속하지 않아"라고 남자가 말했었다. 지코라의 회상에 따르면 "그렇지만 나는 그의 말을 듣지 않았어. 내가 듣고 싶은 것을 들었을 뿐이지. 그가 **아직은** 약속하지 않는다고 들은 거야."[8] 1세기에는 가난하고 아버지가 없는 영아들이 흔히 바깥에 유기되었다가 죽었다. 오늘날에는 가난하고 아버지가 없으면 낙태를 결정하는 경우가 가장 많다. 낙태는 이른바 여성 선택권의 꽃이라기보다는 오히려 선택권이 없다고 느끼는 여자들에게 차려 주는 쓴 열매에 가깝다.[9]

어떤 면에서 보면 우리는 21세기 서구 사회에서 결혼과 성관계의 분리를 목격해 왔지만, 그러한 분리는 이미 전례가 있다. 남자들에게 유리한, 약속 없는 성관계는 역사 내내 대부분의 사회에 어떠한 형태로든 존재하는 특징이었고, 그 결과는 여자들이 짊어졌다. 사회적, 감정적, 육체적 결과는 여자들이 떠안아야 했던 것이다. 그러나 예수님은 남녀가 결혼하여 한 몸이 되는 결합에 성관계가 있어야 한다고 정하시고, 거기에 영적인 의미를 부여하신다. 그렇게 보면 예수님이 간음과 그 외 형태의 성적 부도덕을 심하게 비난하신 말씀이 이해된다. 성관

---

7 Adichie, *Zikora*.

8 Adichie, *Zikora*.

9 더 자세한 내용은 Rebecca McLaughlin, *The Secular Creed: Engaging 5 Contemporary Claims* (Austin, TX: The Gospel Coalition, 2021), 75-80을 보라.

다시 만난 예수

계는 그저 즐거운 행위가 아니다. 단순히 아이를 갖기 위한 수단도 아니다. 한 몸이 되는 하나 됨의 표현이요, 우리를 향한 예수님의 사랑을 생생하게 보여 주려고 하나님이 만드신 것이다.

바리새인들이 예수님에게 "그러면, 어찌하여 모세는, 이혼 증서를 써 주고 아내를 버리라고 명령하였습니까?"라고 질문한다(마 19:7, 새번역). 예수님의 대답은 이렇다. "모세는 너희의 마음이 완악하기 때문에 아내를 버리는 것을 허락하여 준 것이지, 본래부터 그랬던 것은 아니다. 내가 너희에게 말한다. 음행한 까닭이 아닌데도 아내를 버리고 다른 여자에게 장가드는 사람은, 누구나 간음하는 것이다"(마 19:8, 9, 새번역). 이 가르침은 여자와 아이들이 유기당하지 않도록 보호하는 가르침이다. 또 이 가르침이 제시하듯이 결혼은 영구적인 약속이요 음행이 아니라면 무효가 될 수 없다. 여느 때처럼 예수님은 구약 율법이 성 윤리에 관해 말한 내용을 인용하시면서 더 엄격하게 적용하신다. 제자들조차도 충격을 받을 정도로 엄격하시다(마 19:10). 그러면 (결혼한 적이 없으신) 예수님은 결혼을 왜 이렇게 단호하게 보시는가? 결혼이 교회를 향한 예수님의 사랑을 보여 주는 그림과 같기 때문이다.

다른 사람들에게 왜 그리스도인들은 성관계에 관해서 그렇게도 별나게 생각하느냐는 질문을 받을 때마다 나는 "우리는 당신들 생각보다 별나다"는 말을 가장 먼저 한다. 그리스도인들은 성관계가 남녀 간의 결혼이라는 영구적인 결합에만 어울린다고 믿는데, 그렇게 믿는 가장 근본적인 이유는 교회를 향한 예수님의 사랑이라는 은유 때문이다. 이는 둘이 한 몸이 되는 사랑이다. 같음과 근본적인 다름을 넘어 연결되는 사랑이다. 예수님은 우리와 동일한 인성을 공유하시지만 우리와는 근본적으로 다르시기 때문이다. 그 사랑 안에서 남편들은 아내를 착취하거나 학대하거나 유기하지 말고, 아내를 사랑하고 예수님이 우리를 위해 희생하셨듯이 아내를 위해 희생할 것을 명령받는다. 아디치에의 소설에서 지코라의 대학 시절 남자 친구는 자주 "리듬감 있는 목소리로 '나는 약속하지 않아'라고, 마치 랩을 흉내 내듯이" 말했다.[10] 예수님은 자신의 가르침과 죽음과 삶에서 한결같은 리듬으로 우리에게 "나는 약속해"라고 말씀하신다.

그런데 하나님이 한 남자와 한 여자에게로 결혼을 한정하시는 것이 부당하고 불공평하지 않은가? 동성 간의 사랑도 그에 못지않게 귀하고 깊고 오래가지 않는가? 아마 놀라겠지만, 성경은 먼저 질문에는 "아니다, 부당하고 불공평하지 않다"고, 그다음 질문에는 "그렇다, 귀하고 깊고 오래간다"고 답한다.

더 큰 사랑이 없다

「해리 포터와 죽음의 성물」에서 해리가 괴로운 선택에 직면한다. 볼드모트가 최후통첩을 보내어, 해리가 한 시간 안에 금지된 숲에 오지 않으면 해리의 친구들을 상대로 총공격을 개시하겠다고 한 것이다. 해리는 탈출해서 친구들이 볼드모트 경의 공격에 맞서게 내버려 둘 수도 있었다. 그러나 그렇게 하지 않는다. 그 대신 일부러 죽음을 향해 걸어간다. 그런데 볼트모트가 해리에게 죽음의 저주를 사용하는데도, 그 저주에 파괴된 것은 볼드모트가 해리의 어머니를 살해할 때 해리에게

---

10 Adichie, *Zikora*.

박힌 볼드모트 자신의 영혼 조각뿐이었다. 어머니의 희생적 사랑이 그 후로 해리를 보호해 준 것이다. 이제 해리의 희생이 같은 일을 할 수 있다. 해리가 볼드모트를 다시 만났을 때 둘은 이러한 말을 주고받는다.

"당신은 그들 중 아무도 다시는 죽이지 못할 거야. 모르겠어? 나는 당신이 이 사람들을 해치는 것을 막으려고 죽을 준비가 되어 있다고."
"그렇지만 너는 죽지 않았잖아!"
"죽으려고 했었고, 그래서 이렇게 되었지. 나는 우리 엄마가 하신 일을 했어. 당신한테서 그들을 보호했지."[11]

해리는 어머니가 자기를 위해 죽었기 때문에 살았다. 이제 볼드모트가 해리의 친구들을 공격하지만 해리가 친구들을 위해 죽기로 했기 때문에 그 공격은 실패한다.

예수님이 결혼을 얼마나 극찬하셨는지를 감안한다면, 결혼을 인간의 가장 큰 사랑이라고 말씀하셨을 것 같다. 그러나 예수님은 잡히시던 밤에 제자들에게 완전히 뜻밖의 말씀을 하셨다. "내 계명은 곧 내가 너희를 사랑한 것같이 너희도 서로 사랑하라 하는 이것이니라 사람이 친구를 위하여 자기 목숨을 버리면 이보다 더 큰 사랑이 없나니"(요 15:12, 13). 예수님에게 우정은 낭만적인 사랑을 얼기설기 복제한 것이 아니다. 전혀 그렇지 않다. 해리가 보여 준 희생적인 사랑이 깃든 우정은 성애와 낭만적인 사랑만큼이나 크다. 그리고 예수님은 이러한 식으

---

11 Rowling, *Harry Potter and the Deathly Hallows*, 738. 「해리 포터와 죽음의 성물」.

로 말씀만 하지 않으시고, 그대로 살아 내셨다.

요한복음의 저자는 자신을 "예수께서 사랑하시는 그 제자"라고 언급한다(요 21:20). 이 표현 때문에 어떤 이들은 예수님이 이 남자와 연애하는 관계였다고 주장하기도 했다. 그러나 요한복음 전체를 읽어 보면 이 가설은 무산된다. 예수님의 두 친구인 마리아와 마르다가 예수님에게 "주여 …… 사랑하시는 자가 병들었나이다"라고 전갈을 보내면서(요 11:3), 자기네 오라비 나사로를 말하기 때문이다. 더욱이 이어서 요한은 "예수께서 본래 마르다와 그 동생과 나사로를 사랑하시더니"라고 기록하여(11:5), 예수님이 이들 남매를 얼마나 사랑하셨는지 강조한다. 예수님은 남자 제자들만 사랑하신 것이 아니라, 여자 제자들도 사랑하셨다. 요한복음 뒷부분에서 예수님은 "사람이 친구를 위하여 자기 목숨을 버리면 이보다 더 큰 사랑이 없나니"라고 말씀하시고는 이어서 "너희는 내가 명하는 대로 행하면 곧 나의 친구라"고 하신다(요 15:13, 14). 이 열렬한 사랑, 자기를 희생하는 사랑, 다른 어느 사랑보다도 큰 사랑이 바로 예수님이 자신을 따르는 **모든** 사람에게 품으신 사랑이요, 자신을 따르는 사람들에게 서로 품으라고 명하시는 사랑이다.

예수님이 "새 계명을 너희에게 주노니 서로 사랑하라 내가 너희를 사랑한 것같이 너희도 서로 사랑하라 너희가 서로 사랑하면 이로써 모든 사람이 너희가 내 제자인 줄 알리라"고 말씀하셨다(요 13:34, 35). 예수님의 사랑 때문에 제자들 안에 사랑이 싹튼다. 그 사랑은 두루뭉술하거나 멍한 감정이 아니고 성적 욕구나 몽롱한 연애 감정도 아니다. 배타적이지 않은 사랑이요 생명을 주는 사랑이요 깊고 희생적인 사랑이다. 반딧불이가 어둠 속에서 반짝이듯이 예수님의 제자들은 삶을 변화시키는 예수님의 사랑으로 활기가 넘쳐야 한다. 그리스도인들에게 성애는 남녀의 영구적이고 배타적인 결혼에만 있다. 그러나 그렇다고 해서 동성 간의 사랑을 볼품없게 여겨서는 안 된다. 예수님에 따르면 오히려 친구의 사랑도 다른 어느 사랑만큼이나 큰 사랑일 수 있다.

이 진리가 특히 내게는 아주 감미롭다. 십 대 시절에 내 방은 남자 아이돌 사진으로 도배되어 있지 않았다. 오히려 내 마음에는 이 여자에서 저 여자를 향해 이어지는 가망 없는 열망이 덕지덕지 붙어 있었다. 나이가 들면 그 열망에서 벗어나리라고 생각했다. 그러나 그렇지 않았다. 어떤 식으로 성적 매력을 느끼든 간에 그리스도인이라면 응당 다 그래야 하듯이 나는 내 성적 지향을 예수님에게 맡겼다. 그러나 내가 진정 사랑하는 남자와 결혼했지만 때로는 무언가 다른 것을 열망하는 구석이 언제나 있게 마련이고, 이러한 열망 중에 어느 요소는 내가 그냥 희생해야 한다. 동성 간의 연애와 성애는 예수님이 내게 명하신 사랑이 아니다. 그런데 예수님은 그토록 좋아 보이는 것을 내게서 빼앗으신다기보다는 오히려 더 좋은 것을 내게 주신다. 먼저는 인간의 어느 연애 감정을 능가하는 아낌없는 사랑으로 나를 사랑해 주시고, 그 다음으로는 다른 여자들과 다정하게 교제를 누리게 해주시는 것이다.

당신한테 어떤 생각이 드는지 나는 모른다. 어쩌면 나를 불쌍하게 여길지도 모르겠다. (만일 그렇다면, 그럴 필요가 전혀 없다. 나는 정말로 행복하니까!) 내 견해가 위험하다고 생각하거나 내가 자신의 본성을 부인하고 있다고 생각할 수도 있다. 어느 정도는 그 생각이 맞다. 예수님의 말씀에 따르면 우리는 자기를 부인**해야 하며**, 부인하지 않는다면 예수님을 따를 수 없기 때문이다. 그렇지만 누구든지 자기 목숨을 구하고자 한다면 잃을 테지만, 누구든지 예수님을 위해서 자기 목숨을 잃는다면 찾으리라고도 말씀하셨다(마 16:24, 25). 일단 나를 알게 되면 나를 사랑하지 않으리라는 두려움이 있기는 하지만, 그래도 그리스도 안에 있는 자매들에게서 진정한 사랑을 발견할 때, 그리고 그 자매들이 나를 알고 나를 안아 주고 기뻐해 줄 때, 나는 예수님이 말씀하신 것처럼 목숨을 찾은 기분이다. 그런데 그렇지 않을 때에도, 상실감을 느끼고 앞으로 절대 갖지 못할 무언가 때문에 슬픔이 밀려오고 친구 간의 사랑에 걸맞지 않은 배타성을 갈망하는 순간에도, 나는 더욱더 예수님을 갈망하게 된다. 당신도 알겠지만, 기독교는 완전히 만족하는 사람들을 위한 것이 아니다. 원하는 것을 지금 여기서 모조리 가진 사람들을 위해 존재하지 않는다. 기독교는 굶주리고 아픈 사람들을 위해, 갈망하고 외로워하는 사람들을 위해, 슬퍼하고 실패하는 사람들을 위해, 곧 자기가 무언가 더 나은 것을 위해 지음받았음을 아는 사람들을 위해 존재한다. 이는 신랑이신 예수님이 아직 그분의 신부를 기다리고 계시기 때문이다.

죄인들의 친구

예수님이 우정을 얼마나 귀하게 여기셨는지 감안하면, 친구를 정말 신중하게 선택하셨으리라는 생각이 들 것이다. 당신이라면 그냥 아무나를 위해 죽으려고 하지는 않을 테니 말이다. 아마 예수님의 친구라면 특히나 선한 사람이었을 것이라고, 그만한 가치가 있는 사람이었을 것이라고 확인하고 싶을 것이다. 그런데 예수님은 정반대로 접근하셨다. 예수님은 "세리와 죄인의 친구"이셨다(눅 7:34). 아주 가까운 제자들조차도 도덕적으로 실패한 집단이었다. 예수님이 사랑에 관한 계명

다시 만난 예수

을 주신 직후에 베드로가 자기는 예수님을 위해 목숨을 버리겠다고 장담한다(요 13:34-37). 그렇지만 예수님은 그 말을 믿을 정도로 어리석지 않으셨기에 "네가 나를 위하여 네 목숨을 버리겠느냐 내가 진실로 진실로 네게 이르노니 닭 울기 전에 네가 세 번 나를 부인하리라"고 답하셨다(요 13:38). 마가가 베드로의 직접 증언을 바탕으로 기록한 이야기에 따르면 베드로는 다른 제자들은 예수님에게서 떠나더라도 자기는 예수님 곁을 지키겠다고 장담한다(막 14:29). 그렇지만 예수님이 옳았다. 바로 그날 밤, 베드로는 예수님을 알지도 못한다고 세 번 말했기 때문이다.

예수님이 부활하신 후에 베드로를 만나셨을 때 "요한의 아들 시몬아 네가 이 사람들보다 나를 더 사랑하느냐"고 물으시니 베드로가 "그러하나이다 내가 주님을 사랑하는 줄 주님께서 아시나이다"라고 대답했다. 그러자 예수님이 베드로에게 "내 어린양을 먹이라"(요 21:15)고 말씀하셨다. 그리고 나서 재차 "요한의 아들 시몬아 네가 나를 사랑하느냐"고 물으셨고, 베드로는 "주님 그러하나이다 내가 주님을 사랑하는 줄 주님께서 아시나이다"라고 대답했다. 예수님은 "내 양을 치라"고 대답하셨다(요 21:16). 그리고 나서 또다시 "요한의 아들 시몬아 네가 나를 사랑하느냐"고 물으신다. 베드로는 예수님이 세 번이나 자기에게 질문하셨기 때문에 몹시 슬퍼했다. 그리고 "주님 모든 것을 아시오매 내가 주님을 사랑하는 줄을 주님께서 아시나이다"라고 대답했다(요 21:17). 베드로가 예수님을 향한 자신의 사랑을 세 번 확언한 것은 예수님을 안다는 것조차 세 번 부인한 일을 거울처럼 비춰 준다. 상황이 힘들어졌을 때 베드로는 예수님을 위해 자기 목숨을 버리지 않았다. 그렇지만 예수님은 베드로를 위해 자기 목숨을 버리셨다. 그리고 베드로가 철저하게 실패했는데도, 그때 예수님은 베드로를 교회의 핵심 지도자로 삼으셨다. 예수님은 모든 면에서 죄인들의 친구이시다. 당신과 나를 향한 그분의 사랑은 결코 끝나지 않을 것이다.

그래서 어떻다는 것인가?

야 지야시의 「밤불의 딸들」에서 네스는 남편 샘이 린치를 당해 죽은 광경을 억지로 보게 된다. 그 광경의 참상은 주인이 자기가 노예로 삼은 사람을 죽일 수 있는 제도와 주인의 사악함을 말해 준다. 그러나 그 광경은 샘이 네스와 아들을 굽힘 없이 사랑했다는 것도 말해 준다. 아기를 안전하게 보호하려고 샘은 몸을 숨기고 있던 나무에서 떨어져서 자신을 '악마'에게 넘겼다. 샘은 자기가 도망치려고 했기 때문에 잔인하게 죽임당하리라는 것을 알았다. 그렇지만 사랑을 위해 그 운명을 기꺼이 감내했다.

우리는 예수님 안에서 우리를 위해 가장 고통스럽게 죽으시도록 예수님을 몰아갈 정도로 굽힘 없는 사랑을 본다. 세리들, 창녀들, 이른바 친구라면서 예수님을 저버리는 사람들, 낯부끄러운 여자들, 열심당원들, 로마 군인들 등 각양각색의 죄인을 다 받아들이는 사랑을 본다. 예수님 안에서 우리는 신랑을 본다. 그 신랑은 자기 백성에게 영원한 사랑과 신의를 맹세하고 그 맹세를 자기 피로 증명해 보이신다. 예수님 안에서 우리는 친구도 본다. 그 친구는 우리에게 자기가 우리를 사랑하셨듯이 우리도 서로 사랑하라고 명하신다. 구약의 아가서(또는 솔로몬의 노래)라고 불리는 책은 낭만적인 사랑을 기리는데, 그 책에서 한 여자가 극적인 노래 한가운데서 이렇게 선언한다.

> 사랑은 죽음같이 강하고
>> 질투는 스올같이 잔인하며
> 불길같이 일어나니
>> 그 기세가 여호와의 불과 같으니라
> 많은 물도 이 사랑을 끄지 못하겠고
>> 홍수라도 삼키지 못하나니
> 사람이 그의 온 가산을 다 주고
>> 사랑과 바꾸려 할지라도
>> 오히려 멸시를 받으리라(아 8:6, 7).

바로 이러한 사랑을 예수님이 우리에게 주신다. 그 사랑을 나는 전심으로 원한다. 당신도 그러한가?

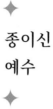

7장

종이신
예수

막시무스가 콤모두스를 원형 경기장에서 처음 만났을 때는 무릎을 꿇는다. 황제 앞에서 복종하는 행위처럼 보인다. 그렇지만 그 순간 막시무스가 흙에 반쯤 묻힌 화살촉을 가만히 움켜쥐는 모습이 보인다. 자기 가족을 십자가형에 처한 남자를 죽일 준비가 되어 있었는데, 그때 콤모두스의 어린 조카가 앞으로 뛰어나와서 황제 앞에 선다. 콤모두스가 막시무스를 칭찬하고서 이름을 묻는다. 막시무스는 "제 이름은 검투사입니다"라고 대답하고는 뒤로 돌아서 걸어가 버린다. 콤모두스는 **"노예가 감히 나한테 등을 보여?"**라는 반응을 보인다. "투구를 벗고 이름을 말해!"[1]

이미 우리는 복음서가 어떤 식으로 예수님을 영원한 하나님이자 왕으로 보여 주는지 살펴보았다. 예수님을 강력한 치유자로, 삶을 변화시키는 선생으로, 가늠할 수 없는 사랑을 베푸시는 분으로 살펴보았다. 그런데 이상하게도 복음서에서는 이 불가해한 분에게 붙은 칭호가 하나 더 보이는데, 다른 모든 이름과는 전혀 어울리지 않아 보이는 역

---

1   *Gladiator*, Ridley Scott 감독 (Universal City: CA: DreamWorks Pictures, 2000). 〈글래디에이터〉.

할이다. 바로 '종'(servant)이라는 칭호다. 또는 콤모두스의 말로 하면 '노예'(slave)라는 칭호다. 이번 장에서 우리는 이 주제를 탐구하여 예수님의 종 되심이 어떻게 해서 그분이 악을 정복하시고 우리가 안다고 생각하던 패러다임을 뒤집으시는 방법에 속하는지 살펴볼 것이다.

보라, 나는 주의 종이다

해리 포터 시리즈 초반에, 해리가 집 요정 도비를 자유롭게 해줄 방법을 알게 된다. 집 요정들은 주인에게 옷을 받으면 자동으로 풀려난다. 그래서 해리는 책에 양말 한 짝을 숨기고는 그 책을 도비의 잔인한 주인 루시우스 말포이에게 준다. 말포이가 그 책을 도비에게 건네자, 그 순간 도비가 자유로워진다.[2] 그런데 도비는 몹시 고마워서 자기 능력껏 어떻게든 해리를 섬기려고 애를 쓴다. 도비가 마지막으로 섬긴 것은 해리와 친구들을 말포이의 저택에서 구출하여 해리의 목숨을 구한 것이다. 사악한 벨라트릭스 레스트레인지가 "감히 네가 주인들을 거역해?"라며 괴성을 질렀지만, 도비가 맞받아친다. "'도비는 주인이 없어요!'라고 요정이 꽥 소리를 질렀다. '도비는 자유로운 요정이에요. 도비는 해리 포터와 친구들을 구하러 왔어요!'" 이 장면에서 도비는 죽는다. 도비는 해리의 눈을 들여다보면서 "해리…… 포터……"라는 말을 마지막으로 남긴다.[3]

---

2   J. K. Rowling, *Harry Potter and the Chamber of Secrets* (New York: Scolastic, 2016), 357. 「해리 포터와 비밀의 방」(문학수첩 역간, 2016).

3   J. K. Rowling, *Harry Potter and the Deathly Hallows* (New York: Scolastic, 2009), 474-476. 「해리 포터와 죽음의 성물」(문학수첩 역간, 2020).

예수님 탄생 전 수백 년 동안 유대 민족은 출애굽을 자기들의 위대한 해방의 순간으로 회상해 왔다. "나는 스스로 있는 자이니라"(출 3:14)고 하신 분이 그들을 이집트 노예살이에서 풀어 주셨다. 그러나 이들은 헬륨 풍선이 향방 없이 떠오르듯이 아무 목적 없이 해방되지 않았다. 유대 민족은 주님을 섬기기 위해 자유의 몸이 되었다. 하나님의 백성에게는 자기들이 종이냐 아니냐보다 누구의 종이냐 하는 것이 문제였다. 도비가 그랬듯이, 그들을 압제하고 미워하는 사람들의 노예가 되어 살아가겠는가? 아니면 그들을 만드시고 사랑하시는 하나님을 기쁘게 섬기겠는가?

예수님이 탄생하실 즈음에 이스라엘 백성은 또다시 다른 나라의 지배 아래 살아가고 있었다. 하나님을 섬기지 않으면서 여러 해를 보낸 후에 이들은 하나님의 심판을 받아서 바벨론으로 유배되었다. 다른 정복자 황제 덕분에 이들은 고향 땅으로 돌아올 수 있었다. 예루살렘 성전도 다시 지었다. 그러나 연이어 다른 나라 지배자들을 겪었기에 노예살이를 하는 기분이었다. 느헤미야가 이것을 잘 표현해 놓았다. "우리가 오늘날 종이 되었는데 곧 주께서 우리 조상들에게 주사 그것의 열매를 먹고 그것의 아름다운 소산을 누리게 하신 땅에서 우리가 종이 되었나이다"(느 9:36). 유대 민족은 자기네 땅에 있으면서도 여전히 향수병을 앓는 느낌이었다. 새로운 종류의 출애굽이 필요한 때였다.

마리아에게 천사가 나타나서 하나님이 오래전에 약속하신 왕을 낳으리라고 말해 준 일은 비밀 정보 파일을 누설하는 것과 같았다(눅 1:26-33). "하나님의 백성 구출 작전"이 시작되었다. 그리스도의 탄생이 유대 민족에게는 해방을 전하는 기막히게 좋은 소식이었는데, 당시 유대인들은 로마의 통치 아래 살고 있었다. 그러나 첫 출애굽이 그러했듯이 이 해방 통지는 하나님의 백성이 정치적 독립을 만끽하게 하려는 것이 아니라 그들이 다시 한 번 주를 섬기게 하려는 것이었다. 마리아가 천사에게 마지막으로 한 말에서 이러한 목적이 완벽하게 표현된다. "보십시오, 나는 주님의 여종입니다. 당신의 말씀대로 나에게 이루어지기를 바랍니다"(눅 1:38, 새번역). 마리아가 사용한 단어 '**여종**'은 '여자 노예'라는 뜻인 그리스어 '둘레'(doulē)를 번역한 말이다.[4] 마리아는 임신을 하자 이 단어를 자신의 유명한 찬양시에 다시 활용한다. "내 영혼이 주님을 찬양하며 내 마음이 내 구주 하나님을 좋아함은, 그가 이 여종의 비천함을 보살펴 주셨기 때문입니다. 이제부터는 모든 세대가 나를 행복하다 할 것입니다"(눅 1:46-48, 새번역). 도비에게는 해리 포터를 섬기는 일이 가장 큰 기쁨이다. 마리아에게는 구주이신 하나님을 섬기는 것이 최고의 복이다. 혼인 외 임신으로 아기를 낳았다는 이유로 당장은 결국 수치를 당하더라도 말이다.

하나님은 종의 상황을 완전히 역전시키시는 중이고, 예수님을 태에 품은 마리아는 그러한 역전을 기뻐한다. 성경의 예언에서 미래의 어느 사건을 하나님이 반드시 행하실 것을 나타낼 때 동사의 과거형이 쓰일 수 있다.[5] 흡사 어떤 이가 싸우기 전에 상대방에게 "너는 죽었어"

---

4 성전에서 아기 예수님을 영접한 노인도 아기를 품에 안았을 때 같은 단어('종'의 남성형인 둘로스[doulos])를 사용하여 자신을 지칭한다. "주님, 이제 주님께서는 주님의 말씀을 따라, 이 종을 세상에서 평안히 떠나가게 해주십니다. 내 눈이 주님의 구원을 보았습니다"(눅 2:29, 30, 새번역).

5 대릴 보크(Darrell L. Bock)는 Luke 1:1-9:50, Baker Exegetical Commentary on the New Testament (Grand Rapids, MI: Baker Academic: 1994), 155에서 마리아의 노래를 이런 식으로 해석한다.

라고 말하듯이 과거형이 쓰이는 것이다. 그래서 마리아는 이렇게 선언
한다.

> 제왕들을 왕좌에서 끌어내리시고
>> 비천한 사람을 높이셨습니다.
> 주린 사람들을 좋은 것으로 배부르게 하시고,
>> 부한 사람들을 빈손으로 떠나보내셨습니다.
> 그는 자비를 기억하셔서,
>> 자기의 종 이스라엘을 도우셨습니다(눅 1:52-54, 새번역).

마리아의 노래에는 종이 두 명 나온다. 마리아 자신이 하나님의
'둘레'(*doulē*)이고 이스라엘은 하나님의 '파이스'(*pais*)다. 파이스는 '아이'
또는 '노예'를 뜻할 수 있다. 하나님은 이집트의 피라미드를 뒤집는 것
만큼이나 급진적으로 행하셔서 세상의 질서를 새로이 수립하시는 중
이다. 그 새로운 세상 질서에서는 왕들이 망하여 왕좌에서 내려오고
미천한 사람들이 높아질 것이다. 부자들이 가난해지고 가난한 자들이
배부를 것이다. 종들이 높아지고 주인들이 낮아질 것이다. 세상이 뒤
집힐 것이다. 주인-노예의 구분이 고대 세계를 정확히 갈랐었지만 그
구분이 뒤집힐 것이다.

오늘날 노예제라고 하면 인종에 기반을 둔 가산 노예제(slavery)를
떠올리기 쉽다. 가산 노예제는 미국 역사에 늘 붙어 다니는데, 교회 지
도자들이 노예제를 방조한 경우가 허다했다. 고대 세계에는 노예제가
만연했다. 그렇지만 대부분은 인종을 기반으로 하지 않았고 평생 노예

다시 만난 예수

로 살아야 하는 것도 아니었다. 사람들은 극심한 가난에서 벗어나기 위해 자진해서 노예로 팔릴 수 있었고, 반대로 돈을 내고 스스로 노예에서 벗어날 수도 있었다. 그러나 노예제 자체는 지극히 평범한 제도로 간주되었고, 고대 세계에서 대단히 많은 사람이 노예가 되었다. 다름 아닌 기독교가 그러한 사고 방식에 이의를 제기했다.

처음으로 노예제를 명백하게 반대한 주장은 4세기의 교부 니사의 그레고리우스에게서 나왔는데, 그레고리우스는 사람이 하나님의 형상으로 지음받았다는 성경의 주장을 들어서, 사람을 사고팔 수 있다는 생각이 불합리하다고 논증했다. 그레고리우스가 비꼬는 투로 묻는다. "하나님의 형상을 사려면 몇 오볼로스를 내야 하는가?" "하나님의 모양으로 된 사람을 팔고서 몇 스타테르를 받았는가?"(오볼로스와 스타테르는 고대 그리스의 화폐, 오볼로스 열두 닢이 스타테르 한 닢_옮긴이)[6] 다른 기독교 지도자들이 이 주장을 즉각 받아들이지는 않았다. 그러나 7세기쯤에는 기독교의 노예 제도 폐지 운동이 확연히 영향을 끼치기 시작했고, 시간이 흘러 유럽이 기독교화되면서 서구에서 노예제가 폐지되었다. 그래서 대서양 횡단 노예 무역이 시작된 것이 한층 더 끔찍해 보인다. 노예 무역은 여러 면에서 기독교 윤리를 위반했을 뿐 아니라 유괴에도 의존했다. 이는 구약과 신약 양쪽에서 명확하게 정죄하는 관습이었다(출 21:16; 딤전 1:10). 고대 세계 최대의 참상이 이른바 기독교 국가의 후원 아래 다시 한 번 부활한 것이다. 그런데 인종을 기반으로 하는 폭력적인 노예

---

6 Gregory of Nyssa, *Homilies on Ecclesiastes* 4.1. Kyle Harper가 "Christianity and the Roots of Human Dignity in Late Antiquity," in *Christianity and Freedom*, vol. 1, *Historical Perspectives*, ed. Timothy Samuel Shah and Allen D. Hertzke, Cambridge Studies in Law and Christianity (Cambridge: Cambridge University Press, 2016), 133에 인용.

제라는 완전히 부조리하고 반기독교적인 제도 한가운데서 사뭇 기이한 일이 일어났다. 18세기 초부터 상당수의 아프리카계 노예가 예수님을 믿기 시작한 것이다.[7]

처음 몇 세기 동안은 노예들이 기독교에 굉장히 마음이 끌렸다는 이유로 기독교가 조롱받았다. 2세기에 그리스 철학자 켈수스가 빈정거린 말에 따르면, 그리스도인들은 "어리석고 졸렬하고 멍청한 자들, 즉 노예들과 여자들과 어린애들만 설득하고자 하며 그런 자들만 설득할 수 있다."[8] 그러면 2세기 로마 제국의 노예들과 18세기 미국의 노예들은 왜 기독교에 매력을 느꼈는가? 예수님 때문이다. 백인인 노예 소유자들이 성경을 여러 방식으로 오용하여 자기네의 압제를 정당화하고자 했음에도, 미국의 아프리카계 노예들은 예수님이 자신을 압제자들이 아니라 압제당하는 자들과 동일시하셨고, 노예 소유자들이 아니라 노예들과 동일시하셨음을 알게 되었다. 노예가 된 사람들은 종이신 예수님에게 마음이 끌렸다. 예수님은 권력자들을 넘어뜨리시고 힘없는 자들을 높이시기 때문이다. 복음서를 읽으면서, 우리는 예수님이 수백 년 동안 무르익은 대변혁의 추진력임을 알게 된다. 예수님은 하나님의 강력한 왕이신 동시에 하나님의 겸손하고 고난을 겪고 죄를 짊어진 종이시기 때문이다.

---

7 노예제의 역사와 노예제와 기독교의 관계에 관해 더 알고 싶다면 "Doesn't the Bible Condone Slavery?" in Rebecca McLaughlin, *Confronting Christianity: 12 Hard Questions for the World's Largest Religion* (Wheaton, IL: Crossway, 2019), 175-192를 보라. 「기독교가 직면한 12가지 질문」 (죠이북스 역간, 2021).

8 Michael J. Kruger, *Christianity at the Crossroads: How the Second Century Shaped the Future of the Church* (Downers Grove, IL: IVP Academic, 2018), 34-35 (Origen, *Against Celsus* 3.44를 인용)을 보라.

다시 만난 예수

보라, 나의 종이다

보스턴 과학 박물관 전시 가운데 나는 19세기 유명한 착시 그림의 복제본 전시를 좋아한다. 같은 그림이 추한 노파처럼 보일 수도 있고 아름다운 젊은 여인으로도 보일 수 있는 그림이다. 어떤 때는 노파로 보이고, 어떤 때는 젊은 여인으로 보이고, 어떤 때는 둘 다 보여서 마치 정신의 회전문 같다. 구약의 이사야서를 죽 읽다 보면 하나님의 종에 관해서 비슷한 경험을 하게 된다. 이사야는 이 수수께끼 인물을 몇 번이고 다시 언급한다. 이 인물이 어떤 때는 죄 때문에 고통받는 이스라엘이다. 어떤 때는 이스라엘의 죄를 친히 떠맡은 종이자 영웅이다. 복음서를 통독하다 보면 이사야의 유명한 종의 노래를 거듭해서 흥얼거리는 것이 보인다.

요한복음은 종의 노래 하나를 인용해서(사 53:1, 2) 왜 그렇게도 많은 사람이 예수님을 믿지 않는지 설명한다.

예수께서 그렇게 많은 표징을 그들 앞에 행하셨으나, 그들은 예수를 믿지 아니하였다. 그리하여 예언자 이사야가 한 말이 이루어졌다.

"주님, 우리가 전한 것을 누가 믿었으며,
　주님의 팔이 누구에게 나타났습니까?"(요 12:37, 38, 새번역)

마태는 같은 종의 노래의 뒷부분을 인용해서(사 53:4) 예수님의 치유 사역을 해석한다. "이는 선지자 이사야를 통하여 하신 말씀에 우리의 연약한 것을 친히 담당하시고 병을 짊어지셨도다 함을 이루려 하심이더라"(마 8:17). 종이신 예수님은 배척당한 사람들과 아픈 사람들과 같아지셨다.

누가복음에서는 예수님이 잡히시기 전에 이 종의 노래를 직접 인용하신다(사 53:12). "내가 너희에게 말하노니 기록된 바 그는 불법자의 동류로 여김을 받았다 한 말이 내게 이루어져야 하리니 내게 관한 일이 이루어져 감이니라"(눅 22:37). 이사야서에는 이 말씀이 "그가 자기 영혼을 버려 사망에 이르게 하며"와 "그러나 그가 많은 사람의 죄를 담당하며 범죄자를 위하여 기도하였느니라"는 말씀과 함께 있다(사 53:12). 예수님은 범죄자가 아닌데도 잡히실 때 범죄자처럼 취급당하셨다. 대제사장들이 밤에 경비대를 데리고 예수님을 덮치러 왔을 때, 예수님이 그들에게 "너희가 강도를 잡듯이 칼과 몽둥이를 들고 나왔느냐?"라고 물으신다(눅 22:52, 새번역). 예수님은 죄인이 아니지만 많은 사람의 죄를 짊어지시고 죄인들을 위해 기도하시며, 자기를 그들이 못 박을 때조차도 "아버지 저들을 사하여 주옵소서 자기들이 하는 것을 알지 못함이니이다"(눅 23:34)라고 기도하신다. 당신이 조금이라도 나와 비슷한 구석이 있다면 아마 부당하게 비난받는 것을 몹시 싫어할 것이다. 오늘 아침에 트위터에서 어떤 이가 나를 음흉하다고 비난했는데, 그 말이 내내 신경 쓰였다. 나는 곧장 해명하고 싶었다. 다른 사람은 음흉할지 몰라도 나는 그렇지 않아! 그러나 예수님은 그와 반대되는 접근 방식을 택하시면서 다른 사람의 죄가 부끄럽고 치욕스러운 겉옷과 비슷한데도 자진해서 입으신다. 예수님은 이스라엘이 오랫동안 기다려 온 하나님의 종이시고, 이스라엘의 죄와 고통을 친히 짊어지신 분이다.

마태는 이사야의 종의 노래를 하나 더 언급하여 우리에게 예수님이 어떤 분인지 보여 준다. 구약 율법에서 안식일을 쉬는 날로 지킬 것을 분명하게 명령하므로 바리새인들은 예수님에게 "안식일에 병 고치는 것이 옳으니이까"라고 질문하여 예수님을 함정에 빠뜨리려고 했다(마 12:10). 한쪽 손이 오그라든 남자가 회당에 서 있었다. 예수님이 어떻게 하실까? 그 남자의 병을 고치고 율법을 어길 것인가, 아니면 그 남자를 방치하고 안식일을 지킬 것인가? 예수님은 바리새인들에게 만일 안식일에 양이 구덩이에 빠지면 건져 주겠느냐는 질문으로 대답하신다. 예수님은 "사람이 양보다 얼마나 더 귀하냐 그러므로 안식일에 선을 행하는 것이 옳으니라"고 결론을 내리신다(마 12:12). 그러고서는 그 남자를 고쳐 주신다. 그러나 바리새인들은 기뻐하기는커녕 격분한다. 회당에서 나간 후에 모여서 예수님을 죽일 방법을 의논한다(마 12:14). 예수님은 그들이 무슨 음모를 꾸미는지 아시면서도 이의를 제기하지 않으신다. 그러는 대신 물러나신다. 그러나 예수님의 능력을 목격했으므로 많은 이가 예수님을 따라간다. 예수님은 그들의 병을 다 고쳐 주시고서 "자기를 나타내지 말라"고 당부하신다(마 12:15, 16). 마태는 이사야 42장 1-3절을 인용하여 이렇게 평한다.

이것은 예언자 이사야를 시켜서 하신 말씀을 이루시려는 것이었다.

"보아라, 내가 뽑은 나의 종,
　　내 마음에 드는 사랑하는 자,
　내가 내 영을 그에게 줄 것이니,
　　그는 이방 사람들에게 공의를 선포할 것이다.

그는 다투지도 않고, 외치지도 않을 것이다.

　거리에서 그의 소리를 들을 사람이 없을 것이다.

정의가 이길 때까지,

　그는 상한 갈대를 꺾지 않고,

　꺼져 가는 심지를 끄지 않을 것이다.

이방 사람들이 그 이름에 희망을 걸 것이다"(마 12:17-21, 새번역).

여기에서 부드러움과 강함이 뚜렷하게 섞이는 것이 보인다. 하나님의 종은 유대인뿐 아니라 이방인들에게도 공의와 희망을 가져올 것이다. 정복하는 영웅은 보통 나아가는 길에서 전혀 개의치 않고 사람들을 짓밟지만, 그분은 그러한 영웅이 아니시다. 오히려 하나님의 종은 다친 사람들을 다정하게 대하신다. 상한 사람들이 꺾이게 내버려 두거나 꺼져 가는 사람들이 꺼지게 놔두지 않으실 것이다. 길거리에서 폭동을 일으키지 않으실 것이다. 대신 하나님의 영으로 충만하며 모든 사람에게 공의를 가져다주실 것이다. 이것이 그분의 승리다. 그분은 종인 왕이시고, 그분이 종이 되심으로 추한 것이 아름다운 것으로 바뀐다. 그러나 그분의 가장 가까운 제자들조차도 이것을 이해하기 몹시 어려워했다.

누가 가장 큰가?

우리 가족과 나는 도쿄 올림픽을 열심히 보았다. 우리는 이상하게도 비치 발리볼과 싱크로나이즈드 다이빙에 푹 빠졌다. 또 앨리슨 펠릭스(Allyson Felix)를 응원하기도 했는데, 펠릭스는 올림픽에 다섯 번 출

다시 만난 예수

전했고, 역대 미국 육상 선수 중에 최다 메달리스트이며, 두 살배기의 어머니이자 예수님을 당당하게 따르는 사람이다. 시드니 맥클러플린(Sydney McLaughlin)도 우리를 기쁘게 했다. 맥클러플린도 그리스도인 운동선수이고, 자랑스럽게도 우리와 성이 같기 때문이다. 그렇지만 가장 인간미가 넘치는 이야기는 미국의 걸출한 체조 선수 시몬 바일스의 이야기였다. 바일스는 도쿄 올림픽 전에 이미 역사상 가장 뛰어난 여자 체조 선수였는데, 2019년 전미 체조 선수권 대회에서 처음으로 체조복 어깨에 반짝이는 염소(goat) 무늬를 선보였다. 바일스가 스스로 '역사상 가장 위대한 선수'(Greatest of All Time, GOAT)라고 주장하는 것은 전혀 오만이 아니다. 그 주장은 진실이다. 정신 건강상 문제 때문에 도쿄 올림픽에서 출전 경기 대부분을 기권하게 되었어도, 그 주장은 여전히 사실이다.

바일스나 펠릭스나 맥클러플린과 달리 우리에게는 세계 정상급 선수가 되는 데 필요한 절제력이나 타고난 자질이 없을 것이다. 나한테는 없는 것이 분명하다! 그러나 우리는 누구나 내면 깊은 곳에 성공을 인정받기를 갈망하는 구석이 있다. 소규모 사교계에서조차도 우리는 존경받기를 바라고, 자기를 높이고 남을 끌어내리기를 좋아한다. 나는 방금 바로 앞 문장을 쓰고 나서 내가 살짝 경쟁심을 느끼는 어느 여자의 트위터 프로필을 클릭했다. 전에는 그 여자가 나보다 팔로워가 많았다. 이제는 내 팔로워가 더 많다. 엄밀히 말하자면 나는 그 사실을 확인하려고 그 여자의 프로필을 클릭한 것이다. 나는 소리 없는 승리에 미소를 지었다. 정말 한심한 일이다. 이 여자는 그리스도인이다. 앨리슨 펠릭스와 시드니 맥클러플린처럼, 우리도 한 팀이다. 나는 내가 보통은 경쟁을 좋아하거나 소셜 미디어 팔로잉에 신경을 쓴다고 여기

지도 않는다. 내 죄악을 주로 다른 방식으로 저울질한다. 그렇기는 하지만 내 자아는 이제 곧 살펴볼 예수님의 가르침을 읽고 나서 겨우 몇 초밖에 안 지났는데 그 여자를 이겼다고 아주 우쭐해할 수 있었다. 아마 당신도 공감할 수 있을 것이다. 우리는 권력이나 특권, 명성이 쥐꼬리만큼이라도 생기면 그것으로 즉각 다른 이들을 지배한다. 예수님의 제자들도 예외가 아니었다.

마가는 예수님이 제자들에게 자신의 죽음이 임박했음을 (두 번째로) 예고하신 직후에 일어난 사건을 기록한다. 처음 예고는 베드로가 예수님을 그리스도로 인정한 후에 있었고, 그리고 나서 베드로는 예수님에게 죽음을 향해 나아가지 마시라고 설득하고자 했다. 당시 예수님은 "사탄아 내 뒤로 물러가라"며 베드로를 엄하게 꾸짖으셨다(막 8:33). 이제 예수님이 제자들에게 "인자가 사람들의 손에 넘겨져 죽임을 당하고 죽은 지 삼 일만에 살아나리라"고 재차 말씀하신다. 그러나 제자들은 "이 말씀을 깨닫지 못하고 묻기도 두려워[했다]"(막 9:31, 32). 어쩌면 지난번에 예수님이 베드로에게 하신 반응을 떠올렸을 수도 있다. 그러나 제자들은 예수님의 말씀이 무슨 뜻일지 서로 의논하기는커녕, 길을 가면서 내내 완전히 다른 문제를 놓고 다투었다.

가버나움에 도착하자 예수님이 제자들에게 "너희가 길에서 서로 토론한 것이 무엇이냐"고 물으신다(막 9:33). 아무도 대답하지 않았다. 마가가 전하는 말에 따르면 "그들은 길에서, 누가 가장 큰 사람이냐 하는 것으로 서로 다투었던 것이다"(막 9:34, 새번역). 예수님이 죽으실 것이라는 말씀을 듣자마자, 제자들은 놀이터에 있는 어린애들처럼 서열 정리를 하며 시간을 보내고 있었다. 예수님은 실망스러운 책을 읽듯 제

다시 만난 예수

자들을 읽어 내셨다. 그래서 자리에 앉으시고는 (핵심 측근인) 열두 명을 불러서 곁에 앉히신다. 어쩌면 제자들은 예수님이 자기네들의 논쟁을 정리해 주실지 궁금했을지도 모른다. 아마 베드로가 가장 높고, 그 다음은 야고보와 요한일 것이다. 그러나 예수님은 누구에게나 가능성이 있다고 말씀하신다. 제자들은 완전히 틀린 방법으로 겨루고 있었다. 경기 종목은 장대 높이 뛰기가 아니라 다이빙이다. 예수님은 "누구든지 첫째가 되고자 하면 뭇사람의 끝이 되며 뭇사람을 섬기는 자가 되어야 하리라"고 말씀하신다(막 9:35).

예수님의 말씀을 제자들이 충분히 이해했는가? 절대 아니다. 예수님은 그다음에 자신의 죽음을 예견하실 때 제자들을 따로 불러서 이렇게 예고하신다.

보라 우리가 예루살렘에 올라가노니 인자가 대제사장들과 서기관들에게 넘겨지매 그들이 죽이기로 결의하고 이방인들에게 넘겨 주겠고 그들은 능욕하며 침 뱉으며 채찍질하고 죽일 것이나 그는 삼 일만에 살아나리라(막 10:33, 34).

처음 예고하셨을 때는 바로 베드로가 어리석게 말했다. 이번에는 바로 야고보와 요한이 그렇게 말한다. 이 둘이 몰래 예수님에게 와서 "선생님이여 무엇이든지 우리가 구하는 바를 우리에게 하여 주시기를 원하옵나이다"라고 말하기 때문이다(막 10:35). 예수님이 "너희에게 무엇을 하여 주기를 원하느냐"고 대답하시자(막 10:36), 두 사람은 "주의 영광 중에서 우리를 하나는 주의 우편에, 하나는 좌편에 앉게 하여 주옵소서"라고 말한다(막 10:37). 이 형제는 예수님의 나라에서 가장 높은 두 자리를 원한다. 그렇지만 예수님 말씀에 따르면 야고보와 요한은 자기들이 무엇을 구하고 있는지 짐작하지도 못한다. 앞으로 8장에서 살펴볼 표현에 따르면 예수님은 이 두 사람이 극심한 고난을 구하고 있다고 말씀하시는 것이다. 예수님의 나라에서 높아지는 방법은 낮아지는 것뿐이기 때문이다.

다른 제자들은 야고보와 요한이 한 짓을 듣고서 화가 났다. 이 형제가 감히 그렇게 선수를 치려고 하다니! 그러자 예수님이 제자들을 한자리에 부르셔서 같은 교훈을 다시 한 번 가르치신다.

> 너희가 아는 대로, 이방 사람들을 다스린다고 자처하는 사람들은, 백성들을 마구 내리누르고, 고관들은 백성들에게 세도를 부린다. 그러나 너희끼리는 그렇게 해서는 안 된다. 너희 가운데서 누구든지 위대하게 되고자 하는 사람은 너희를 섬기는 사람이 되어야 하고, 너희 가운데서 누구든지 으뜸이 되고자 하는 사람은 모든 사람의 종이 되어야 한다. 인자는 섬김을 받으러 온 것이 아니라 섬기러 왔으며, 많은 사람을 구원하기 위하여 치를 몸값으로 자기 목숨을 내주러 왔다(막 10:42-45, 새번역).

여기에서 '몸값'으로 옮긴 그리스어 단어는 노예나 포로나 첫 태생을 대속하기 위해(레 25:51, 52; 민 18:15), 아니면 범행이나 상해를 배상하기 위해(출 21:30; 민 35:31, 32) 치르는 대가를 지칭한다. 전통적으로 전쟁에서 왕이 포로가 되면 상당한 액수의 돈을 보내거나 가치가 낮은 포로를 다수 교환하는 식으로 몸값을 치를 수 있다. 그런데 여기에서 하나님의

다시 만난 예수

영원하신 왕은 그 반대의 거래를 단언하신다. 자기 목숨을 많은 사람을 위한 몸값으로 내주겠다고 하시는 것이다.

내가 조공인으로 자원하겠어요

수잔 콜린스(Suzanne Collins)의 디스토피아 시리즈 「헝거 게임」(The Hunger Games)에서 록키 산맥의 어느 한 지역이 '판엠'이라는 국가가 되었다. 이 나라에서 '캐피톨'은 아주 풍요롭고 기술이 고도로 발달한 구역이고 가난한 열두 구역에 둘러싸여 있는데, 예전에 이 열두 구역이 캐피톨에 맞서 반란을 일으킨 적이 있다. 해마다 이 열두 구역은 예속을 상기하는 표지로 구역마다 열두 살에서 열여덟 살 사이의 소년과 소녀를 한 명씩 제비를 뽑아서 '헝거 게임'에 출전시킨다. 헝거 게임은 검투사 경기와 비슷한데 텔레비전에서 캐피톨 주민에게 오락물로 중계된다. 이 경기에서는 죽을 때까지 싸운다. 캣니스 에버딘의 열두 살 난 여동생 프림로즈가 12구역에서 '조공인'(tribute)으로 뽑혔을 때, 누구나 그 의미를 알았다. 더 나이가 많고 더 잘 먹었고 싸울 준비가 더 잘 된, 더 부유한 구역 출신 십 대들과 비교해 보면 프림로즈에게는 희망이 없었다. 그러나 프림로즈가 막 끌려 나가기 직전에 캣니스가 "내가 자원하겠어요! 내가 조공인으로 자원하겠어요!"라고 외친다.[9] 이 절박한 순간에 캣니스는 여동생을 대신하는 선택을 한다. 캣니스와 같은 구역 사람들은 박수를 요구받지만 한 손에 손가락 세 개를 펴서 들어올린다. (이 책의 서술자인) 캣니스의 설명에 따르면 "그것은 우리 구역에서 드

---

9 Suzanne Collins, *The Hunger Games* (New York: Scholastic, 2008), 22. 「헝거 게임」(북폴리오 역간, 2009).

물게 쓰이는 오래된 제스처로 가끔 장례식에서 볼 수 있다. 감사를 뜻하고, 존경을 뜻하고, 사랑하는 이에게 보내는 작별 인사를 뜻한다."[10] 프림로즈는 그 게임에서 이길 가망이 전혀 없었을 것이다. 그렇다고 해서 캣니스가 이길 가망이 훨씬 많은 것도 아니다. 12구역 주민은 다들 캣니스가 죽으리라는 것을 알고 있다.

캣니스처럼 예수님도 피지배 집단 출신이었고, 자기 백성을 대표하여 자신을 바치신다. 캣니스처럼 예수님도 사랑에 이끌려 자진하여 다른 사람 대신 자기 생명을 내주신다. 캣니스처럼 예수님도 결국은 승리하시고 권력 구조를 완전히 뒤집으신다. 그렇지만 캣니스와 달리 예수님은 우리를 위해 죽으실 것을 늘 계획하셨다. 또 캣니스와 달리 예수님은 많은 사람을 위한 몸값으로 자기 목숨을 내주신다(막 10:45). 그리고 프림로즈와 달리 우리는 죄가 없지 않다. 우리는 자초한 죽음을 향해 가는 길에 있다. 그런데도 예수님은 자원하여 우리를 대신하신다. 이것이 우리에게 영생의 문을 열어 주는 열쇠다. 우리는 그저 예수님을 믿기만 하면 된다. 그런데 예수님이 하신 이 기막히게 놀라운 사랑의 행위는 따라야 하는 모범이기도 하다. 예수님이 "너희 중에 누구든지 크고자 하는 자는 너희를 섬기는 자가 되고 너희 중에 누구든지 으뜸이 되고자 하는 자는 모든 사람의 종이 되어야 하리라"고 말씀하시기 때문이다(막 10:43, 44).

여기에서 예수님의 말씀이 우리에게는 충격적이지 않은데, 자각하든 자각하지 못하든 예수님의 가르침이 우리의 사고 형성에 영향을

---

10   Collins, *The Hunger Games*, 24. 「헝거 게임」.

다시 만난 예수

끼쳐 왔기 때문이다. 간접 흡연자처럼, 우리는 누구나 겸손을 고결하게 여길 정도로 기독교 윤리를 들이마셨다. 그래서 생산 현장에서 일하는 데 시간을 쓰는 최고 경영자(CEO)들 이야기나 단역 배우들과 친구로 지내는 유명 영화배우들 이야기를 좋아한다. 그런데 예수님은 권력 피라미드를 정말 급진적으로 뒤집으신다.

허드렛일하는 일자리 잡기

남편과 나는 너무나 구두쇠인지라 애플 티브이 플러스(Apple TV+)를 구독할 수 없어서 구독하는 친구들과 함께 〈테드 래소〉(Ted Lasso) 시즌 1을 정주행했다. 그 드라마에서는 영국 축구팀에 채용된 미국 풋볼 코치를 계속 관찰한다. 그 코치인 테드 래소를 영국 축구 선수들은 끔찍하게 싫어하며 노골적으로 괄시한다. 그런데 팀의 선수들을 만나기 전에 테드는 장비 관리사(kit man) 네이선을 먼저 만난다. 테드가 이름을 묻자 네이선은 크게 감동받는다. 전에는 어느 코치도 자기에게 이름을 물어본 적이 없다. 네이선은 선수단 빨래 담당이었기에 보잘것없는 사람이었다. 그런데 테드가 네이선에게 '위대한 네이트'(네이트는 네이선의 애칭_옮긴이)라는 별명을 지어 주고서는 네이선의 코칭 의견에 귀를 기울인다.[11] 실제로 테드는 이 장비 관리사를 수석 코치로 승격시킨다.

예수님 당시에 발 씻기기는 종이 하는 일이었다. 더러운 일이었고 무릎을 꿇고 해야 했다. 그 일을 하는 자세와 방식 모두 노예의 신분에 딱 맞았다. 잡히시던 날 밤에 예수님이 제자들과 함께 저녁을 잡수

---

11 *Ted Lasso*, 시리즈 1, 에피소드 1, "Pilot," Jason Sudeikis과 Bill Lawrence 극본, 2020년 8월 14일, Apple TV+에서 방영.

시다가 일어나셨을 때, 제자들은 예수님이 무슨 말씀을 하실 줄로 생각했을 것이다. 그런데 예수님은 말씀하시는 대신 겉옷을 벗기 시작하신다. 그러고서 흔히 종들이 하듯이 허리에 수건을 두르고 대야에 물을 받아 제자들의 발을 씻기기 시작하신다. 베드로에게 다가가실 때 베드로가 "주여 주께서 내 발을 씻으시나이까" 하고 여쭙자, 예수님은 "내가 하는 것을 네가 지금은 알지 못하나 이후에는 알리라"고 대답하신다(요 13:6, 7). 베드로가 "내 발을 절대로 씻지 못하시리이다"라고 반발한다. 예수님이 자기를 그런 식으로 섬기려고 하신다는 데 몸서리를 쳤다. 그러나 예수님이 "내가 너를 씻어 주지 아니하면 네가 나와 상관이 없느니라"고 대답하신다(요 13:8). 그러자 이번에는 베드로가 훨씬 열렬히 몸을 굽히며 "주여 내 발뿐 아니라 손과 머리도 씻어 주옵소서"라고 말한다(요 13:9). 예수님은 "이미 목욕한 자는 발밖에 씻을 필요가 없느니라 온몸이 깨끗하니라 너희가 깨끗하나 다는 아니니라"고 대답하신다(요 13:10).

예수님은 제자들의 발을 다 씻기고 나서 다시 옷을 입으시고 자리로 돌아오셔서 물으신다. "내가 너희에게 행한 것을 너희가 아느냐"(요 13:12). 제자들은 모른다. 그래서 예수님이 설명해 주신다.

너희가 나를 선생이라 또는 주라 하니 너희 말이 옳도다 내가 그러하다 내가 주와 또는 선생이 되어 너희 발을 씻었으니 너희도 서로 발을 씻어 주는 것이 옳으니라 내가 너희에게 행한 것같이 너희도 행하게 하려 하여 본을 보였노라 내가 진실로 진실로 너희에게 이르노니 종이 주인보다 크지 못하고 보냄을 받은 자가 보낸 자보다 크지 못하나니 너희가 이

것을 알고 행하면 복이 있으리라(요 13:13-17).

이제 더는 세상을 주인과 노예로 가르지 않으니 하나님에게 감사한 일이다. 우리가 서류상으로는 평등을 믿는다. 그런데도 우리는 마치 중간 정도 순위인 축구팀 선수들처럼 지위를 높이려고 부단히 애쓴다. 우리는 집단에 따라 서열을 다르게 평가한다. 친구 하나가 보스턴으로 이사 오기 전에는 뉴욕에 살았는데, 그 친구가 언젠가 해준 이야기에 따르면, 맨해튼에서 누군가를 만나서 어디에 사느냐고 물어보면 그 사람이 얼마나 버는지 판단할 수 있다. 반면에 보스턴에 있을 때는 어디에서 공부하는지를 묻는다고 한다. 어느 사회 집단은 외모를 높이 평가하는 반면에 어느 집단은 운동 능력을 거래한다. 그러나 우리 인간을 방 하나에 넣어 두면, 이내 자기 위치를 감지하고서는 자리다툼을 시작할 것이다. 우리는 알랑거리거나 발로 차면서 싸울 것이다. 테드 래소 팀의 청소년 선수 두 명이 네이트를 괴롭혔는데, 스타 선수에게 깊은 인상을 주고 싶었기 때문이었다. 그러나 예수님은 이 모든 일을 헤치고 나아가신다. 가장 낮은 자리를 택하시고 섬기신다. 누구든 예수님을 따르고자 한다면 지위에 대한 본능을 뒤집고서 예수님과 똑같이 해야 한다. 예수님은 섬김을 받기 위해서가 아니라 섬기기 위해서 오신 분이기 때문이다. 그분은 삶으로뿐 아니라 죽음으로도 섬기셨다.

어느 노예의 죽음

「도미니언: 기독교는 어떻게 서양의 세계관을 지배하게 되었는가」서문에서 사학자 톰 홀랜드는 우리가 십자가형의 의미를 이해하도록 도와주려고 한다.

문제를 일으킨 노예들이 시장 진열대에 매달린 고깃덩이처럼 구경거리
가 된 채로, 십자가에 못 박힌다. ······ 십자가형보다 더 고통스럽고 더
경멸받는 죽음은 없다. "어깨와 가슴에 채찍 자국이 흉하게 부어오른 채
로 오랜 시간 몹시 괴로워하며" 시끄러운 새 떼를 쫓아 보낼 기력도 없
이 벌거벗은 채로 매달려 있는 것, 그와 같은 운명은 로마 지식인들이
생각하기에도 상상할 수 있는 최악의 것이었다.[12]

예수님 당시 사람들에게 십자가는 교수형 밧줄보다 중압감이 더
심했다. 홀랜드의 설명에 따르면 "치욕스럽게 썩어 가는 시체의 악취
가 어쩌나 역겨웠는지 많은 이가 그 장면을 보기만 해도 자기가 더러워
지는 기분이었다." 극도의 고통과 수치가 악명 높게 결합하여 십자가
형은 "노예에게 딱 어울리는 형벌이 되었다."[13]
그 외에 반역자들도 십자가형을 받을 수 있었다. 1장에서 보았다
시피 주전 4세기에 예수님 고향 인근에서 유대인들이 로마의 통치에
맞서 반란을 일으켰다가 얼추 2천 명이 로마인들에게 십자가형을 받았
다.[14] 미국에서 올가미를 보면 노예제와 인종 차별 당시의 끔찍한 린치
의 역사가 떠오르듯이 십자가를 보면 노예들의 죽음이 떠올랐다. 하나

---

12 Tom Holland, *Dominion: How the Christian Revolution Remade the World* (New York: Basic, 2019), 2 (인용한 자료는 1세기 로마 철학자 세네카의 것). 「도미니언: 기독교는 어떻게 서양의 세계관을 지배하게 되었는가」.

13 Holland, *Dominion*, 2. 「도미니언」.

14 유대 역사가 요세푸스가 자신의 *Jewish Antiquities* 17.10에서 이 내용을 전한다.

다시 만난 예수

님의 메시아를 기다리던 유대인들에게 십자가형은 자기네 지도자에게 결코 바라지 않을 운명이었다. 유대인들은 승리하는 왕을 간절히 바랐지, 패배당한 노예를 바라지 않았다.

한편, 그리스인과 로마인에게 십자가형은 예수님이 신이 아니었다는 것을 조금도 의심할 것 없이 입증한 사건이었을 것이다. 성공한 황제들은 신으로 인정받으려고 할 수도 있었다. 그러나 홀랜드가 설명하듯이 신성은 "위인들 중에서도 단연 최고의 위인들, 곧 승리자, 영웅, 왕 들을 위한 것이었다." 즉 신성은 십자가형을 실행하는 정복자들을 위한 것이었지, 십자가형을 당하는 노예들을 위한 것은 아니었다. 홀랜드의 글에 의하면, "십자가형을 받은 사람을 신으로 일컬을 수도 있었다는 것은 로마 세계 어디에서나 불쾌하고 가당치도 않고 기괴하게 보일 수밖에 없었다."[15] 그러나 복음서들을 면밀히 읽어 보면, 십자가 죽음이 자기가 우주를 만들었다고 주장한 사람에게는 전혀 별난 일이 아니었음을 알게 된다. 그 죽음은 그분이 노예 역할을 즐거이 맡으시고 자기가 여호와의 종이라고 기꺼이 말씀하신 삶의 절정이었다.

그래서 어떻다는 것인가?

하나님이 몸소 당신을 위해 죽으셨다면, 무엇을 더 증명해야 하는가? 우주의 창조주께서 당신의 몸값을 치르기 위해 자기 목숨을 내줄 정도로 당신을 사랑하셨다면, 당신은 얼마나 귀중한 존재인가? 무언가의 가치는 누군가 그것을 사기 위해 기꺼이 지불하려는 금액만큼이라

---

15 Holland, *Dominion*, 6. 「도미니언」

고들 말한다. 예수님이 당신과 나의 몸값으로 자기 목숨을 내주셨으니 우리를 얼마나 귀하게 여기시는 것일까? 우리를 위한 예수님의 희생을 받아들이려고만 한다면 우리에게 겸손이 자랄 수 있다. 온 우주의 왕이 우리를 친히 보시고 아시고 깊이 사랑하신다는 것을 안다면, 우리는 굳이 남들에게 인정받을 필요가 없다. 예수님이 우리를 꼭 붙잡고 계시다는 것을 안다면 우리는 지위를 움켜쥔 손을 펼 수 있다. 예수님이 언젠가 우리를 높이시리라고 확신한다면 우리는 무릎을 꿇을 수 있다.

〈글래디에이터〉 마지막 부분에서 콤모두스 황제가 막시무스와 원형 경기장에서 싸우기로 한다. 황제는 공평하게 싸워서는 막시무스에게 이길 수 없다는 것을 알고 있으므로, 사전에 은밀히 막시무스를 찾아간다. 막시무스는 쇠사슬에 묶여 있다. 콤모두스가 막시무스를 조롱한다. "노예가 된 장군. 검투사가 된 노예. 황제를 거역한 검투사. 아주 흥미진진한 이야기지! 그렇지만 이제 백성은 그 이야기가 어떻게 끝나는지 알고 싶어 해. 유명한 죽음이면 충분하겠지."[16] 콤모두스는 슬그머니 단검을 막시무스의 등에 찔러 넣어 둘이 싸우기 전에 막시무스의 힘을 빼려고 한다. 콤모두스는 "살려! 살려! 살려! 살려!"라고 외친 군중이 자기네 영웅이 죽는 것을 목격하기를 원했고, 자신의 우월함을 증명하기를 원했다. 예수님은 노예처럼 무릎을 꿇으시고 제자들의 발을 씻기실 때, 등에 단검을 맞으실 준비가 되어 있으셨다. 유다에게 배반당하고, 베드로에게 부인당하며, 당시 종교 지도자들에게 조롱과 놀림을 당할 준비가 되어 있으셨던 것이다. 예수님은 자원하여 조공인이

---

16 *Gladiator*, Ridley Scott 감독. 〈글래디에이터〉.

되셔서 죽음을 향해 가시는 중이었다. 그러니 노예의 죽음이면 충분한 것이었다.

8장

✦

희생 제물이신
예수

✦

    찰스 디킨스(Charles Dickens)의 「두 도시 이야기」(*A Tale of Two Cities*)
는 프랑스 혁명 시대의 런던과 파리를 오가면서 이야기를 엮어 나간
다. 혁명 이전 프랑스 정권은 어느 의미에서든 가난한 사람들을 짓밟
았다. 그렇지만 그 정권을 대치한 공포 정치도 그다지 구원이 되지 못
했다. 남녀노소 가릴 것 없이 수천 명이 제대로 재판도 받지 못한 채 단
두대로 끌려갔다. 디킨스의 소설에서는 그러한 억울한 사형수 중 하나
가 프랑스 사람인 찰스 다네이다. 다네이는 루시와 결혼했고, 런던의
변호사이자 타락한 사람이던 시드니 카턴도 루시를 사랑했다. 카턴은
다네이의 운명을 전해 듣고서, 다네이를 대신하여 죽으려고 파리로 간
다. 카턴이 단두대로 가는 도중에 어느 젊고 가난한 여자 재봉사를 만
나는데 그 여자는 감옥에서 다네이를 만난 적이 있다. 두 남자가 서로
닮기는 했지만, 이 여자는 지금 두 사람이 바뀌었다는 것을 알아차릴
정도로 가까이에 있었다. "그분 대신 죽으시려는 거예요?" 여자가 목소
리를 낮춰 말했다. 카턴은 "쉿, 그렇소. 그의 아내와 아이를 위한 것이

기도 하오."[1] 이들의 대화 하나하나가 매우 감동적이어서 나는 방금 그 부분을 다시 읽으면서 울었다. 그동안 카턴은 술에 절고 환멸에 젖어 이기적으로 살아왔다. 그러나 이제 자기가 몹시 미워하던 남자를 대신하여 이타적인 죽음을 맞이한다. 그렇게 해서 자기가 사랑하는 여인이 평화롭게 살아갈 수 있게 하려고 말이다.

이번 장에서는 예수님의 희생적 사랑에 초점을 맞추려고 한다. 즉 우리가 살아갈 수 있게 하려고 예수님이 기꺼이 죽으신 것을 집중적으로 살펴보려는 것이다. 카턴의 대리적 희생이 예수님의 대리적 희생을 어떤 식으로 흉내 내는지는 자주 언급되었다. 예수님처럼 카턴은 사랑 때문에 다른 사람 대신 죽는 것을 선택한다. 그러나 이번 장에서는 예수님의 희생이 카턴의 희생과 얼마나 다른지도 살펴보려고 한다.

보라, 하나님의 어린양이로다

카턴은 다네이를 런던 법정에서 변호할 때 처음 만났다. 다네이는 프랑스 스파이로 기소된 상태였는데, 카턴은 자기와 다네이가 얼마나 비슷하게 생겼는지를 지적해서 다네이가 풀려나게 했다. 증인은 자기가 목격한 사람이 카턴이 아니라 다네이인지 어떻게 알 수 있는가? 두 사람이 닮은 덕분에 카턴은 다네이를 두 번 구했다. 한 번은 런던에서 자기가 다네이로 오인**될 수** 있다고 지적했을 때고, 또 한 번은 파리에서 다네이로 오인**되었던** 때다. 비슷하게 성경에서 우리는 예수님의 대속적 죽음을 예견하는 히브리 성경의 순간을 여러 차례 목격한다.

---

1   Charles Dickens, *A Tale of Two Cities* (New York: Signet, 2007), 365. 「두 도시 이야기」.

요한복음 1장에서 세례 요한이 사촌인 예수님을 보자 "보라 세상 죄를 지고 가는 하나님의 어린양이로다"라고 선언한다(요 1:29). 우리에게 이 주장은 이해되지 않는다. 우리는 누군가를 '염소'(GOAT, 역사상 가장 위대한 선수)라고 부르면 알아듣지만 '어린양'(Lamb)이라고 부르면 알아듣지 못한다.

이스라엘 백성의 이야기가 시작되던 바로 그때, 하나님이 처음으로 어린양을 사용하셔서 자기 백성을 구원하셨다. 아브라함과 사라는 늙었는데 자녀가 없었다. 그런데 하나님이 아브라함에게 큰 민족이 되게 하겠다고 약속하셨고, 드디어 사라가 아들 이삭을 낳는다. 이삭의 이름은 "그가 웃었다"라는 뜻이어서, 그의 출생이 행복한 결말이 되었으리라고 생각할 것이다. 그런데 몇 년 후, 하나님이 아브라함에게 충격적인 말씀을 하신다. "네 아들 네 사랑하는 독자 이삭을 데리고 모리아 땅으로 가서 내가 네게 일러 준 한 산 거기서 그를 번제로 드리라"(창 22:2)고 하신 것이다.

두 달 전에 한 친구와 어느 호숫가에 갔었다. 우리 집 아홉 살 아이와 열한 살 아이는 수영을 할 줄 알지만, 두 살 아이(루크 아이삭)는 수영을 못한다. 그래서 루크를 튜브에 태워서 누나들이랑 놀러 나가게 했다. 아이는 얼마 지나지 않아 춥다며 돌아와서 품에 파고들려고 했다. 그래서 아이를 튜브에서 빼 주었다. 루크는 몸이 따뜻하게 마르자 다시 물에 들어가고 싶어 했다. 나는 아이를 지켜보고 있을 생각이었으므로 튜브 없이 보냈다. 그렇지만 이내 친구와 이야기하는 데 정신이 팔려 버렸다. 문득 나는 루크를 시야에서 놓쳤다는 걸 알아차렸다. 그해 여름 첫더위가 시작된 날이었기에 물가에는 웃으면서 참방거리

다시 만난 예수

는 아이들이 가득했다. 아들은 보이지 않았다. 나는 물로 달려가서 샅샅이 뒤지면서 점점 무서워졌다. 물가에 있는 모든 사람한테 찾아보자며 소리친다고 해도 들리지 않았을 것이다. 그때 어느 여자가 울고 있는 루크를 데리고 있는 것이 보였다. 여자는 비난하는 투로 말했다. "아이가 물속으로 가라앉고 있었어요." 나는 아이를 안아 들고서 꼭 껴안았다. 심장이 안도감으로 벌렁댔고 두려움에 짓눌렸다. 며칠 동안 내가 조심하지 않아서 작은 생명을 위험에 빠뜨렸다는 죄책감을 떨쳐 낼 수 없었다. 그러나, 이 본문에서 아브라함은 하나님에게 자기 아들, 즉 독자이자 사랑하는 아들 이삭을 데리고 가서 피도 눈물도 없이 죽이라는 명령을 받는다. 내가 대학생이던 시절에, 그리스도인이 아닌 친구 하나가 성경을 읽기 시작했다. 친구는 이 지점에서 성경 읽기를 그만두었다. 한 남자에게 자기 아들을 죽이라고 하시는 하나님을 그냥 너그럽게 보아 넘길 수 없었기 때문이다.

성경 이야기가 전개되면서 우리는 여호와가 자녀를 번제로 바치는 것을 **싫어하신다**는 것을 알게 되는데, 이른바 다른 신들은 그러한 희생 제물을 흔히 요구했다. 모세는 이렇게 선포한다. "당신들은 주 당신들의 하나님을 섬길 때에 이방 민족들이 그들의 신들을 섬기는 방식으로 섬겨서는 안 됩니다. 주님께서는 그들이 신들을 섬길 때에 사용하는 모든 의식을 싫어하시고 역겨워하십니다. 그들은 자기들의 아들이나 딸마저도 불에 살라 신에게 바칩니다"(신 12:31, 새번역).[2] 그렇지만 아브라함은 아직 이 사실을 몰랐다.

---

2   레위기 20장 2-5절, 시편 106편 37, 38절, 예레미야 7장 31절, 에스겔 16장 20, 21절도 보라.

창세기 18장에서 아브라함은 하나님에게 소돔 백성에게 자비를 베푸시기를 간청한다. 그런데 하나님이 아브라함에게 아들을 번제로 드리라고 말씀하실 때 아브라함은 간청하지 않는다. 아브라함은 아침 일찍 일어나서 나귀에 안장을 얹은 후 출발한다. 산에 도착하자, 이삭에게 번제에 쓸 나무를 지우고 자기는 불과 칼을 챙겨 간다. 창세기 22장 7, 8절을 보면 그러고 나서 두 사람이 가슴 아픈 대화를 나눈다.

이삭   아버지!

아브라함   얘야, 왜 그러느냐.

이삭   불과 장작은 여기에 있습니다마는, 번제로 바칠 어린양은 어디에 있습니까?

아브라함   얘야, 번제로 바칠 어린양은 하나님이 손수 마련하여 주실 것이다.

아브라함의 머릿속에 무슨 생각이 오갔을지 우리는 그저 상상만 할 수 있을 뿐이다. 소설 「지코라」에서는 어머니가 자신의 갓난 아들을 보며 이렇게 생각한다. '나는 이 애를 위해서 죽을 거야. 이 감정이 진짜라는 걸 아니까 낯설고 신기해. 살면서 한 번도 진짜였던 적이 없는 것이 지금 갑자기 진짜가 되었어. 난 이 애를 위해서라면 죽어도 괜찮아.[3] 분명 아브라함도 이삭에 대해서 이와 같은 진정한 사랑을 경험했을 것이다. 이삭은 아브라함의 아들인 데다 하나뿐인 사랑하는 아들이

---

3   Chimamanda Ngozi Adichie, *Zikora: A Short Story* (Seattle, WA: Amazon, 2020), Kindle.

었으니. 그러나 아브라함은 하나님이 어떻게든 어린양을 준비해 주시리라고 믿었다.

산에 도착했을 때, 아브라함은 번제를 준비한다. 아들을 묶어서 장작 위에 올려놓았다. 이삭이 몇 살이었는지는 모르지만, 자기 몸을 완전히 불사를 분량의 장작을 짊어질 수 있는 나이는 되었다. 짐작하건대, 마음만 먹었다면 늙은 아버지와 싸울 수도 있었을 것이다. 아브라함이 이삭을 장작더미에 올려놓고 칼을 들었다. 그런데 돌연 여호와의 천사가 소리친다. "그 아이에게 네 손을 대지 말라 그에게 아무 일도 하지 말라 네가 네 아들 네 독자까지도 내게 아끼지 아니하였으니 내가 이제야 네가 하나님을 경외하는 줄을 아노라"(창 22:12). 아브라함이 고개를 들었을 때, 수풀에 뿔이 걸린 숫양 한 마리가 보였다.

이 모든 일의 의미가 무엇이었을까? 하나님은 자기를 아브라함이 믿는다는 것을 모르셨나? 복을 주겠노라고 맹세해 주신 사람에게 무의미한 심리적 고문을 가하고 계신 것인가? 나는 그렇게 생각하지 않는다. 성경의 하나님은 사람들이 무슨 생각을 하는지 보실 수 있다. 요점은 **그분이** 배우는 것이 아니라 **우리가** 배우는 것이었다. 걸작의 사전 스케치처럼 여기에서 우리는 성경이 전하는 핵심 이미지의 첫 윤곽을 본다. 아들을 몹시도 사랑하지만 기꺼이 내주는 어느 아버지를 본다. 대신할 숫양을 제공하셔서 이삭으로 표현되는 하나님의 백성이 살 수 있게 하시는 하나님을 본다. 아브라함의 아들, 즉 아브라함의 사랑하는 외아들을 아끼시지만, 자신의 사랑하시는 아들은 아끼지 않는 무대를 마련하시는 하나님을 본다. 성경에서 세상의 죄를 지고 가는 어린양에 대한 묘사를 처음으로 본다. 그러나 이러한 묘사는 이것으로 끝이 아니다.

유월절 어린양

〈주키퍼스 와이프〉에서 유대인 게토가 불에 타는 동안 얀과 안토니나는 자기들이 보호하던 유대인들과 함께 유월절 식사를 한다. 최초의 유월절은 출애굽기에 묘사되어 있다. 하나님이 모세에게 마지막 재앙을 알려 주신다. 여호와께서 그 땅을 휩쓸고 지나가실 것이고, 어느 이집트 사람 집에서든 처음 태어난 것은 다 죽을 것이다. 반면에 이스라엘 사람은 가족 별로 어린양(또는 어린 염소 중에) 한 마리를 죽여서 그 피를 자기 집 문에 바르면 안전할 것이다. 하나님이 아브라함의 아들을 대신하여 희생될 숫양을 준비하셨듯이, 이제 어린양 수천 마리가 수천의 맏이를 대신하여 희생된다.

다시 우리는 "그 이유가 무엇인가요?"라고 묻지 않을 수 없다. 틀림없이 하나님은 문에 피가 있는 것을 보지 않으시고도 어느 집이 이스라엘 사람 집인지 아셨을 것이다. 하나님의 설명에 힌트가 있다. "그 피가 너희가 사는 집에 있어서 너희를 위하여 표적이 될지라 내가 피를 볼 때에 너희를 넘어가리니 재앙이 너희에게 내려 멸하지 아니하리라"(출 12:13). 그 피는 이스라엘 사람들을 위한 표적이지, 하나님을 위한 표적이 아니다. 그리고 하나님이 그 피를 보시면, 그들이 죽음을 면하게 된다.

우리 집 아홉 살짜리가 최근에 자기 방에 가게를 냈다. 아이는 여러 상품과 서비스를 판매하는데, 진짜 돈을 받는 대신 달러의 양을 다양하게 표시한 종이돈을 발행해 준다. 나는 가짜 돈을 내고 진짜 라테

다시 만난 예수

를 산다! 하나님은 이스라엘 사람들의 문에 양의 피를 바르게 하셨을 때, 그들을 이집트 노예살이에서 건져 주실 뿐 아니라 각 사람이 자기 죄 때문에 진정 받아 마땅한 사형 판결에서도 건져 주시는 것이었다. 그렇지만 어린양의 죽음은 우리 딸의 가짜 돈과 마찬가지로 진짜 대가를 치른 것이 아니었다. 하나님이 자기 아들, 자기가 헤아릴 수 없을 정도로 깊이 사랑하는 독자, 즉 "세상 죄를 지고 가는 하나님의 어린양"(요 1:29)을 보내실 때 실제로 치르실 대가를 가리키는 것에 지나지 않았다.

우리는 다들 세상에 죄가 있다는 것을 믿을 것이다. 그렇게 표현하지는 않을 수 있다. 그러나 우리는 공포와 비통, 잔혹과 폭력, 착취와 학대를 목격한다. 이러한 일이 가득하지 않은 세상을 만들 가능성을 어느 정도는 낙관할 수도 있지만, 당장 분명한 것은 사람에게 죄와 관련하여 문제가 있다는 것이다. 우리 중 몇 사람에게는 자기가 죄인이라는 사실이 훨씬 자명하다. 우리는 자신의 도덕적 실패를 손바닥 들여다보듯이 훤하게 안다. 각자 다락에 자기 죄를 빠짐없이 기록해 놓은 그림이 있다면, 우리는 그 그림이 얼마나 추해 보일지 안다. 어떤 이들에게는 우리가 바로 죄인이라는 생각이 그냥 맞지 않는 낡은 장갑처럼 느껴진다. '내가 분명 완벽한 사람은 아니지만, 기본적으로는 선한 사람이야'라고 생각할 수도 있다. 만일 이런 생각이 든다면 당신에게는 예수님이 거의 필요 없을 것이다. 4장에서 이미 살펴보았다시피, 예수님은 스스로 선하다고 생각하는 사람들을 위해서 오시지 않았다. 그러나 당신이 어느 상황에서 자신의 반응에 소스라치게 놀란 적이 있거나 자신이 깨뜨리지 못할 것 같은 틀에 갇힌 적이 있거나 아무도 볼 수 없어서 당신이 무척이나 기뻐하는 생각에 잠긴 적이 있다면, 자신에게 어쨌든 예수님이 필요하지 않은지 생각하기 시작할 수 있다. 바로 **당신의** 죄를 가져갈, 번제의 어린양이 필요한 것이다.

친구 하나가 깊은 후회에 빠져 있던 시절에, 죄의식을 없앨 방법이 있으면 좋겠다고 내게 말하더니 "십자가에 죽은 어떤 사람이 해 주는 건 말고"라고 덧붙였다. 아마 그 친구처럼 당신도 그 필요성을 알기는 하지만, 그 방법이 싫을 뿐이다. 아마 그 친구처럼 당신도 용서받고 싶지만 하나님에게 용서받고 싶지는 않을 것이다. 이해할 수 있다. 우리 대부분이 보기에 하나님은 우리 삶에서 정말로 중요한 일들과는 크게 동떨어져 계시다. 우리가 남에게 죄를 지었다는 것은 알지만, 그것이 하나님과 무슨 상관이 있는가? 그러나 하나님이 우리를 만드신 분이고, 하나님이 우리를 자기와 사귀도록 창조하셨다면, 그분이 무엇이 선이고 악인지 규정하셨다면, 그분이 다른 사람들도 다 만드셨다면, 그렇다면 죽은 아이의 어머니가 그 아이를 죽인 자의 죄와 무관하지 않듯이 하나님은 우리 죄와 무관하지 않으시다. 우리가 서로에게 상처를 입힐 때, 우리가 하나님에게서 등 돌릴 때, 하나님은 마음이 상하셔서 우리가 간절히 바라는 용서와 자유로 가는 열쇠를 보류하신다. 처음부터 하나님은 자기 백성에게 돌아오라고 부르고 계셨다. 그리고 하나님의 백성이 통과해 들어갈 문에는 처음부터 어린양이신 분의 피가 발라져 있었다.

희생양

출애굽 후에 하나님은 모세를 어느 산 위로 부르셔서 율법을 주셨다. 그 율법에는 하나님의 백성이 세워야 하는 (성막이라고도 불리는) 특별한 '회막'도 상세히 묘사되어 있다. 회막은 백성이 하나님을 만나는 장소가 될 것이다. 그런데 모세가 이 율법을 받고 있는 동안에도 이스라엘 사람들은 금송아지를 숭배하고 있었다. 그들의 죄 때문에 하나님과 그들 사이에 장벽이 생겼고, 그들이 하나님과 만날 장소는 단순히 천국으로 들어가는 황금문일 수가 없었다. 그곳은 죄를 처리할 수 있는 곳이어야 했다. 정수장처럼 하나님은 자기 백성을 죄라는 하수에서 분리하여 그들이 하나님 앞에서 정결하게 살아갈 수 있게 처리하는 과정을 설정하셨다. 하나님의 백성이 아침과 저녁마다 성막 입구에서 어린양을 희생시키는 것도 이 정밀한 제도의 한 부분이었다(출 29:38-43). 이렇게 드리는 희생 제사가 그들이 하나님과 만나는 곳으로 가는 출입문이었다.

세례 요한이 "보라 세상 죄를 지고 가는 하나님의 어린양이로다"라고 말할 때, 이삭의 대용품, 유월절, 희생 제사 제도가 요한의 말을 듣던 이들의 머릿속에 떠올랐을 것이다. 복음서에서는 예수님이 그 희생당한 어린양이시다.

그러나 예수님은 성전이시기도 하다.

이 성전을 헐라

이스라엘 사람들이 드디어 그들의 땅에 정착했을 때, 세 번째 왕 솔로몬이 예루살렘에 성막을 대체하는 성전을 세웠다. 그 성전은 금과 보석이 가득하여 성전산 위에 눈부시게 빛났다. 그곳은 가르치고 기도하고 피와 연기와 불의 번제를 드리는 곳이었고, 하나님과 만나는 곳이었다. 예수님의 탄생쯤에 이 첫 성전은 이미 무너졌었다. 바벨론에서

70년을 보낸 후에, 유대 민족은 고향 땅으로 돌아가서 성전을 다시 세울 수 있었다. 예수님의 어린 시절에 관한 유일한 이야기를 보면, 가족이 유월절을 지키고 집으로 향해 가고 있는 동안 열두 살이던 예수님이 성전에 남아 계셨다. 마리아와 요셉은 꼬박 하루가 지나서야 예수님이 일행 가운데 없다는 것을 알아차렸다. 사흘 후 두 사람이 예수님을 성전에서 찾았을 때, 예수님은 선생들과 이야기하고 계셨다. 마리아가 "아이야 어찌하여 우리에게 이렇게 하였느냐"(눅 2:48)라고 묻자, 예수님은 "어찌하여 나를 찾으셨나이까 내가 내 아버지 집에 있어야 될 줄을 알지 못하셨나이까"(눅 2:49)라고 답하신다. 나사렛에 있는 마리아와 요셉의 집보다 성전이 훨씬 더 예수님의 진짜 집이다. 그런데 예수님이 성인이 되어서 성전에 가셨을 때는 광경이 사뭇 달라져 있었다.

예수님이 이례적으로 화를 내신 일에 관한 이야기에서, 예수님은 채찍을 만들어 성전에서 돈을 바꾸어 주던 사람들을 쫓아내신다. 그들의 좌판을 엎으시며 "내 아버지의 집으로 장사하는 집을 만들지 말라"고 외치신다(요 2:16). 그 말을 듣고서 사람들이 충격을 받고 "네가 이런 일을 행하니 무슨 표적을 우리에게 보이겠느냐"고 묻는다(요 2:18). 예수님은 "너희가 이 성전을 헐라 내가 사흘 동안에 일으키리라"고 대답하신다(요 2:19). 사람들이 "이 성전은 사십육 년 동안에 지었거늘 네가 삼 일 동안에 일으키겠느냐"라고 응수한다(요 2:20). 그런데 요한이 이렇게 설명한다. "예수는 성전 된 자기 육체를 가리켜 말씀하신 것이라 죽은 자 가운데서 살아나신 후에야 제자들이 이 말씀 하신 것을 기억하고 성경과 예수께서 하신 말씀을 믿었더라"(요 2:21, 22). 그러면 예수님은 일부러 헷갈리게 은유를 만들어 내신 것인가? 그렇지 않다.

다시 만난 예수

지난달에 생일을 맞이한 친한 친구와 저녁을 먹으러 갔다. 카롤린은 중국계 미국인이어서 국물 만두(soup dumplings)를 매우 먹고 싶어 했다. 내가 중국 음식을 대체로 좋아하기는 하지만, 그다지 큰 기대는 하지 않았다. 만두가 국물 속에 떠 있는 것을 생각하니 그리 끌리지 않았기 때문이다. 그런데 만두가 나왔을 때 국물은 한 방울도 없어 보였다. 우리가 직접 만두를 국물에 넣어야 하는 건가 싶었다. 그때 카롤린이 사실 국물은 만두 **속에** 있다고 설명해 주었다. 만두 윗부분을 한 입 베어 물고 국물을 빨아먹으면 된다. 내가 국물 속에 만두가 있으리라고 생각한 것처럼, 예수님 말씀을 듣던 사람들은 예수님의 몸이 성전 안에 있다고 생각했다. 그렇지만 사실은 성전이 예수님 몸 안에 있었다. 예수님은 하나님의 영광이 머무는 곳이고, 우리가 하나님을 만날 수 있는 곳이다. 예수님은 우리가 살 수 있게 하려고 자기 목숨을 내주신 희생제물이시다. 그렇지만 그 희생 제사를 드리는 성전이기도 하시다. 마치 건축 도면처럼, 희생 제사에 쓰인 어린양들은 장차 일어날 희생 제사의 스케치에 지나지 않았고, 성전은 거룩하신 하나님이 그 안에서 가장 진정으로 살아가실 분의 스케치일 뿐이었다(요 1:14). 그렇지만 예수님이 어린양과 성전이시기만 한 것은 아니다. 그분은 목자이시기도 하다.

선한 목자

2016년에 개봉한 영화 〈나는 사랑과 시간과 죽음을 만났다〉(*Collateral Beauty*) 첫 장면에서 광고 회사의 최고 경영자 하워드 인렛이 자신의 전략을 이끄는 세 가지를 설명한다. "모든 것을 고려할 때, 우리는 사랑을 갈망합니다. 우리는 시간이 더 많았으면 합니다. 그리고 죽음을 두려워하죠." 하워드의 주장에 따르면 어느 사람의 행동이든 다 이 세 가지에 이끌린다. 그러고 나서 하워드의 3년 후 모습이 나온다. 여섯 살배기 딸이 암으로 죽었다. 딸의 죽음에 하워드는 엉망이 된다. 인생을 한탄하면서 하워드는 사랑과 시간과 죽음에게 편지를 쓴다. 죽음에게는 "너는 한낱 한심하고 무능력한 중간 관리자에 지나지 않아. 단순 거래를 할 권위조차 네게는 없구나"라고 편지를 쓴다. 나중에 이 말의 의미를 이렇게 설명한다. "우리 딸이 죽어 가고 있다는 걸 알았을 때 나는 기도했어요. 하나님이나 우주에게 기도하지 않았어요. 죽음에게 기도했죠. 나를 데리고 가 달라고. 내 딸은 놔두라고."[4] 하워드처럼 예수님도 자원해서 그런 거래를 하셨다. 그렇지만 하워드의 머릿속에 있던 죽음과 달리, 예수님은 중간 관리자가 아니셨다. 모든 것이 완벽하게 예수님 수중에 있었다. 예수님은 "나는 선한 목자이다. 선한 목자는 양들을 위하여 자기 목숨을 버린다"(요 10:11, 새번역)고 단언하셨다.

늘 그렇듯이 예수님의 말씀은 구약의 간접 인용이라는 산의 절정이다. 시편 23편은 "여호와는 나의 목자시니 내게 부족함이 없으리로다"(시 23:1)로 시작하고서는 이어서 그 목자와 양의 관계를 하나님과 그분 백성 사이에서 살펴본다. 이사야도 같은 은유를 발굴해서 여호와에 대해 이렇게 선포한다.

> 그는 목자같이 양 떼를 먹이시며
>
> 어린양을 그 팔로 모아

4 *Collateral Beauty*, David Frankel 감독 (Burbank, CA: New Line Cinema, 2016). 〈나는 사랑과 시간과 죽음을 만났다〉.

다시 만난 예수

품에 안으시며

　젖먹이는 암컷들을 온순히 인도하시리로다(사 40:11).

예레미야도 비슷하게 선포한다.

이스라엘을 흩으신 자가 그를 모으시고

　목자가 그 양 떼에게 행함같이 그를 지키시리로다(렘 31:10).

하나님 자신이 이스라엘의 참된 목자셨다. 그런데 이 은유는 이사
야 53장에 나오는 종의 노래에서 다른 정보를 하나 더 들려준다. 하나
님의 고난받는 종을 묘사하는 중에 이사야가 이렇게 설명한다.

우리는 다 양 같아서 그릇 행하여

　각기 제 길로 갔거늘

여호와께서는 우리 모두의 죄악을

　그에게 담당시키셨도다(사 53:6).

예수님은 배반당하시던 밤에 스가랴 13장 7절을 인용하시면서 제
자들에게 이렇게 주의를 주셨다. "오늘 밤에 너희가 다 나를 버리리라
기록된 바 내가 목자를 치리니 양의 떼가 흩어지리라 하였느니라"(마
26:31). 예수님은 자기 백성의 참된 목자로서 하나님의 역할을 이어받으
셨다. 그런데 자기 백성의 자리도 이어받으셔서 그들의 죄를 떠안으셨
다. 예수님은 목자이신 동시에 희생양이시다.

예수님 당시에 선한 목자는 야생 동물이 양 떼를 공격하면 자기 목숨을 내놓을 각오가 되어 있었다. 그러나 예수님은 그저 죽을 준비만 하고 있지 않으시다. "나는 선한 목자라 나는 내 양을 알고 양도 나를 아는 것이 아버지께서 나를 아시고 내가 아버지를 아는 것 같으니 나는 양을 위하여 목숨을 버리노라"(요 10:14, 15)라는 말씀에서도 알 수 있듯이 예수님은 시드니 카턴처럼 자신의 죽음을 적극적으로 계획하셨다. 그런데 정말 충격적인 것은, 예수님은 야생 동물에게 공격당하시는 것이 아니라 도리어 바로 하나님에게 공격당하시리라는 것이다. 처음에는 이것이 가장 부당해 보인다. 죄가 없으신 분이 자기 백성의 죄 때문에 희생당하시기 때문이다. 그렇지만 복음서를 보면 예수님은 무죄하시지만, 우리가 예수님을 믿는다면 우리는 **다른** 어느 민족이 아니라 바로 **그분의** 백성이다. 예수님은 우리가 하나님에게 반항하여 지은 죄의 대가를 치르고자 죄가 없는데도 체포된 구경꾼이 아니시다. 그분은 사람이시면서 그 안에서 하나님과 인간이 만나는 성전이시다. 육신이 되신 유일하신 참 하나님이며, 그분에게만 심판할 권리가 있고 죄를 용서할 권리가 있다. 양들을 위해 자기 목숨을 버리는 선한 목자이시고, 우리가 그분을 믿는다면 우리 몸이 머리와 연결되듯이 우리는 그분과 연결된다. 우리와 그분을 떼어 놓을 방법이 전혀 없다. 그리고 예수님은 죽음에 이르는 배반을 당하시던 그날 밤에 우리에게 그 사실을 생생하게 보여 주셨다.

이것은 나의 몸이요, 이것은 나의 피다

「두 도시 이야기」의 시작 장면에서 포도주 한 통이 거리에 쏟아진

다시 만난 예수

다. 가난한 사람들이 포도주를 게걸스레 핥는다. 그런데 한 남자가 "진흙 섞인 포도주 찌꺼기에 담갔던 손가락으로 벽에 글씨를 휘갈긴다. **피**." 디킨스는 이렇게 부연한다. "때가 이르렀으니, 그때 포도주가 그 거리의 자갈들 위에 다시 쏟아질 것이고, 그때 그 얼룩이 거기에 있는 많은 사람을 붉게 물들일 것이다."[5] 우리는 "**어떤 이가 손에 피를 묻혔다**"는 표현을 유죄에 대한 은유로 사용한다. 그러나 예수님은 잡히시던 그날 밤에 자기 피를 친구들에게 마시라고 말씀하시는데, 그 피는 그들에게 죄가 있다는 증거가 아니라 용서의 방편이다.

먼저 예수님은 공동 식사용 빵을 손에 들고서 떼어 내신 후에 "받아서 먹으라 이것은 내 몸이니라"고 말씀하셨다(마 26:26). 제자들이 어떤 기분이었을지 상상할 수 있을 것이다. 여기 계신 선생님이 무언가를 찢으시더니 "이것은 내 몸이다"라고 말씀하신다. 마치 영화에서 악당이 인형을 하나 잡아 들고는 피해자를 향해서 "이게 너야"라고 말한 후에 인형을 갈기갈기 찢는 장면과 비슷하다. 그런데 아무튼 상황은 더 나빠진다. 예수님은 빵을 찢기만 하지 않으신다. 제자들에게 그것을 먹으라고도 하신다. 그분의 몸이 고기가 찢기듯 그들을 위해 찢길 것이다. 그러시고는 유월절에 나누는 것이었을 포도주 잔을 집어 드시고 이렇게 말씀하신다. "너희가 다 이것을 마시라 이것은 죄 사함을 얻게 하려고 많은 사람을 위하여 흘리는 바 나의 피 곧 언약의 피니라"(마 26:27, 28).

구약의 언약은 짐승의 피로 인을 쳤다. 하나님과 그분 백성 간의

---

5   Dickens, *A Tale of Two Cities*, 33. 「두 도시 이야기」.

이 새 언약은 예수님의 피로 인을 칠 것이다. 이것이 우리에게는 아주 생소해 보인다. 우리 죄에 왜 피의 희생이 필요한가? 정말로 영적인 대가를 치러야 한다면, 현찰과 가치가 동등한 가상 화폐(비트코인)처럼 **그냥 영적으로만** 갚으면 되지 않는가? 그렇지만 성경 이야기에서는 살과 피로 된 인간이 하나님과 함께하는 관계로 부름을 받듯이 우리의 영혼과 몸은 함께 간다. 성경은 우리에게 육신 없이 행복하게 떠다니는 불멸의 영혼을 약속하지 않는다. 우리는 부활의 몸을 약속받는다. 마찬가지로 죄에 대해 요구되는 희생은 천상의 차원에서만 실시되지는 않는다. 거기에는 살과 피로 된 희생이 필요하다. 그러나 그 희생은 영적인 희생이었다. 이 내용은 예수님이 그날 밤 말씀하신 다른 잔에서 살펴보자.

이 잔을 지나가게 하소서

「두 도시 이야기」에서 시드니 카턴은 묵묵히 죽음으로 나아간다. 우리는 예수님에게도 카턴과 동일한 모습을 예상할 수 있다. 예수님이 처음부터 자기가 받을 처형을 예견하셨기 때문이다. 그러나 복음서는 다른 이야기를 들려준다. 저녁을 잡수신 후에, 제자들의 발을 씻기신 후에, 빵을 떼고 잔을 부으신 후에, 예수님은 제자들을 겟세마네라고 불리는 동산으로 데리고 가신다. 제자들 대부분에게는 앉아서 기도하라고 말씀하셨지만, 베드로와 야고보와 요한은 부르셔서 함께 가신다. 마태의 말에 따르면, 그런 후에 예수님이 "근심하며 괴로워하기 시작하셨다"(마 26:37, 새번역). 예수님은 그 셋에게 "내 마음이 괴로워 죽을 지경이다. 너희는 여기에 머무르며 나와 함께 깨어 있어라"고 말씀하신다(마 26:38, 새번역). 그리고 조금 더 멀리 가셔서 얼굴을 땅에 대시고 기도하신다. 사람들은 몇 번이고 예수님 앞에서 얼굴을 땅에 대고 도와달라면서 간청하곤 했다. 그런데 여기에서는 예수님이 땅에 얼굴을 대시고 이렇게 간청하신다. "나의 아버지, 하실 수만 있으시면, 이 잔을 내게서 지나가게 해주십시오. 그러나 내 뜻대로 하지 마시고, 아버지의 뜻대로 해주십시오"(마 26:39, 새번역). 누가는 "고뇌에 차서, 더욱 간절히 기도하시니, 땀이 핏방울같이 되어서 땅에 떨어졌다"고 덧붙인다(눅 22:44, 새번역). 예수님이 그리도 두려워하신 이 잔은 무엇인가? 십자가형은 사형수가 극도로 고통과 수치를 겪게 하려고 고안되었으니, 이 잔은 십자가에서 잔혹하게 죽는 것을 뜻하는가? 아니다.

구약의 예언자들은 하나님이 민족들의 죄에 대해 심판 가운데 쏟아부으시는 진노의 잔을 말한다. 여호와께서 예레미야에게 말씀하신다. "이스라엘의 하나님 여호와께서 이같이 내게 이르시되 너는 내 손에서 이 진노의 술잔을 받아가지고 내가 너를 보내는 바 그 모든 나라로 하여금 마시게 하라 그들이 마시고 비틀거리며 미친 듯이 행동하리니 이는 내가 그들 중에 칼을 보냈기 때문이니라"(렘 25:15, 16). 충격적이게도 그 잔을 처음 받는 민족은 이방 민족이 아니라 바로 예루살렘이다. 동일한 은유가 이사야서에도 나오는데, 메시지가 좀 더 희망적이기는 하다.

깨어라, 깨어라, 일어나거라, 예루살렘아! 너, 주님의 손에서 그 진노의 잔을 받아 마신 예루살렘아! 비틀거리게 하는 잔을, 네가 바닥까지 다 들이마셨다. …… 너의 주, 그의 백성을 지키려고 싸우는 너의 하나님

주님께서 이렇게 말씀하신다. "내가 너의 손에서, 비틀거리게 하는 그 잔 곧 나의 진노의 잔을 거두었으니, 다시는 네가 그것을 마시지 않을 것이다"(사 51:17, 22, 새번역).

하박국 2장 16절과 에스겔 23장 31절도 동일한 은유를 사용하고, 어느 시편은 이렇게 경고한다.

> 여호와의 손에 잔이 있어
> 술거품이 일어나는도다 속에 섞은 것이 가득한
> 그 잔을 하나님이 쏟아 내시나니
> 실로 그 찌꺼기까지도
> 땅의 모든 악인이 기울여 마시리로다(시 75:8).

여호와의 잔은 죄에 대한 여호와의 분노가 담긴 잔이다. 이것이 예수님이 마시기를 두려워하신 바로 그 잔이다.

그날 밤에 예수님은 자기가 잡히지 않도록 제자들이 보호하는 것을 막으신다. 그 이튿날 유대와 로마의 관계자들 앞에 서시지만, 자신을 변호하기를 거부하신다. 자기를 처형하려고 계획을 꾸민 자들과 대화를 나누실 때 예수님에게는 두려워하시는 기색이 전혀 보이지 않는다. 예수님은 희생당한 사람이 아니시다. 자원하신 분이다. 예수님이 두려워하신 것은 십자가형 자체가 아니라 하나님의 진노였다. 모든 민족에게 쏟아진 잔이 예수님이 세상 죄를 지고 가실 수 있도록 단 한 사람, 예수님의 손으로 다가오고 있었다.

어찌하여 나를 버리셨나이까?

단두대형은 순식간에 끝나지만, 십자가형은 열기가 차츰차츰 오르듯이 죽음에 이르게 한다. 십자가형을 받은 사람은 몇 시간 동안 매달려 있으면서 사람들에게 조롱받고 새들에게 쪼아 먹히면서 서서히 질식사했다. 숨이 가빠서 헐떡이며 몸을 위로 일으키면 손목과 발목에 박힌 못에 살이 찢겼다. 십자가에 달려 있는 동안에는 말도 하기 힘들었다. 그렇지만 시간이 있었다. 너무나 고통스러운 시간이었다. 3장에서 이미 살펴보았다시피 예수님은 옆 십자가에 달린 죄인에게 "오늘 네가 나와 함께 낙원에 있으리라"고 아주 놀라운 약속을 해주셨다 (눅 23:43). 어머니와도 대화하셨고, 요한복음 저자와도 말씀을 나누셨다 (요 19:26). 그렇지만 예수님이 십자가에 달려 계신 동안 아버지 하나님과 나누신 대화가 가장 가슴 뭉클하다. 누가가 전하는 말에 따르면, 군인들이 예수님을 십자가에 못 박는 중에도 예수님은 "아버지여 저들을 사하여 주옵소서 자기들이 하는 것을 알지 못함이니이다"라고 기도하셨다(눅 23:34). 그런데 마태는 "엘리 엘리 라마 사박다니 하시니 이는 곧 나의 하나님, 나의 하나님, 어찌하여 나를 버리셨나이까 하는 뜻이라" (마 27:46)며 더 이해하기 어려운 말씀을 기록해 놓았다.

이 말씀에 담긴 표현조차도 쓰라리다. 복음서들은 제국의 공통어인 그리스어로 기록되었다. 그렇기는 해도 예수님의 모어(mother tongue)인 아람어 단어를 (음역해서) 적어 놓을 때도 있다. 예수님이 열두 살 소녀를 고쳐 주실 때, "달리다굼"이라고 말씀하셨는데 "내가 네게 말하노니 소녀야 일어나라"는 뜻이었다(막 5:41). 귀먹은 사람을 고쳐 주실 때는 하늘을 우러러보시며 "에바다"라고 말씀하셨는데 이는 "열리라"는 뜻이었다(막 7:34). 마가는 예수님이 겟세마네에서 아버지 하나님에게 간구하시던 일을 기록하면서 '아빠'에 해당하는 아람어 단어를 넣어 두었다. "압바(아빠) 아버지여 아버지께는 모든 것이 가능하오니 이 잔을 내게서 옮기시옵소서 그러나 나의 원대로 마시옵고 아버지의 원대로 하옵소서"(막 14:36). 그런데 예수님이 십자가에서 아버지를 향해 "나의 하나님, 나의 하나님, 어찌하여 나를 버리셨나이까"라고 부르짖는 부분이 복음서에서 아람어가 가장 길게 나오는 부분이다.

아이를 낳을 때마다 나는 무통 주사를 선택했다. 몇 시간 진통을 겪은 후에야 비로소 그 통증이 사라지게 할 준비가 된다. 무통 주사를 맞으려면 절대 움직이지 않고 앉아 있어야 한다. 의사가 등에 바늘을 찔러 넣는 동안에도 진통이 밀려오지만 움직이면 안 된다. 그때마다 나는 아주 좋아하는 시편을 읊었다. 그 시편은 "주님, 주님께서 나를 샅샅이 살펴보셨으니, 나를 환히 알고 계십니다"로 시작하여 "내가 앉아 있거나 서 있거나 주님께서는 다 아십니다"로 이어진다(시 139:1, 2, 새번역). 이 시편은 내가 주님을 의지하며 어떻게든 고통을 견디게 도와준다.

"나의 하나님, 나의 하나님, 어찌하여 나를 버리셨나이까"라고 외치셨을 때, 예수님도 어느 시편의 시작 부분을 인용하시는 중이었다. 그렇지만 단순히 위안을 얻으려고 읊으신 것이 아니다. 예수님은 그 시편을 성취하는 중이셨다. 그 시편은 "어찌 나를 멀리하여 돕지 아니하시오며 내 신음 소리를 듣지 아니하시나이까"로 이어진다(시 22:1). 이 순간 예수님은 하나님이 죄에 퍼부으시는 거대한 진노를 자신의 인성 안에서 견디시는 중이다. 여호와의 진노의 잔을 그 찌끼까지 마시고 계신다. 다시 말하자면, 지옥을 향해 가시는 중이다. 십자가에서 겪는 육신의 고통은 영적인 격통을 나타낸다. 해리 포터 시리즈에 나오는 '크루시아투스 저주'(cruciatus curse, 해리 포터 시리즈에서 어둠의 마법 중에 끔찍한 고통을 주는 저주_ 옮긴이)처럼 십자가는 극도의 고통을 의미했다. 예수님은 인간으로서 세상 죄에 대한 하나님의 의로운 진노를 그대로 들이키시는 중이다. 그렇지만 "나의 하나님, 나의 하나님, 어찌하여 나를 버리셨나이까"라고 외치실 때, 예수님은 당황하신 것이 아니다. 극심한 고통 속에서 아버지를 소리쳐 부를 때조차도 이것이 원래 계획이었음을 보여 주신다.

마태는 지나가는 사람들이 "자기 머리를 흔들며 예수를 모욕하여 이르되 성전을 헐고 사흘에 짓는 자여 네가 만일 하나님의 아들이어든 자기를 구원하고 십자가에서 내려오라 하며" 예수님을 조롱했다고 기록한다(마 27:39, 40). 다윗 왕도 시편 22편에서 비슷하게 한탄한다.

나를 보는 자는 다 나를 비웃으며
    입술을 비쭉거리고 머리를 흔들며 말하되
그가 여호와께 의탁하니 구원하실 걸,
    그를 기뻐하시니 건지실 걸 하나이다(시 22:7, 8).

대제사장들과 서기관들과 장로들은 이 시편이 떠오르게 하는 말로 예수님을 비웃었다. "그가 남은 구원하였으되 자기는 구원할 수 없도다 그가 이스라엘의 왕이로다 지금 십자가에서 내려올지어다 그리하면 우리가 믿겠노라 그가 하나님을 신뢰하니 하나님이 원하시면 이제 그를 구원하실지라 그의 말이 나는 하나님의 아들이라 하였도다"(마

27:42, 43).

이 예언 시편은 이스라엘의 전형적인 왕이 썼는데, 이 시편에 나오는 고통은 왕이신 예수님의 극심한 고통에 그대로 반영된다(시편 22편 14-17절을 보라). 다윗 왕이 자기 옷을 적들이 제비 뽑아 나눈다고(시 22:18) 적은 것처럼(제비뽑기는 동전 던지기에 해당하는 고대의 풍습), 로마 군인들이 예수님의 옷을 제비 뽑아 나눈다(마 27:35). 그러나 고통과 한탄을 다 토로한 후에 다윗은 찬양으로 넘어간다. 이 시편은 이렇게 끝난다.

후손이 그를 섬길 것이요
　　대대에 주를 전할 것이며
와서 그의 공의를 태어날 백성에게 전함이여
　　주께서 이를 행하셨다 할 것이로다(시 22:30, 31).

누가는 예수님이 마지막으로 부드럽게 "아버지 내 영혼을 아버지 손에 부탁하나이다"라고 말씀하셨다고 기록한다(눅 23:46). 요한은 예수님이 "다 이루었다"라고 말씀하셨다고 기록한다(요 19:30). 마태와 마가는 예수님의 마지막 말씀을 전해 주지 않는다. 예수님이 크게 소리를 지르셨다고만 말한다. 그런데 마태와 마가가 전하는 말에 따르면 바로 그 순간 성전에 있는 (하나님이 거하신다는 인식이 가장 강하던 곳을 가로막고 있던) 휘장이 위에서부터 아래로 찢어졌다(마 27:50, 51; 막 15:37, 38). 예수님은 희생 제물이 되셔서 우리처럼 죄 있는 사람들이 하나님과 함께 살아갈 길을 열어 주셨다. 예수님은 어린양이시고 성전이시고 희생하는 목자-왕이시며, 우리가 낙원에서 예수님과 함께 살게 하시려고 그 잔을 마시셔

　　　　　　　　　　　　　　　　　　　　　다시 만난 예수

서 하나님에게 버림받는 대가를 치르신 분이다.

그래서 어떻다는 것인가?

하나님의 진노와 피와 희생 제물을 이야기하면 우리 현대인들은 듣기 불편해한다. 우리는 사랑의 하나님이라는 생각을 좋아한다. 반면에 진노의 잔을 움켜쥐시고 자기 아들에게 쏟아부으시는 하나님은 먼 옛날에나 통하던 일탈을 하시는 느낌이다. 그렇기는 하지만 우리는 전쟁과 강간과 살인과 학대처럼 이루 말할 수 없이 참혹한 사건이 일어나는 세상에 살고 있다. 우리의 의문은 하나님이 존재하신다면 왜 내려오셔서 세상을 심판하시고 바로잡지 않으시느냐는 것이다. 복음서는 하나님이 그렇게 하셨다고 말한다. 하나님은 자기 아들의 모습으로 내려오셨으며, 그 아들은 오셔서 우리가 마땅히 받아야 하는 심판을 전부 몸소 짊어지심으로 세상을 구원하셨고 우리가 정의를 향해 방향을 틀도록 하는 도덕상의 변혁을 시작하셨다.

시드니 카턴은 단두대를 향해 가려는 참에 이렇게 말한다. "내가 하는 일은 지금껏 내가 해온 어떤 일보다 훨씬 선한 일이다. 내가 갈 곳은 지금껏 내가 알던 것보다 훨씬 좋은 안식처일 것이다."[6] 카턴이 그동안 이기적이고 죄 많은 삶을 살았으나 이제 사랑이 흠뻑 밴 죽음을 맞이한다. 그러나 카턴은 전보다 나은 사람이 되기 위해 죽지만, 예수님은 죄가 하나도 없으시면서도 당신과 나를 위해, 옆 십자가에 달린 (마지막 숨을 쉴 때 예수님을 믿은) 범죄자를 위해 십자가로 향하셨다. 카턴은 자

---

6 Dickens, *A Tale of Two Cities*, 386. 「두 도시 이야기」.

기가 사랑하는 여인이 다른 누군가와 행복하게 살 수 있게 하려고 단두대를 선택했다. 예수님은 성전 휘장이 찢어져서 우리가 예수님과 영원히 함께 살 수 있게 하려고 십자가를 선택하셨다. 그분은 하나님의 어린양이시요, 세상 죄를 지고 가는 분이다. 그리고 예수님은 우리가 그분을 믿으려고만 한다면 우리 죄도 지고 가실 것이다.

9장

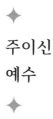

주이신
예수

매트 헤이그(Matt Haig)의 베스트셀러 「미드나잇 라이브러리」(*The Midnight Library*)에서 영국 여자 노라 시드는 삶을 마감하기로 결심한다. 노라는 갖가지 방식으로 부모님, 약혼자, 오빠, 가장 친한 친구를 잃었고 (그날 아침 일찍) 고양이도 잃었다. 따분한 영국 마을에 있는, 월급이 얼마 되지도 않는 직장에서 방금 해고당했다. 자기가 약을 찾아다 주던 이웃 어르신은 다른 도우미를 구했다. 삶이 무의미하게 느껴져서 노라는 삶을 끝내기로 한다. 매듭을 묶기 전에 놓친 풍선처럼 노라의 인생이 흐지부지해졌다. 어릴 때 노라는 뛰어난 수영 선수였지만 압박감을 견딜 수 없어서 그만두었다. 오빠와 함께 밴드를 시작했지만 밴드의 돌파구가 될 음반 계약에서 손을 뗐다. 사랑하는 남자와 결혼할 예정이었지만 자기가 결혼식을 취소했다. 가장 친한 친구와 오스트레일리아로 이주하려 했지만 덜컥 겁이 났다. 빙하학자가 되기를 꿈꾸었지만 그 꿈을 끝까지 따라가지 않았다.

약을 과다 복용하고서 노라가 깨어나 보니 거대한 도서관에 있었다. 학창 시절 사서인 엘름 씨도 거기에 있는데, 그 도서관에 있는 책은 공백이 전혀 없는 노라의 '후회 책'을 제외하면 각기 노라가 살았을 수도 있는 인생이다. 노라는 과거의 다양한 선택에서 파생된 각기 다른 형태의 현재를 시험해 볼 수 있다. 각각의 새로운 삶에는 실망할 때까지 계속 머물 것이다. 실망하면 도서관으로 돌아올 것이다. 그러한 기회는 노라의 '원래 인생'에 있는 몸이 완전히 죽으면 마침내 만료될 것이다.[1]

매트의 책에 관한 설명을 읽으면서 당신이 어떤 기분이 들었는지 모르겠다. 어쩌면 당신은 노라처럼 삶이 손가락 사이로 스르르 빠져나갔다고 느낄지도 모르겠다. 사랑이나 명예, 또는 믿을 수 없는 성공에 대한 원대한 꿈이 있었지만, 이제는 삶이 아주 평범해서 '후회 책'에 더 쓸 자리가 없을지도 모르겠다. 어쩌면 앞으로 몇 년에 대해 기대하며 들떠 있을 수도 있다. 아니면 그냥 그럭저럭 보내려고 애쓰는 중일 수도 있다. 이 마지막 장에서는 자기가 주라고, 온 우주를 다스리는 주이자 우리 각 사람을 다스리시는 주라고 하신 예수님의 주장을 살펴보려고 한다. 우리 문화는 자유를 극대화하는 것이 기쁨으로 가는 일이라고 말한다. 즉 기회만 충분하면 우리는 더할 나위 없는 행복을 발견할 것이다! 그러나 예수님은 우리에게 다른 길을 열어 주신다. 그 길은 우리 꿈을 따르는 것이 아니라 예수님을 믿는 것이다. 그리고 그렇게 믿으면 우리 마음이 갈망할 수 있는 그 무엇보다도 현실적이고 참되고 아름다운 것을 주겠다고 예수님은 약속하신다.

---

1 Matt Haig, *The Midnight Library* (New York: Viking, 2020). 「미드나잇 라이브러리」(인플루엔셜 역간, 2021).

다시 만난 예수

그 안에 생명이 있었다

디킨스의 「두 도시 이야기」 1부 제목은 "되살아나다"이다. 프랑스인 의사 알렉상드르 마네트는 18년 동안 억울하게 옥살이를 했다. 마네트의 딸 루시는 아버지가 죽었다고 들어 왔다. 마네트는 거의 정신이 나간 상태였다. 그러다가 마침내 석방된다. 처음에는 자유가 몹시 어색해서 감당할 수 없었다. 마네트가 아는 이름이라고는 '북쪽탑 105호'라는 자신의 감방 이름뿐이었다. 마네트는 감옥에서 배운 구두 만들기를 매우 하고 싶었다. 대낮의 햇빛을 견딜 수가 없었다. 그러나 딸의 사랑 덕분에 차츰차츰 생기를 되찾았다. 마네트가 감옥에서 문자 그대로 죽었던 것은 아니다. 몸은 멀쩡했다. 하지만 정신과 마음이 망가졌다. 마네트는 되살아나야 했다.[2]

요한복음은 예수님에 대해 이렇게 말한다. "그 안에 생명이 있었으니 이 생명은 사람들의 빛이라 빛이 어둠에 비치되 어둠이 깨닫지 못하더라"(요 1:4, 5). 이 단언은 예수님이 당신이나 나처럼 살아 계셨다는 말이 아니라 그분이 생명의 근원이자 원천이시라는 말이다. 태 안에 있는 아기의 생명이 엄마에게 달려 있듯이, 우리 생명은 예수님에게 달려 있다. 반대로, 성경은 우리가 예수님 없이 살아간다면 **죽은 것이라고** 단호하게 딱지를 붙인다. 감금되어 있던 마네트 박사처럼, 우리도 심장은 뛰고 있을지언정 영적으로는 사망한 것이다. 아니면 우리 생명은 아직 시작되지도 않은 것일 수도 있다.

어느 날 밤, 유대인의 지도자 니고데모가 예수님에게 와서 질문했

---

2   Charles Dickens, *A Tale of Two Cities* (New York: Signet, 2007). 「두 도시 이야기」.

다. 예수님은 니고데모에게 하나님 나라를 보려면 '다시 태어나야 한다'고 말씀하신다(요 3:3). 니고데모는 "사람이 늙었는데, 그가 어떻게 태어날 수 있겠습니까? 어머니 배 속에 다시 들어갔다가 태어날 수야 없지 않습니까?"(요 3:4, 새번역)라며 의아해한다. 니고데모는 그 비유를 이해하지 못했다. 예수님은 니고데모가 바리새인들 중에서도 특히 존경받는 지도자이지만 그의 생명은 아직 시작되지도 않았다고 말씀해 주신다. 생명이 진정으로 시작되려면 니고데모는 다시 태어나야 한다. 이 대화는 성경에서 가장 많이 외우는 구절인 "하나님이 세상을 이처럼 사랑하사 독생자를 주셨으니 이는 그를 믿는 자마다 멸망하지 않고 영생을 얻게 하려 하심이라"(요 3:16)로 흘러간다. 예수님은 현재로서 더 나은 생명을 주시는 것이 아니다. 과거에 더 나은 선택을 한 인생으로 바뀌 들어갈 수 있는 '미드나잇 라이브러리'를 제시하시는 것이 아니다. 예수님이 주시는 것은 그분과 흔들림 없이 함께하는 영원한 생명이다. 그런데 우리는 영생을 정말로 원하는가?

끝없는 생명?

'영원한 생명'이라는 말을 들으면 처음에는 무한정 이어지는 생명만 떠오른다. 그리스 신화에서 아폴론 신이 쿠마에의 시빌라에게 자기와 동침해 주기만 하면 원하는 것은 다 들어주겠다고 제의한다. 시빌라는 모래를 한 줌 퍼서는 그 모래알 개수만큼의 햇수를 살게 해달라고 한다. 아폴론은 시빌라의 소원을 들어준다. 그러나 여전히 시빌라가 아폴론과 동침하기를 거부하자 아폴론은 시빌라가 지나치게 오래 살게 하면서 영원한 젊음은 주지 않는 것으로 복수한다. 시빌라는 나이

다시 만난 예수

가 들수록 약해지고 쪼그라든다. 마침내 병에 들어가 살 정도로 작아진다. 소원이 무엇이냐는 질문을 받으면 시빌라는 정말로 죽고 싶다고 토로한다. 끝이 없는 생명은 얼마 지나지 않아 우리에게 저주가 될 것이다. 그러나 하워드 인렛이 〈나는 사랑과 시간과 죽음을 만났다〉에서 언급했듯이 "모든 것을 고려할 때, 우리는 사랑을 갈망합니다. 우리는 시간이 더 많았으면 합니다. 그리고 죽음을 두려워하죠."[3]

어쩌면 당신은 린마누엘 미란다의 뮤지컬에 나오는 해밀턴과 비슷한지도 모르겠다. 해밀턴은 죽음을 얼마나 많이 상상했는지 죽음이 마치 추억처럼 느껴졌다. 아니면 갑작스레 죽음이나 장기간에 걸친 상실에 직면해야 했던 하워드 인렛과 비슷할 수도 있다. 그렇지만 우리 대부분에게 자기가 죽으리라는 지식은 장기 기증 카드처럼 늘 지니고 다니는 것이다. 우리는 죽음이 있다는 것을 알고 그 의미도 알지만, 마치 자기는 죽지 않을 것처럼 살아간다. 적어도 청년기나 중년기에는 죽지 않을 것처럼 살아간다. 의사인 친구는 훨씬 더 노년의 환자들이 자기들이 죽으리라는 사실을 생전 처음으로 받아들이는 과정을 곁에서 지켜본 경우가 참으로 많았다고 내게 말해 주었다. 그렇지만 우리는 아무리 애를 써서 죽음을 폐기물과 오래된 도서관 카드와 함께 숨겨 두려고 해도, 죽음이 존재한다는 것과 우리를 기다리고 있다는 것을 안다.

창세기에서 하나님은 흙으로 처음 사람을 만드셨고, 그 사람이 죄를 짓자 이렇게 경고하셨다.

---

3 *Collateral Beauty*, David Frankel 감독 (Burbank, CA: New Line Cinema, 2016). 〈나는 사랑과 시간과 죽음을 만났다〉.

너는 흙이니 흙으로 돌아갈 것이니라(창 3:19).

T. S. 엘리엇(Eliot)은 아름다운 시 〈황무지〉(The Waste Land)에서 그 광경을 묘사하고 죽음에 대한 우리의 두려움을 이렇게 서술한다.

이 붉은 반석 아래 그늘이 있으니,

(이 붉은 반석 그늘로 들어오라),

그러면 아침에 그대 뒤에서 성큼 걷는 그대 그림자나

저녁 무렵 그대를 맞이하러 일어나는 그대 그림자와는

다른 것을 그대에게 보여 주리라.

그대에게 한 줌 흙먼지 속 두려움을 보여 주리라.[4]

그런데 엘리엇의 시에는 고전 신화도 가득 들어 있으며, 이 흙먼지 한 줌이라는 표현에서 시빌라의 운명적인 소원을 떠올리지 않을 수가 없다. 우리는 죽음이 두렵다. 그러나 살아 있음이 그저 아침에는 뒤에서 우리 그림자가 성큼 걷고, 저녁에는 우리 그림자가 우리를 맞이하러 일어나고, 건강이 나빠지고, 몸이 쪼그라들고, 정신이 흐트러지고, 우리에게 즐거운 일이 시들해지는 일이 계속 이어진다는 뜻일 뿐이라면 살아가는 것도 두렵다. 영원한 생명은 끔찍한 일이 될 수 있다.

우리가 시빌라보다 잘했다면 어떻게 될까? 우리가 끝이 없는 인생**과** 젊음**과** 더불어 바라는 것을 모조리 얻는다면 어떻게 될까? 텔레

---

4 T. S. Eliot, "The Waste Land," *The Criterion* 1, no. 1 (October 1922): 50-64.

다시 만난 예수

비전 프로그램 〈굿 플레이스〉는 이 질문을 제기한다. 마지막 에피소드에서 핵심 커플인 엘리너와 치디가 자신들의 완벽한 집에 함께 있게 된다. 둘은 그 세계를 여행하면서 원하는 기술은 무엇이든 다 완전히 익힌다. 무엇을 원하든 다 들어준다! 그러나 결국 치디는 자신의 완벽한 삶을 끝내기로 한다. 자기가 더는 존재할 필요가 없었던 것이다.[5]

　예수님이 우리에게 주시는 것이 이것인가? 무엇이든 다 먹을 수 있는 뷔페처럼 무엇이든 다 이루어지는 소망과 꿈인가? 아니다. 예수님은 우리에게 자기 결정권이 완벽하게 있는 삶을 약속하지 않으신다. 우리를 자신에게, 끝이 없고 기쁘게 영원히 계속되는 생명의 원천이신 주께 묶어 놓겠다고 약속하신다. 치디는 자기가 엘리너를 영원히 행복하게 해줄 정도로 재미있는 사람이 아니어서 괴로웠다. 치디 생각이 맞았다. 그러나 예수님이 생명의 원천이시고, 우주를 만드신 분이고, 그분으로 말미암아 만물이 존재하게 되었다면, 그분만이 우리에게 영원한 생명을 주실 뿐 아니라 가장 충만하게 주실 수 있다. 그리고 예수님은 바로 그것을 주려고 왔다고 말씀하셨다. 예수님은 "도둑이 오는 것은 도둑질하고 죽이고 멸망시키려는 것뿐이요 내가 온 것은 양으로 생명을 얻게 하고 더 풍성히 얻게 하려는 것이라"고 말씀하셨다(요 10:10). 현재 경험을 근거로 우리가 예수님과 함께하는 영원한 생명을 이해할 수 있다고 생각한다면 물 한 잔을 들고서 바다를 이해한다고 생각하는 것이나 마찬가지다.

5　*The Good Place*, 시즌 4, 에피소드 13-14, "Whenever You're Ready," Michael Schur 제작, 2020년 1월 30일 NBC에서 방영. 〈굿 플레이스〉.

나는 부활이요 생명이니

내가 아주 좋아하는 복음서 이야기를 보면, 예수님이 생명을 주시는 능력을 생생하게 보여 주신다. 예수님이 사랑하시는 친구들인 마리아와 마르다가 예수님을 부르러 사람을 보낸다. 자기들 오라비 나사로가 병들었기 때문이다. 예수님은 이들 남매를 사랑하셨다(요 11:5). 그러나 나사로가 죽을 때까지 일부러 기다리신다. 나사로가 죽은 다음에 가신다. 마르다가 이렇게 말하면서 예수님을 맞으러 나왔다. "주께서 여기 계셨더라면 내 오라버니가 죽지 아니하였겠나이다 그러나 나는 이제라도 주께서 무엇이든지 하나님께 구하시는 것을 하나님이 주실 줄을 아나이다"(요 11:21, 22). 마르다는 자기 오라비가 죽었더라도 고쳐 주실 예수님의 능력을 믿었다. 그런데 예수님은 나사로의 무덤으로 서둘러 가시는 대신 이렇게 대답하신다. "네 오라비가 다시 살아나리라"(요 11:23). 예수님 시대에는 많은 유대인이 의인들이 부활할 날을 믿었기에, 마르다도 "마지막 날 부활 때에는 다시 살아날 줄을 내가 아나이다"라고 대답한다(요 11:24). 그러나 마르다는 예수님이 위대한 치유자이시니 지금 당장 자기 오라비를 되살리시리라는 희망을 분명히 붙잡고 있었다. 예수님은 큰 슬픔에 빠진 마르다의 눈을 들여다보시면서 "나는 부활이요 생명이니 나를 믿는 자는 죽어도 살겠고 무릇 살아서 나를 믿는 자는 영원히 죽지 아니하리니 이것을 네가 믿느냐"(요 11:25, 26)라고 말씀하신다.

예수님은 "나는 ……이다" 진술을 다른 곳에서는 거의 집단을 대상으로 말씀하신다. 그런데 여기서는 단 한 사람에게 그렇게 말씀하신

다시 만난 예수

다.[6] 그러나 예수님은 마르다가 믿기는 하지만 예수님이 어떤 분인지는 아직 이해하지 못했음을 보여 주신다. 예수님은 죽은 자들을 다시 살리시지만은 않는다. 그분이 부활**이다.** 예수님은 생명을 주시지만은 않는다. 그분이 생명**이다.** 마르다는 이것을 깨닫자 "주여 그러하외다 주는 그리스도시요 세상에 오시는 하나님의 아들이신 줄 내가 믿나이다"라고 대답한다(요 11:27).

이렇게 죽음에 맞서는 예수님의 말씀은 「두 도시 이야기」 마지막 장에서도 등장한다. 시드니 카턴이 찰스 다네이를 대체하고자 다네이가 의식을 잃고 쓰러지게 할 약을 산다. 그러고 나서 자기 아버지의 장례식을 회상한다.

> 머리 위로 높이 달이 뜨고 구름이 흘러가고 있어, 그림자가 짙게 드리운 어두운 거리를 걸어 내려가는 동안, 카턴은 전에 아버지 무덤에서 낭독된 엄숙한 말씀이 생각났다. "주께서 이르시되 나는 부활이요 생명이다. 나를 믿는 자는 죽어도 살겠고 무릇 살아서 나를 믿는 자는 영원히 죽지 아니하리라."[7]

노라 시드와 달리 시드니 카턴은 자기 삶이 무의미하게 느껴져서 죽는 것이 아니다. 카턴에게는 "몹시 지친 사람의 낮게 가라앉은 태도가 있었다. 전에는 방황했고 몸부림쳤고 길을 잃었으나 드디어 자신의

---

6 어느 한 개인을 대상으로 한 "나는 ……이다" 진술 또 하나는 우물가에서 사마리아 여자에게 하셨다(요 4:26).

7 Dickens, *A Tale of Two Cities*, 323. 「두 도시 이야기」.

행로를 가기 시작하여 그 끝을 본 그런 사람의 태도였다."[8] 노라처럼 카턴도 길을 잃고 말았다. 그러나 노라와 달리 곧 자신의 행로를 가기 시작했고 그 행로의 결말을 보았다. 놓친 여러 기회의 결말이 아니라 부활 생명이 있는 행로의 결말을 보았다.

카턴은 섬뜩하고 피비린내가 물씬한 혁명기의 파리를 걷다가, 위험한 거리를 건너가던 어린 여자아이를 도와주고서는 예수님의 말씀을 다시금 곰곰이 생각한다. "나는 부활이요 생명이다. 나를 믿는 자는 죽어도 살겠고 무릇 살아서 나를 믿는 자는 영원히 죽지 아니하리라." 그런 다음에 카턴은 장삿배 한 척이 미끄러지듯이 지나가는 것을 본다. "배가 소리 없이 물에 남겨 놓은 자취가 사라지자, 카턴의 속에서 자신의 가련한 눈멂과 잘못을 모두 자비롭게 여겨 주시기를 구하는 기도가 터져 나오더니 '나는 부활이요 생명이다'라는 말씀으로 끝났다."[9]

마침내, 카턴은 젊고 가난한 여자 재봉사와 최후의 순간을 함께한다. 그 재봉사도 단두대형을 선고받았다. 두 사람은 서로에게 입을 맞추고 복을 빌어 준다. 그러고 나서 피에 굶주린 군중이 또 한 번의 처형에 번호를 매길 준비가 되자 카턴은 여자의 작은 손을 놓아 준다.

카턴이 손을 놓아 줄 때 그 여윈 손은 떨지 않는다. 참을성 있는 얼굴은 변함없이 다정하고 밝을 뿐이다. 다음으로 여자가 카턴보다 먼저 가서, 죽는다. 그러자 뜨개질하는 여자들이 스물 둘이라고 센다.

"나는 부활이요 생명이다. 나를 믿는 자는 죽어도 살겠고 무릇 살아서

---

8 Dickens, *A Tale of Two Cities*, 323. 「두 도시 이야기」.

9 Dickens, *A Tale of Two Cities*, 324. 「두 도시 이야기」.

다시 만난 예수

나를 믿는 자는 영원히 죽지 아니하리라."

많은 사람이 웅얼거리는 소리, 위쪽으로 얼굴을 돌리는 많은 사람, 군
중 주변에서 밀려드는 무수한 발걸음, 그렇게 무리 지어서 마치 거대한
물결처럼 들썩이며 앞쪽으로 불어나더니 일제히 흩어져 버린다. 스물
셋.[10]

감옥을 떠나면서 마네트 박사는 자신의 수형 번호인 '북쪽탑 105
호'를 자기 이름으로 바꾸는 법을 익혀야 했다. 지금, 카턴이 그날의 23
호로 죽는다. 그러나 카턴은 자기가 처음 삶보다 나은 새로운 삶을 시
작할 것을 믿는다. 마르다처럼 카턴도 예수님의 단호한 말씀을 전적으
로 믿고 있다.

요한복음에서 그다음에 예수님은 마리아와 대화하신다. 마리아
는 예수님 발 앞에 엎드려서 언니랑 같은 말을 한다. "주께서 여기 계셨
더라면 내 오라버니가 죽지 아니하였겠나이다"(요 11:32). 예수님은 마리
아가 눈물을 흘리는 것을 보시자 마음이 몹시 아프셨다. 나사로의 무
덤에 가서는 예수님도 눈물을 흘리신다(요 11:35). 자기가 사랑하는 이
두 자매와 함께 예수님이 눈물을 흘리시는 이유는 그분의 사랑이 언제
나 개인적이어서다. 그 사랑은 사람들 전체를 대상으로 하는 사랑이 아
니다. 그 사랑은 마리아와 마르다를 향한 사랑이고, 당신을 향한 사랑
이고, 나를 향한 사랑이다. 그렇지만 예수님은 우리와 함께 눈물 흘리
시는 것 이상을 하실 수 있다. 애도하러 온 사람들을 시켜 무덤 돌을 뒤

---

10 Dickens, *A Tale of Two Cities*, 385. 「두 도시 이야기」.

로 빼게 하시고서는 "나사로야 나오라"고 외치신 것이다. 그러자 죽었던 사람이 수의에 여전히 몸이 칭칭 감긴 채로 걸어 나왔다(요 11:43, 44).

어쩌면 당신은 '아름다움 이야기야. 하지만 이 이야기가 진짜 사실일 가능성은 전혀 없지'라고 생각하고 있을지도 모르겠다. 아마 이 책에 나온 복음서의 몇몇 이야기를 「두 도시 이야기」나 「미드나잇 라이브러리」를 잠깐 들여다보며 즐기듯이 재밌게 읽었을 수도 있다. 그러나 머릿속에 사실과 허구 사이를 가르는 선을 선명하게 그어 놓았다면 나사로가 되살아난 일은 확실히 허구 쪽에 있다. 만일 이렇게 당신이 느낀다면, 예수님 자신이 죽은 자들 가운데서 살아나셨고, 그것도 나사로처럼 한동안만 다시 살아나신 것이 아니라 영원히 다시 살아나셨으며, 언젠가는 그분을 따르는 이들도 영원히 살도록 다시 살리시리라는 주장에 관해서는 불신이 한층 깊어질 것이다. 아마 영국의 저명한 천체 물리학자인 스티븐 호킹(Steven Hawking)처럼 당신도 죽음 너머에 삶이 있다는 생각을 "암흑을 겁내는 사람들을 위한 동화"[11]라고 생각할지도 모르겠다. 그렇지만 동화와 달리 기독교는 예수님이 바로 죽은 자들에게서 돌아오신 분이라는 주장을 역사적 주장으로 받아들인다. 그러면 그러한 일이 실제로 일어났다고 믿을 근거가 조금이라도 존재하는가?

예수님이 다시 살아나셨는가?

리처드 도킨스(Richard Dawkins)는 2019년 저작 「신: 만들어진 위험」

---

11 Lydia Warren, "Stephen Hawking: 'Heaven is a fairy story for people afraid of the dark,'" *Daily Mail*, 2011년 5월 17일, https://www.dailymail.co.uk.

다시 만난 예수

(*Outgrowing God: A Beginner's Guide*)에서 실물 크기 헬륨 인형이 하늘로 떠 오르자 어떤 여자가 사람들이 하늘로 들려 올라가는 중이라고 확신했 다는 도시 괴담을 들려준다. 도킨스는 어떻게 해서 "어느 이야기가 사 실이 아닌데도 즐거움을 주고 사람들의 기대나 편견과 맞아 떨어진다 는 이유로 퍼져 나가는지"를 보여 주는 예로 이 이야기를 든다.[12] 그리 고 이어서 이렇게 말한다.

> 이것이 어떻게 예수의 기적이나 부활 이야기에도 해당되는지 알겠는 가? 기독교라는 신생 종교의 초기 구성원들은 예수에 대한 이야기와 소 문을 사실 확인도 없이 특히 열심히 전했을 것이다.[13]

그렇지만 도킨스의 주장에는 문제점이 많다. 첫째, 부활이 없다면 초기 구성원을 확보할 신생 종교도 없었을 것이다. 부활이 없는 기독 교는 줄리엣이 없는 「로미오와 줄리엣」 이야기만큼이나 말이 안 된다. 둘째, 사람들이 기이한 이야기를 꾸며 내고 있었다면, 우리는 가장 기 이한 주장, 즉 예수님이 죽은 자들 가운데서 다시 살아나셨다는 주장이 나중에 쓰인 예수님에 대한 글에서 느닷없이 튀어나오리라고 예상할 것이다. 그러나 부활 주장은 기독교의 가장 초기에 작성된 문서에서도 가장 중요하다.[14] 셋째, 부활은 사람들의 기대에 부합하지 **않았다.** 예

---

12 Richard Dawkins, *Outgrowing God: A Beginner's Guide* (New York: Random House, 2019), 23-24. 「신: 만들어진 위험」(김영사 역간, 2021).

13 Dawkins, *Outgrowing God*, 25. 「신: 만들어진 위험」.

14 예를 들어, 바울이 가장 먼저 쓴 서신이라고들 생각하는 데살로니가전서 1장만 봐도 바울은 데살로니가 사람들이 어떻게 해서 "우상을 버리고 하나님께로 돌아와서 살아 계시고 참되신 하나

수님의 제자들조차도 부활을 기대하지 않았다. 사실, 복음서에는 제자들이 믿지 않았다는 이야기가 가득하다. 예수님의 추종자들이 부활 이야기를 조작하고 있었다면, 자기들을 더 멋있게 그릴 수 있었을 것이다! 그러나 그렇게 하지 않았다.

더욱이 사복음서는 이구동성으로 여자들이 예수님의 부활을 처음 목격했다고 한다. 1세기 사람들이 귀 기울일 이야기를 조작하면서 여자들에게 이러한 중추적인 역할을 맡긴다면 자기 발등을 찍는 셈일 것이다. 당시에는 여자들을 믿을 만한 증인으로 여기지 않았기 때문이다. 누가에 따르면 예수님의 남자 제자들조차도 여자들의 증언을 믿지 않았다. "이 여자들은 막달라 마리아와 요안나와 야고보의 어머니인 마리아이다. 이 여자들과 함께 있던 다른 여자들도, 이 일을 사도들에게 말하였다. 그러나 사도들에게는 이 말이 어처구니없는 말로 들렸으므로, 그들은 여자들의 말을 믿지 않았다"(눅 24:10, 11, 새번역). 예수님이 자기가 죽었다가 다시 살아날 것을 숱하게 예언하셨는데도, 예수님의 제자들은 남자건 여자건 간에 다들 그 말씀을 곧이곧대로 받아들이지 않았다. 그러나 예수님을 따라다니던 여자들 한 무리가 예수님이 어디에 묻히시는지 미리 보아 두고는 셋째 날 일찍이, 예수님의 시신에 향료를 바르러 갔다가 무덤이 비어 있는 것을 알게 되었다.

서문에서 내가 말했다시피, 당신이 이 책을 다 읽고 나서는 혼자서 복음서 한 권을 읽으면 좋겠다. 복음서 네 권을 다 읽으면 나는 정말 기쁘겠다! 그런데 사복음서를 다 읽는다면 부활 이야기들이 서로 차이

님을 섬기는지와 또 죽은 자들 가운데서 다시 살리신 그의 아들이 하늘로부터 강림하실 것을 너희가 어떻게 기다리는지" 기술한다(살전 1:9, 10).

다시 만난 예수

가 난다는 것을 알아차릴 것이다. 사복음서에서 일치하는 부분은, 여자들이 예수님의 빈 무덤을 가장 먼저 목격했고 천사들을 만났고 막달라 마리아가 그 여자들 중에 있었다는 것이다. 그러나 복음서마다 어느 정도는 이야기를 다르게 전한다.

첫째, 이름이 차이가 난다. 마태는 "막달라 마리아와 다른 마리아"를 언급한다(마 28:1). 마가가 대는 이름은 "막달라 마리아와 야고보의 어머니 마리아와 또 살로메"다(막 16:1). 누가는 "막달라 마리아와 요안나와 야고보의 모친 마리아"의 이름을 읊지만, 그 자리에 다른 여자들도 있었다고 말한다(눅 24:10). 요한은 막달라 마리아의 이름만 말하지만(요 20:1), 베드로에게 무덤이 비었다는 소식을 전할 때 "사람들이 주님을 무덤에서 가져다가 어디 두었는지 우리가 알지 못하겠다"라며 집단을 대표해서 말한다(요 20:2). 이러한 차이 때문에 부활 이야기들이 신빙성을 잃는가? 그렇지 않다.

1장에서 보았듯이, 복음서에 나오는 이름은 독자에게 목격자들을 알려 준다. 복음서 저자들이 이름을 각기 다르게 언급한 것은 저자들이 혼동했음을 알려 주는 것이 아니라 저자들이 어느 사람들을 의지해서 그 이야기를 썼는지를 알려 준다. 각 복음서의 첫 독자들이 알고 있었을 사람들이다. 당시 시간적 공간적 배경에서 마리아는 유대인 여자 이름으로 가장 흔했으니, 복음서에 마리아들이 전체적으로는 물론이고 부활 이야기에도 특히 많이 나오는 것은 출처가 올바르다는 표지다. 누가복음에 들어 있는 살로메는 1세기 팔레스타인 유대인들 사이에서 두 번째로 흔한 여자 이름이었다. 누가는 요안나도 언급하는데, 복음서 더 앞부분에서 요안나를 예수님과 함께 다니면서 섬기던 많은 여자 중에 있는 이름으로 밝힌다(눅 8:1-3). 부활 이야기마다 이름이 서로 다른 것은 그 이야기가 거짓이 아니라 진실임을 시사한다. 그러면 천사들은 어떻게 보아야 하는가?

마태가 우리에게 전하는 말에 따르면 "주의 천사가 하늘로부터 내려와 돌을 굴려 내고 그 위에 앉았다"(마 28:2). 마가복음에서는 여자들이 "웬 젊은 남자가 흰옷을 입고 오른쪽에 앉아 있는 것을 보고 몹시 놀랐다"(막 16:5, 새번역). 누가의 말로는 "문득 찬란한 옷을 입은 두 사람이 곁에 섰다"(눅 24:4). 요한은 "흰옷 입은 두 천사가 예수의 시체 뉘었던 곳에 하나는 머리 편에, 하나는 발 편에 앉았더라"고 묘사한다(요 20:12). 그러면 이들은 흰옷 입은 천사였는가, 아니면 흰옷 입은 남자였는가? 두 명이었나, 아니면 한 명뿐이었는가?

첫째, 우리도 알 듯이 복음서 저자들은 선별적으로 기록했다. 어느 저자는 말하는 역할을 맡은 천사만 언급할 수도 있는 반면에 어느 저자는 두 천사를 다 언급할 수도 있다. 친구가 "네가 갈 학회에서 누가 강연을 해?"라고 물으면 나는 그 학회에 다른 강사들도 있다는 것을 알지만 내가 가장 듣고 싶어 하는 강사 이름만 대면서 대답해도 되는 것과 마찬가지다. 또 당신이라면 흰옷 입은 천사와 남자를 구별할 수 있었으리라고 생각할지 몰라도, 요한복음에는 막달라 마리아가 두 천사가 사람이 아니라는 것을 알아차리지 못한 채로 대화를 나누는 장면이 나온다. 천사들이 "여자여, 왜 우느냐?"라고 묻자 마리아가 "누가 우리 주님을 가져갔습니다. 어디에 두었는지 모르겠습니다"라고 대답한다(요 20:13, 새번역). 그러고 나서 마리아가 뒤로 돌아서서 예수님을 본다. 그런데 마리아는 예수님도 알아보지 못한다(요 20:14).

다시 만난 예수

막달라 마리아와 예수님이 만나는 장면은 요한복음에만 있다. 아마 이 장면을 강조하고 싶어서 요한복음은 전체 이야기의 초점을 마리아에게 맞추었을 것이다. 예수님이 말씀하신다. "여자여 어찌하여 울며 누구를 찾느냐." 요한이 익살스럽게 전하는 말에 따르면 마리아는 예수님을 동산지기로 생각했다. 그래서 "주여 당신이 옮겼거든 어디 두었는지 내게 이르소서 그리하면 내가 가져가리이다"라고 대답한다 (요 20:15). 예수님은 딱 한 단어로 대답하신다. "마리아야." 예수님 목소리로 이름을 불러 주시기만 하면 된다. 마리아가 뒤돌아서 (아람어로 '선생님'이라는 뜻인) "랍오니"라고 한다(요 20:16). 곧바로 예수님이 마리아에게 임무를 하나 주신다. "나를 붙들지 말라 내가 아직 아버지께로 올라가지 아니하였노라 너는 내 형제들에게 가서 이르되 내가 내 아버지 곧 너희 아버지, 내 하나님 곧 너희 하나님께로 올라간다 하라"(요 20:17).

사복음서 전체에서 여자들은 가서 사도들에게 부활을 전하라고 명령받는다. 마태복음, 마가복음, 누가복음, 요한복음을 보면 여자들은 자기가 맡은 일을 한다. 그러나 아마 마가복음의 원래 결말이었을 부분에서는 "여자들이 몹시 놀라 떨며 나와 무덤에서 도망하고 무서워하여 아무에게 아무 말도 하지 못하더라"(막 16:8)고 들려준다. 이 내용이 다른 복음서 내용과는 상반되는 것으로 보인다. 그러나 리처드 보컴은 그렇지 않다고 주장한다. 그 묘사는 여자들이 그 메시지를 사도들에게 전하지 않았다는 뜻이 아니라 다른 사람은 아무에게도 말하지 않았다는 뜻이라고 한다. 또 보컴의 지적에 따르면 여자들이 눈으로 보고 귀로 들은 것에 두려움으로 반응하는 것도 당연하다.[15] 번개가 방금 떨어진 지점을 우연히 발견한 것처럼 부활을 목격한다는 것은 무시무시한 일이다.

그날 늦게, 두 제자가 다른 마을로 걸어가고 있을 때 예수님이 합류하신다. 처음에는 막달라 마리아처럼 그 둘도 주님을 알아보지 못한다. 예수님이 무슨 이야기를 하는 중이냐고 물으시자, 둘은 이 사람이 나사렛 예수에 대한 일을 전혀 듣지 못했다는 데 놀랄 뿐이다. "당신이 예루살렘에 체류하면서도 요즘 거기서 된 일을 혼자만 알지 못하느냐"(눅 24:18). 둘은 예수님이 십자가형을 당하신 일과 여자들이 말한 내용을 들려드린다. "또한 우리 중에 어떤 여자들이 우리로 놀라게 하였으니 이는 그들이 새벽에 무덤에 갔다가 그의 시체는 보지 못하고 와서 그가 살아나셨다 하는 천사들의 나타남을 보았다 함이라"(눅 24:22, 23). 예수님은 "미련하고 선지자들이 말한 모든 것을 마음에 더디 믿는 자들이여"(눅 24:25)라고 대답하시고는 이어서 구약이 예수님을 어떤 식으로 나타내는지 설명해 주신다. 그러나 이 두 제자 말고도 이해가 더딘 사람이 또 있다. 2장에서 살펴보았다시피 도마는 자기가 눈으로 보기 전까지는 다른 제자들이 일제히 증언해도 믿으려고 하지 않았다. 예수님을 직접 보고서야 "나의 주님이시요 나의 하나님이시니이다"(요 20:28)라고 말하며 경배했다. 예수님은 도마를 향해 "너는 나를 본 고로 믿느냐 보지 못하고 믿는 자들은 복되도다"(요 20:29)라고 대답하신다.

예수님의 부활에 대한 산 증인들을 불러와서 부활이 정말로 일어

---

15 Richard Bauckham, *Gospel Women: Studies of the Named Women in the Gospels* (Grand Rapids, MI: Eerdmans, 2002), 289-290을 보라.

다시 만난 예수

났다고 당신에게 이야기해 주게 할 수 있다면 좋겠다. 그래도 그 산 중인들이 죽어서 사라지기 전에 복음서들이 정확하게 기록된 덕분에 우리가 그들의 증언을 들을 수 있다. 도마의 이야기에서도 상기시키듯이 우리 중에는 목격담을 듣는다고 해도 기이한 주장을 믿기 힘들어 하는 사람이 많다. 그렇기는 하지만 우리는 부활이 일어났을 가능성을 즉각 묵살할 수는 없다. 동정녀 탄생과 마찬가지로, 우주를 만드신 하나님이 존재하신다면, 그 하나님이 예수님을 죽은 자들 가운데서 다시 살리실 수 있다는 것은 전혀 비논리적인 믿음이 아니다. 사실, 부활을 믿지 않는 것이 아주 비논리적일 것이다. 또 동정녀 탄생과 마찬가지로 부활을 믿는 것은 비과학적이지 않다. 과학은 자연의 규칙적인 특징을 관찰하는데, 부활과 같은 기적은 규칙적으로 일어나는 사건이라고 주장하지 않는다. 세계 유수의 과학자들 중에도 부활을 믿는 사람들이 있다.

프랜시스 콜린스(Francis Collins)는 미국 국립보건원(National Institutes for Health) 원장을 역임한 사람으로, 20대에 그리스도인이 되었다. 콜린스는 종교가 없는 가정에서 자랐고 예일대학교 대학원에 진학할 무렵에는 무신론자라고 밝혔다. 그러다가 어느 할머니 환자가 불치의 지독한 고통에 시달리면서 예수님을 큰 소리로 부르는 것을 목격하고는 호기심이 강하게 일었다. 결국 상당히 연구하고 조사한 끝에 콜린스는 그리스도인이 되었다. 미국 공영 방송(PBS)과의 인터뷰 중에 "이를테면 부활 같은 기적이나 사건에 관해서는 어떻게 대처하십니까?"라는 질문을 받았을 때, 콜린스는 이렇게 대답했다.

저는 과학자입니다. 누군가 그 사건이 기적이었다고 말한다면 저로서는 당연히 의심합니다. 자연스러운 설명을 철저히 연구하기 전까지는 그 사건을 기적이라고 말하는 것이 좋은 생각이 아니기 때문이지요. 꽃이 피는 것은, 제 생각에 기적이 아닙니다. 우리가 요즘의 분자 생물학을 기반으로 하면 이해할 수 있는 일이지요. 그러나 제가 정말로 인정하는 것은 하나님은 자연을 초월하시는 분이니 특별한 순간에 자연 세계에 틈입하기로 하실 수 있고, 그 일이 우리에게는 기적으로 보일 수 있으며, 특히 그중에는 제 신앙에서 가장 중요한 기적도 포함된다는 것입니다. 바로 예수 그리스도께서 죽은 자들 가운데서 문자 그대로 부활하셨다는 것이지요.[16]

콜린스와 달리 최초로 예수님을 따라다니던 이들에게는 현대 과학 지식이 없었다. 그래도 죽은 사람은 보통 계속 죽은 상태에 있다는 것을 알 정도의 생물학 지식은 있었다. 그래서 자기들이 따라다니던 분이 죽자 엄청난 충격에 빠졌다. 그러나 그분이 죽음에서 돌아오셨음을 이들이 드디어 믿자, 정신적 충격을 받고 두려워하던 이들 소규모 제자 집단이 변하여 일종의 설교팀이 되었고, 아주 작은 유대교 분파에서 세계적으로 가장 널리 퍼진 신앙 체계가 되었다. 과학자들이 빅뱅을 입증하는 증거를 배후에서, 잔존 방사능에서 찾듯이 부활이 일으킨 잔물결을 지금도 우주에서 느낄 수 있다. 그러면 예수님이 다시 살아나셨다면 무엇이 달라지는가?

---

16 Bob Abernathy, "Dr. Francis S. Collins Interview," PBS, 2006년 7월 21일, https://www.pbs.org.

다시 만난 예수

그것이 중요한가?

지난달에 그리스도인 친구가 이끄는 독서 모임에 초대받았다. 친구는 회원들과 함께 내 첫 책 「기독교가 직면한 12가지 질문」을 읽고 난 뒤, 나를 데리고 와서 회원들과 함께 담소를 나누려고 했다. 회원 하나가 내게 이런 질문을 했다. "예수님이 당신에게 위로를 주시는 한, 부활이 일어났는지 여부가 정말 그렇게 중요한가요?" 내 대답은 "그럼요. 부활이 일어났기에 생명과 죽음 사이에 차이가 생기거든요." 당신도 보다시피 예수님이 죽은 자들 가운데서 육체적으로 살아나셨다면, 그분에게 죽음을 이기실 능력이 있다는 것이다. 그 능력은 우리 생명을 연장할 수만 있는 것이 아니라 영원히 그분과 함께하는 부활 생명을 우리에게 주실 수 있다. 또 부활은 예수님이 우리의 파국적 죄에 관해, 그 죄에 대한 하나님의 임박한 심판에 관해 하신 말씀이 전부 참임을 보여 주고, 하나님이 우리를 흔들림 없이 사랑하신다고 하신 말씀도 전부 참임을 보여 준다.

부활은 세계의 종교는 기본적으로 다 같다는 주장을 가르고 나아간다. 유대인, 불교 신자, 힌두교 신자, 무신론자, 불가지론자 들의 신념에 따르면 예수님은 죽었고 여전히 죽어 있는 상태다. 무슬림들은 예수님이 죽은 것이 아니라 죽은 것처럼 보였을 뿐이고 하늘로 옮겨졌다고 믿는다. 그리스도인들은 예수님이 죽었다가 다시 살아나셨다고 믿는다. 이 믿음이 기독교를 추동하는 엔진이다. 예수님이 부활하지 않으셨다면, 기독교의 비행기는 하늘에서 추락한다. 반면에 예수님이 부활하셨다면 모든 것이 달라진다. 예수님의 부활은 죽음이 끝이 아니라 시작임을 입증한다. 예수님이 말씀하셨듯이 "누구든지 자기 목숨을 구하고자 하는 사람은 잃을 것이요, 나[예수님] 때문에 자기 목숨을 잃는 사람은 찾을 것이다"(마 16:25, 새번역). 예수님이 부활하지 않으셨다면, 그분은 자기중심적 사기꾼이다. 그러나 예수님이 부활하셨다면 그분은 영원하시고 죽음을 이기시며 죄를 용서하시는 만유의 주이시다.

예수는 주

「미드나잇 라이브러리」의 마지막 순간에 노라는 거의 완벽한 인생인 책을 펼친다. 그 인생에서 노라는 케임브리지 교수로서 자기가 좋아하는 철학을 연구하고 있고, 이상형과 결혼했고, 사랑스러운 네 살 아이의 엄마이고, 플라톤이라고 이름 지은 개와 놀아 주고 있다. 그러나 노라는 **이번** 삶에 머물러 있고픈 마음이 간절하지만, 그것이 **자기** 삶이 아니라는 것을 깨닫는다. 자기는 그 삶을 자기 것을 만드는 데 필요한 단계를 밟지 않았기 때문이다. 그래서 결국 노라는 자신의 '원래 인생'으로, 즉 자살을 시도했던 인생으로 돌아와서, 그 인생을 다시 구축하기 시작한다. 노라의 삶은 전과 같으면서도 달랐다.

자기가 더는 단순히 다른 사람의 꿈에 들러리를 서기 위해 존재한다는 기분이 들지 않기 때문에 달랐다. 이제는 자신의 목적을 중심으로 살아가고 자신에게 책임을 지는 인간이 아닌, 오로지 상상 속의 완벽한 딸이나 자매, 동료, 아내, 어머니, 직원 등 다른 무언가에서 성취감을 찾아야 한다고 생각하지 않는다.[17]

---

17 Haig, *The Midnight Library*, 284. 「미드나잇 라이브러리」.

이것은 가장 현대적인 충동을 정확히 담아낸다. 다른 사람의 기대와 꿈에 매이지 말라. 자신의 뜻을 억누르지 말라! 자신에게 의미 있는 것을 찾고 그것을 중심으로 움직이라. 그렇지만 매트 헤이그의 책에서 이런 글줄을 읽으면서 일종의 불일치가 내 눈에 들어왔다. 케임브리지에서 살아가던 이상적인 인생에서 노라가 행복했던 이유는 노라의 독립성 때문이 아니었다. 사랑 때문이었다. 노라가 깨달은 것은, "우레와 같은 큰 박수를 만끽할 수도 있고 지구 끝까지 여행할 수도 있고 인터넷에서 팔로워가 수백만 명이 될 수도 있고 올림픽에서 메달을 딸 수도 있지만, 사랑이 없으면 전부 무의미하다"는 것이었다.[18] 그리고 그 사랑은 우리에게 독립성을 우리가 사랑하는 이들을 위한 헌신과 바꾸라고 요구한다.

예수님은 그분을 따르는 이들에게 자기 결정권을 포기하라고 하신다. 자신을 부인하고 자기 십자가를 지고 그분을 따라야 한다고 말씀하신다. 예수님의 약속에 따르면 우리 생명은 꿈을 쫓는 데 있지 않고 예수님을 사랑하는 데 있다. 예수님은 부활하신 후에 제자들을 어느 산으로 불러서 이렇게 단언하셨다.

하늘과 땅의 모든 권세를 내게 주셨으니 그러므로 너희는 가서 모든 민족을 제자로 삼아 아버지와 아들과 성령의 이름으로 세례를 베풀고 내가 너희에게 분부한 모든 것을 가르쳐 지키게 하라 볼지어다 내가 세상 끝날까지 너희와 항상 함께 있으리라(마 28:18-20).

---

18   Haig, *The Midnight Library*, 248. 「미드나잇 라이브러리」.

예수님은 유대 민족에게만, 제자들에게만, 어느 한 지역이나 종교에만, 어느 한 국가나 대륙에만, 어느 한 민족이나 인종 집단에게만 주가 아니라 만물의 주라고 주장하셨다. 노예 역할을 맡으신 분, 제자들의 발을 씻기신 분, 조롱받고 벌거벗겨 십자가에 달리신 분, 그분이 이제 자기에게 하늘과 땅을 다스릴 권한이 있다고 주장하신다. 우주의 단 1밀리미터도, 어느 한 순간도, 어느 한 사람도 다 당연히 예수님의 통치 아래 있다. 물어야 하는 질문은 단 하나, "우리가 그분에게 복종하고자 하는가?"뿐이다.

3장에서 보았다시피 '복음'으로 번역되는 단어는 승리한 황제가 자기가 정복한 땅에 보낸 메시지를 의미한다. 예수님이 제자들에게 가서 모든 민족을 제자로 삼으라고 말씀하실 때, 이 메시지를 보내시는 것이다. 그분은 죽음까지도 정복하셨으므로 살아 있는 모든 사람을 다스리시는 적법한 왕이시다. 오늘날 우리에게는 그분을 기쁘게 맞이할 기회가 있다. 그분은 우리를 만드신 분이요, 우리의 종이신 왕, 우리의 치료자, 연인, 희생 제물, 주이시다. 아니면 그분의 통치를 적어도 지금은 거부할 수 있다. 「미드나잇 라이브러리」에 나오는 노라처럼 우리가 선택할 시간도 바닥이 나고 있다.

그래서 어떻다는 것인가?

의사가 전화해서 내게 암이 없다고 전해 줄 때, 그것은 내가 간절히 듣고 싶던 소식이었다. 그렇지만 만일 조직 검사 결과가 암이었는데 암이 없다고 말했다면, 의사가 거짓말을 하는 것이 전혀 사랑스럽지 않았을 것이다. 아마 나는 그 진실을 몇 달이나, 아니면 몇 년 동안 알

다시 만난 예수

아내지 못했을 것이다. 그렇지만 결국 나는 죽지 않아도 되었는데 죽음을 향해 천천히 걸어가고 있다는 것을 알게 되었을 것이다. 내가 듣고 싶지 않았던 냉혹한 진실을 의사가 말해 주지 않았기 때문이다. 예수님이 부활하신 주라면, 우리는 여느 때처럼 삶을 살아갈 수 없다. 그 진리에 우리 삶이 완전히 뒤집힐 것이다. 예수님을 거부한다면 영원한 심판에 들어갈 것이다. 반면에 그분을 반가이 맞이한다면 우리는 죽음을 통과하여 영원히 그분과 함께하는 생명으로 걸어갈 것이다.

노라 시드가 완벽한 인생에서 도서관으로 다시 빨려 들어왔을 때, 화재가 시작된다. 도서관 건물이 무너지는 중이었고 노라는 책상 아래에 몸을 숨겨야 했다. 그런데 엘름 씨가 노라를 재촉하여 달려가서 아직 유일하게 불길에 휩싸이지 않은 책을 찾으라고 한다. 그 책은 노라의 '원래 인생'이었다. 노라가 펼쳤을 때, 그 책에는 아무것도 적혀 있지 않았다. 노라는 휘갈겨 썼다. "노라는 살아가기로 결정했다." 그렇지만 아무 일도 일어나지 않았다. 다시 썼다. "노라는 살아갈 준비가 되어 있다." 아무 일도 일어나지 않았다. 노라가 마침내 "나는 살아 있다"고 적자 이 세 단어가 노라를 다시 삶으로 불러들였다.[19] 초기 그리스도인들도 "예수님이 바로 주이시다"라는 세 단어를 품고 거기에 의지하여 살아갔다. 이 단어가 충분히 스며들게 할 수 있다면, 당신은 생명을 찾을 것이다. 누구든지 자기 목숨을 구원하고자 하면 잃을 것이다. 그러나 누구든지 예수님을 위하여 자기 목숨을 잃으면 찾을 것이다.

---

19 Haig, *The Midnight Library*, 270-271. 「미드나잇 라이브러리」.

감사의 글

이 책은 저를 위해 쓴 것이기도 합니다. 저는 기억하는 한 내내 그리스도인이었고 신학대학원에서 3년을 보냈지만, 복음에 관해서라면 겨우 산기슭에 있는 기분이었습니다. 저는 이 책을 쓰면서 예수님을 새롭게 만나는 기회를 즐겁게 누렸습니다. 이 책이 저에게 도움이 된 것의 절반만큼이라도 당신에게 도움이 되었다면 정말 감사한 일입니다!

크리스틴 빌, 크리스틴 케인, 줄리아 로젠블룸, 페이지 브룩스, 레이첼 챙, 리안 맥클로이, 아드리아나 플로레스, 콜린 펑크, 크리스틴 조스티, 데보라 초피를 비롯하여 그리스도인이든 그리스도인이 아니든 이 책을 원고 단계에서 읽고서 피드백을 해준 친구들에게 매우 고맙습니다. 제 조수 조애나 비즐리에게도 감사하고 있습니다. 비즐리는 이 책에 딸린 스터디 가이드 집필을 거들어 주었고, 제가 흐트러지지 않게 해주었습니다.

크로스웨이 출판사의 크리스 코완은 탁월하고 정석적인 편집자였고 제가 오류를 찾아내도록 도와주었습니다. 네이선 리들후버와 조너선 페닝턴은 아주 친절하게 전문가의 시선으로 원고 초안을 살펴보고 피드백을 해주었습니다. 이 책에 오류가 남아 있다면 모두 제 탓입

다시 만난 예수

니다.

제 집필 작업을 꾸준히 응원해 준 복음연합(Gospel Coalition)의 콜린 핸슨과 크로스웨이 출판사의 새뮤얼 제임스, 이 책이 독자의 손에 전달되도록 도와준 로렌 수잔토와 크로스웨이 마케팅 팀에 감사합니다.

레이첼 길슨은 변함없이 제 첫 독자가 되어 주고 글을 쓰도록 가장 적극적으로 응원해 줍니다. 제가 겸손을 잃지 않게도 해줍니다. 그리스도인으로서 살아온 세월이 제 절반만큼이지만, 성경은 저보다 두 배만큼 더 잘 아는 친구가 있다는 것은 교만에 대한 굉장한 해독제입니다.

남편인 브라이언과 우리 아이들인 미란다, 엘리자, 루크는 제가 글을 쓰는 동안 현실에 발을 딛고 있게 해주었고, 제게 사랑과 주의 산만을 둘 다 주었습니다. 날마다 제 삶에 우리 가족이 있어서 아주 감사합니다. 제가 신학교에 갈 생각 중이라고 말했을 때, 당시 (제가 사랑하던) 우리 목사님이 저에게 신학교에 간다면 결혼하지 못하리라는 의미일 수도 있다는 것을 알고 있는지 물으시고는 말씀하셨습니다. "자매님은 이미 그리스도인 남성들에게 아주 겁나는 존재예요. 신학교에 간다면 그게 더 심해질 거예요." 제 대답은 이러했습니다. "저는 괜찮아요. 저는 그저 제 최선을 다해 주님을 섬기고 싶을 뿐이에요." 목사님도 저도 브라이언을 전혀 생각하지 못했지요.

Study Guide

스터디 가이드

Confronting Jesus

머리말

당신이 시간을 내어 「다시 만난 예수」를 살펴보겠다고 마음먹어서 기쁩니다. 저는 당신이 성경을 생전 처음 읽는지, 아니면 평생 성경을 읽어 왔는지 모릅니다. 당신이 예수님을 따르는 사람으로 자처하는지, 아니면 예수가 역사에 존재했는지조차 확신하지 못하는지 모릅니다. 이 책을 무척 재밌게 읽고 있는지, 아니면 다른 누군가를 기쁘게 하려고 읽는 중인지 모릅니다. 그래서 저는 배경과 관점과 경험이 제각각인 사람들이 예수님에 대해 함께 뜻깊은 대화를 나눌 수 있도록 토론 질문을 작성해 보고자 했습니다.

예수님에 관한 당신의 생각을 확신하지 못하겠다면, 또는 그리스도인들은 그분이 전부라고 주장하지만 당신은 그렇지 않다고 자못 확신한다면, 자신이 품은 까다로운 질문을 그 모임에 거리낌 없이 들고 가세요. 사람들을 기분 상하게 하지나 않을지 걱정하지 마세요. 당신이 예수님에 관해 품고 있는 의문은 정말로 중요해서 아무 말도 하지 않거나 비밀로 할 수가 없습니다. 제 첫 책인 「기독교가 직면한 12가지 질문」을 한번 볼 마음이 있을지도 모르겠습니다. 그 책에서 저는 "과학이 기독교의 오류를 증명하지 않았는가?", "기독교는 동성애를 혐오하

다시 만난 예수

지 않는가?", "사랑이신 하나님이 어떻게 그토록 큰 고통을 허용하실
수 있는가?"와 같은 어려운 질문을 다뤄 보았습니다.

당신이 이미 예수님을 따르고 있고 그리스도인 친구들과 함께 이
책을 읽는 중이라고 해도, 이 책이 유용하면 좋겠습니다. 이 책이 당신에
게 도움이 된다고 생각한다면, 예수님에 관해 어떻게 생각해야 하는지
잘 모르겠다는 친구와 함께 이 책을 다시 쭉 읽어 나갈 수도 있습니다.

당신이 어떤 사람이든지, 시간을 내어 이 책을 읽어 주어서 고맙
습니다! 이 책을 쓰면서 저는 예수님에 관해 많이 알게 되었습니다. 당
신도 이 책을 읽으면서 예수님에 관해 더 많이 알게 되기를 기도합니
다. 그렇지만 그 기도는 위험한 기도입니다. 우리가 예수님을 진짜로
만난다면 그분이 모든 것을 바꾸어 놓으실 테니까요.

서문

1. 자기가 생각하는 예수님을 한 문장으로 표현해야 한다면, 어떤 문장이 되겠는가?

2. 자신의 영적 배경과 신앙을 어떻게 설명하겠는가?

3. 예수님의 생애를 다룬 복음서(마태복음, 마가복음, 누가복음, 요한복음)의 이야기가 주인공의 정신을 정확하게 담아내고자 하는 뮤지컬에 더 가깝다고 생각하는가, 아니면 한 사람의 인생에서 일어난 주요 사건들을 충실하게 설명하고자 하는 전기에 더 가깝다고 생각하는가? 왜 그렇게 생각하는가?

다시 만난 예수

4. 「다시 만난 예수」를 읽기 시작할 때 당신의 마음 상태를 가장 잘 설명하는 단어는 다음 단어 중 무엇이며, 왜 그 단어를 선택했는가?

a. 호기심

b. 회의

c. 열의

d. 확신이 없음

e. 그 외(구체적으로 말해 보라!)

5. 이 책에서 도움을 얻어 해소하기를 바라는 중요한 의문은 무엇인가?

1장. 유대인이신 예수

1. 당신은 예수님이 유대인이라고 어느 정도까지 생각했는가? 예수님
의 유대인 정체성 때문에 우리가 예수님에 관해서, 또 오늘날 기독교에
관해서 생각하는 방식이 어떻게 달라진다고 생각하는가?

2. 예수님 탄생 전 유대 민족의 역사에서 어느 부분이 가장 흥미로우
며, 그 부분이 왜 흥미로운가?(20-29쪽)

3. 당신은 예수님이 피지배 민족의 일원이라고 어느 정도까지 생각했
는가? 로마인들은 예수님이 자라나신 지역에서 그 피지배 민족 수천
명을 십자가형에 처했었다.(29-30쪽)

4. 예수님이 존재하기나 했는지 어떻게 아느냐고 자문하거나 그러한 질문을 받은 적이 있는가? 30-31쪽을 읽은 후에는 그 질문에 어떻게 답을 하겠는가?

5. 최초의 복음서(마가복음)는 예수님 사후 35-45년쯤에 기록되었을 것이다. 당신 나이가 그 정도로 오래전에 일어난 일을 기억할 정도로 많다면, 가장 뚜렷하게 기억나는 일은 무엇인가? 그 정도로 나이가 많지 않다면, 부모님이나 조부모님에게 그 정도로 오래전에 일어나서 지금 자신에게도 영향을 끼친다고 들은 이야기는 무엇인가?

6. 이를테면 브라이언이 사형수 감방을 방문한 일처럼, 어느 사람의 인생을 바꾸어 놓은 사건이 수십 년 전에 일어났다면 그 사람이 그 일을 기억할 수 있다고 믿는 것이 타당하다고 생각하는가?(32-35쪽)

7. 우리에게 있는 복음서가 바르다는 것을 어떻게 아는지에 관해서 어느 설명이 당신에게 가장 유용했으며, 우리는 본문이 정확하다는 것을 어떻게 자신할 수 있는가? 이 주제와 관련하여 질문이 더 있는가?(35-39쪽)

8. 1장은 사복음서의 기사들 사이의 차이를 생각하는 데 어떤 면에서 도움이 되는가? 아직 남아 있는 질문은 무엇인가?(39-43쪽)

9. 1장을 읽고 난 후, 마태복음, 마가복음, 누가복음, 요한복음이 예수님의 생애에 관해 믿을 만한 역사 기술이라는 확신이 어느 정도는 드는가? 그 이유는 무엇인가?

10. 예수님의 생애에 관한 사복음서의 기술이 그분에 관한 신빙성 있는 증언**이라면**, 그 사실 때문에 오늘날 우리에게 무엇이 달라지는가?

다시 만난 예수

2장. 하나님의 아들이신 예수

1. 이 시점에 예수님에 대한 당신 생각을 가장 잘 표현한 말은 무엇인가?

   a. 예수는 자기가 하나님이라고 말한 적이 없다. 예수에 관한 주장은 시간이 흐르면서 점차 과장되었다.

   b. 예수는 하나님이라고 실제로 주장했지만 착각한 것이었다.

   c. 예수는 진짜로 하나님이기 때문에 자기가 하나님이라고 주장하셨다.

   d. 잘 모르겠다. 전부 다 아직은 충분히 생각해 보고 싶다.

2. 마태복음 1장 20-23절을 읽으라. 마태는 어떤 방식으로 우리에게 예수님의 신적 정체성을 언급하는가?(46-50쪽)

3. 마가복음 1장 1-11절을 읽으라. 마가는 예수님의 신적 정체성을 어떻게 전하는가?(50-51쪽)

4. 요한복음 1장 1-18절을 읽으라. 요한복음 도입부는 우리가 앞에서 살펴본 단락에서 마가와 마태가 예수님에 대해 말한 내용을 어떻게 추가하는가?(52-53쪽)

5. 마가복음 2장 1-12절을 읽으라. 이 이야기에서 마가는 예수님의 신적 정체성을 어떻게 전하는가?(53-55쪽)

6. 요한복음 14장 1-9절을 읽으라. 이 단락에서 예수님은 유일하신 참 하나님이라는 독특한 주장을 어떤 식으로 하시는가?(65-66쪽)

7. 요한복음 20장 24-29절을 읽으라. 예수님은 도마의 회의론에 어떻게 대응하시는가?(66-67쪽)

8. 예수님이 정말로 육신이 되신, 유일하신 참 하나님이라면 오늘날 우리에게 무엇이 달라지는가?

다시 만난 예수

3장. 왕이신 예수

1. 예수님이 하나님이 오래전에 약속하신 왕이라는 생각이 당신에게는 어떠한가? 자신이 간절히 바라던 일처럼 느껴지는가, 아니면 자신의 자유에 대한 위협이나 웃기는 주장이나 다른 무언가처럼 느껴지는가?

2. 마가복음의 첫 문장은 "하나님의 아들 예수 그리스도의 복음의 시작"(막 1:1)이라고 적혀 있다. 70-73쪽을 읽은 후에 이 문장을 자신의 말로 표현해 보면 어떤 문장이 되는가?

3. 누가복음 4장 16-22절을 읽으라. 이 단락에서 예수님의 왕권에 관해 무엇을 배우는가?(74-75쪽)

4. 우리의 윤리 이해에 예수님이 끼치신 영향을 당신이 달리 생각하게 된 부분이 75-77쪽에 있는가? 그런 부분이 있다면 설명해 보라. 당신은 도덕 세계의 포물선이 자연스레 정의를 향해 휘어진다고 생각하는가, 아니면 (킹 목사처럼) 정의에는 최후의 심판이 필요하다고 생각하는가?

5. 마태복음 16장 13-23절을 읽으라. 예수님의 정체성에 대한 베드로의 오해가 어떻게 전개되는 것으로 보이는가?(78-80쪽)

6. 마태복음 16장 24-28절을 읽으라. 예수님은 여기에서 정말로 강수를 두신다. 예수님을 따른다는 것은 죽음을 의미하지만 목숨을 되찾게 될 것이라고 말씀하신다. 또 온 세상을 얻고도 자기 목숨을 잃는다면 아무 의미가 없다고도 말씀하신다. 이러한 주장을 당신은 어떻게 생각하는가?(80-81쪽)

7. 요한복음 4장 7-30절을 읽으라. 다채로운 이력을 지닌 사마리아 여자에게 예수님이 '그리스도'로서 정체를 드러내신 일이 왜 놀라운가? 예수님에 대한 사마리아 여자의 이해가 어떻게 변하는가?(83-85쪽)

다시 만난 예수

8. 마태복음 26장 57-68절을 읽으라. 예수님이 사형을 선고받으시는 과정에서 왕이신 예수님의 정체성이 얼마나 중요한가?(87-89쪽)

9. 마태복음 27장 27-31절을 읽으라. 사복음서 전체에서 예수님에게 왕관을 씌운 유일한 장면이다. 이 괴롭히는 장면이 왕이신 예수님과 관련하여 우리에게 무엇을 이야기해 주는가?(89쪽)

10. 누가복음 23장 32-43절을 읽으라. 이 구절에서 많은 사람이 예수님이 마치 왕이신 듯이 예수님에게 말을 걸지만, 실제로는 예수님 옆에 달린 죄수 한 명만 예수님이 왕이심을 믿는다. 이 예상 밖의 제자에게 예수님은 어떻게 반응하시는가? 예수님의 반응을 보면 예수님이 자신의 나라에 반가이 맞아들이시는 사람들에 관해 무엇을 알 수 있는가?(89-90쪽)

4장. 치유자이신 예수

1. 자신이나 친한 사람이 건강상 위기를 겪어서 당신이 무엇을 믿는지 진지하게 다시 생각해 본 적이 있는가? 그런 적이 있다면 이야기해 보라.

2. 예수님이 하나님의 아들이라는 것이 예수님에게 기도하면 언제나 몸이 낫는 결과를 낳아야 한다는 의미라고 생각하는가? 그렇다고 생각하거나 그렇지 않다고 생각하는 이유는 무엇인가?

3. 누가복음 5장 27-32절을 읽으라. 예수님과 바리새인의 대화에서 우리는 예수님에 관해 무엇을 들으며, 바리새인들에 관해서는 무엇을 듣는가?(93-95쪽)

4. 마가복음 1장 40-45절을 읽으라. 나병에 걸린 남자에 대한 예수님의 반응에서 무엇이 놀라운가? 예수님에 대한 이 남자의 반응에서 무엇이 놀라운가?(95-97쪽)

5. 마가복음 5장 21-43절을 읽으라. 복음서에 따르면 예수님은 수백 명을 고쳐 주셨는데, 아마 더 정확히 말하자면 수천 명을 고쳐 주셨을 것이다. 당신 생각에 마가가 하혈하던 이 여자와 죽은 열두 살 소녀의 치유 사건을 선택한 이유가 무엇인가?(97-100쪽)

6. 자신의 가치를 놓고서 고심하는 사람이 많은데, 그에 대한 해결책으로 종종 우리에게 제시되는 것은 자기를 더욱 사랑하고, 자기를 더 열심히 돌보며, 자기를 더 확실하게 믿으라는 것이다. 마태복음 8장 5-13절에 나오는 예수님과 로마 백부장의 대화를 통해 우리는 자신의 가치라는 난제에 대해 그와는 어떻게 다른 대답을 얻는가?(100-102쪽)

7. 마태복음 15장 21-28절을 읽으라. 이 이야기는 로마 백부장의 믿음 이야기를 발판 삼아 어떻게 확장하는가?(103-106쪽)

8. 예수님이 귀신들이나 어려운 영들을 쫓아내신 것을 당신은 어떻게 이해하는가? 당신 생각에는 악한 영의 세력을 믿는 것이 지나치게 순진한가, 아니면 우리가 보는 세상을 이해하는 데 악한 세력의 존재가 오늘날에도 도움이 되는가?(106-109쪽)

9. 요한복음 9장 1-40절을 읽으라. 이 이야기는 우리가 죄와 신체 질환의 관계를 이해하는 데 어떻게 도움이 되는가?(109-112쪽)

10. 이사야 53장 4, 5절과 마태복음 8장 14-17절을 읽으라. 예수님의 십자가 죽음을 통해서 우리는 위대한 치료자이신 그분의 정체성을 어떻게 더 잘 이해하게 되는가?(112-114쪽)

다시 만난 예수

5장. 선생이신 예수

1. 이번 장의 내용을 가장 친한 친구들이나 직장 동료들, 확대 가족과 나눈다면, 그들은 예수님의 가르침에 관해 말한 내용 가운데 무엇에 불쾌해하겠는가?

2. 마태복음 7장 3-5절을 읽으라. 이 구절은 예수님의 가르침에서 과장법 사용을 이해하는 데 어떻게 도움이 되는가?(118-120쪽)

3. 누가복음 10장 25-37절을 읽으라. 예수님은 그 이야기의 주인공이 사마리아 사람이라는 사실을 왜 강조하시는가? 그 사실은 예수님이 어떤 이들에게 마음을 쓰시는지를 우리가 한층 잘 이해하는 데 어떻게 도움이 되는가? 그것이 왜 중요한가?(120-124쪽)

4. 이를테면 톰 홀랜드와 유발 노아 하라리처럼 그리스도인이 아닌 사학자들도 인간의 평등과 가치라는 개념이 기독교에서 나왔다는 데 동의한다. 당신은 그 사실 때문에 오늘날 어떠한 차이가 생긴다고 생각하는가? 사람들이 무언가를 믿는 한, 그것을 **왜** 믿는지가 중요한가?(124-126쪽)

5. 마태복음 5장 27-30절과 마가복음 7장 21-23절을 읽으라. 이 구절들은 우리가 죄의 유래를 이해하고, 죄가 예수님이 보시기에 얼마나 심각한지를 이해하는 데 어떻게 도움이 되는가?(126-128쪽)

6. 누가복음 7장 36-50절을 읽으라. 예수님이 죄의 심각성에 대해 말씀하신 것을 고려해 볼 때 이 이야기가 놀라운 이유는 무엇인가?(128-129쪽)

7. 누가복음 16장 19-31절을 읽으라. 이 이야기를 읽으면 어떠한 기분이 드는가? 왜 그런 기분이 드는가?(130-133쪽)

다시 만난 예수

8. 가난에 대한 예수님의 가르침이 어떻게 "극빈자들의 신분이 완전히 변하게" 만드는가?(133-136쪽)

9. 누가복음 15장 11-32절에서 예수님은 어느 아들이 유산을 탕진하고 나서야 선택의 여지가 없게 되었을 때 아버지에게 돌아온 이야기를 들려 주신다. 그렇지만 아버지는 아들의 귀향을 몹시도 환영한다. 이 이야기는 하나님에게 돌이킨 사람을 향한 하나님의 심정에 관해 무엇을 보여 주는가?(137-138쪽)

10. 이번 장에서 살펴 본 예수님의 가르침은 어떤 면에서 당신이 이미 믿는 것을 확인해 주었으며, 또 어떤 면에서 불쾌한 기분이나 도전받는 기분이 드는가?(138-139쪽)

6장. 연인이신 예수

1. 당신은 사랑을 어떻게 정의하겠는가?

2. 마가복음 2장 18-20절과 요한복음 3장 27-30절을 읽으라. 예수님은 어떻게 자신을 신랑으로 선포하시는가? 누가 신부인가?(141-144쪽)

3. 이사야 54장 5-8절, 예레미야 3장 20절, 마가복음 2장 18-20절을 읽으라. 구약 구절들에서 하나님은 자화상을 어떻게 그리시는가? 이 자화상은 예수님이 맡으신 역할을 이해하는 데 어떻게 도움이 되는가?(142-143쪽)

4. 어떻게 해서 하나님의 사랑이 원형이고 인간의 낭만적 사랑이 (가장 최선일 때) 그 사랑의 모형인가? 우리가 이 사실을 이해하면 각자 인생에

서 낭만적 사랑의 위치를 생각할 때 어떻게 아무것에도 매이지 않게 되는가?(144-149쪽)

5. 마태복음 19장 1-9절을 읽으라. 우리는 결혼에 대한 예수님의 관점에 관해 이 본문에서 무엇을 배우는가? 제자들의 반응에서 무엇을 배우는가? 이 구절에서 예수님이 결혼은 물론이고 독신도 긍정하시는 것을 우리는 어떻게 보는가?(149-156쪽)

6. 당신 생각에 기독교계에서 결혼은 흔히 장려하지만 독신은 깎아내리는 이유가 무엇인가? 독신이셨던 예수님의 사례와 독신에 관한 예수님의 가르침은 우리가 시각을 달리하는 데 어떻게 도움이 되는가?(154-156쪽)

7. 요한복음 15장 12, 13절을 읽으라. 친구 사이의 사랑에 대한 예수님의 탁월한 관점이 이 구절에서 어떻게 표현되는가? 이 관점이 동성애에 대한 기독교의 관점을 이해하는 데 어떻게 도움이 되는가? 우리가 이 구절을 각자 삶에 진지하게 받아들인다면 어떠한 모습으로 나타나겠는가?(156-160쪽)

8. 결혼에 대한, 또 친구 간 사랑에 대한 예수님의 탁월한 관점은 "사랑은 사랑이다"(동성애자 인권 운동의 표어_ 옮긴이)라는 현대의 주문에 어떻게 반론을 제기하는가?(157-159쪽)

9. 159-160쪽에 나오는 저자 자신의 이야기를 당신은 어떻게 생각했는가?

10. 요한복음 18장 15-18, 25-27절을 읽으라. 그러고 나서 21장 7-17절을 읽으라. 베드로가 예수님을 부인한 일에 대한 예수님의 대응은 우리가 예수님의 사랑을 더 잘 이해하는 데 어떻게 도움이 되는가?(160-162쪽)

7장. 종이신 예수

1. 개인의 자유는 우리 사회에서 무척이나 귀하게 여기는 가치 중 하나다. 자신을 종이라고, 또는 노예라고 하시는 예수님의 소개는 무제한의 자유가 인간의 행복으로 가는 길이라는 생각에 어떻게 이의를 제기하는가?

2. 출애굽기 20장 1-3절을 읽으라. 성경을 보면 하나님은 그분 백성을 노예살이에서 풀어 주시지만 자유로운 행위자로 놔두지 않으신다. 이 구절은 하나님과 올바른 관계에 대해 무엇을 가르쳐 주는가?(165-167쪽)

3. 마태복음 12장 15-21절을 읽으라. 이 구절에 따르면 주의 종에게는 어떠한 특징이 있는가? 우리가 복음서에서 만나는 예수님은 이 묘사와 얼마나 잘 맞는가?(172-174쪽)

4. 마가복음 9장 33-35절과 10장 42-45절을 읽으라. 예수님에 따르면 하나님 나라에서 크다는 것은 어떠한 모습인가? 이것은 인간의 타고난 본능을 어떻게 거스르는가?(176-179쪽)

5. 마가복음 10장 45절에서 예수님은 자기 목숨을 많은 사람을 위한 몸 값으로 내주시겠다며 자신의 죽음을 엄청난 거래로 표현하신다. 당신은 예수님이 자기 목숨을 특별히 당신을 위해 내주셨다는 것을 믿기 어려운가? 믿기 어렵다면 그 이유가 무엇인가?(178-181쪽)

6. 요한복음 13장 3-15절을 읽으라. 당시 문화에서 발 씻기기는 종이나 노예가 하는 일이었다. 예수님은 자기가 죽음에 이르는 배신을 당하실 그 밤에 왜 그 일을 떠맡으셨는가? 오늘날 우리는 어떻게 하면 예수님을 본받아 서로를 가장 겸손하게 섬길 수 있겠는가?(181-183쪽)

7. 예수님이 로마의 십자가에서 죽으신 것이 어떻게 그분을 그 당시의 노예와 동일시하는 것이 되었는가?(183-185쪽)

다시 만난 예수

8. 예수님을 노예와 압제당하던 이들과 동일시하면 오늘날 우리가 예수님에 대해 생각하는 방식이 어떻게 달라지는가?

9. 흑인들을 노예로 삼는 일에 백인 그리스도인들이 연루된 역사는 오늘날 많은 이가 기독교를 거부하는 중요한 이유다. 예수님과 노예의 동일시는 우리가 그 사실을 생각하는 데 어떻게 도움이 되는가?

10. 무언가의 가치는 누군가 그것을 사기 위해 기꺼이 지불하려는 금액만큼이며 예수님이 당신을 위해 죽으셨다면, 당신이 그분에게 얼마나 귀하다는 뜻인가?(185-186쪽)

8장. 희생 제물이신 예수

1. 예수님이 우리를 위한 희생 제물이시라는 생각은 오늘날 우리 문화에서 사람들에게 매력적인 동시에 꺼림칙한가? 그 생각에 당신은 어떠한 느낌이 드는가?

2. 창세기 22장 1-14절을 읽으라. 아브라함이 자기 아들 이삭을 하마터면 희생 제물로 바칠 뻔한 일이 어떻게 우리에게 예수님의 십자가 죽음에 대한 사전 스케치가 되는가? 그 이야기는 우리가 하나님 아버지의 심정을 더 잘 이해하는 데 어떻게 도움이 되는가?(189-194쪽)

3. 문간에 덮인 피가 어떻게 애굽에 있던 이스라엘 사람들을 위한 표적이 되었는가? 어떻게 그것이 우리에게 예수님의 희생을 가리키는가?(194-195쪽)

4. 요한복음 1장 29절을 읽으라. 세례 요한이 예수님을 "하나님의 어린 양"이라고 부를 때 무슨 뜻이었는가?(196-197쪽)

5. 요한복음 2장 18-22절을 읽으라. 예수님이 자신을 성전과 동일시하실 때 무슨 뜻이었는가?(197-199쪽)

6. 시편 23편 1절과 요한복음 10장 11-15절을 읽으라. 예수님이 자신을 선한 목자라고 하신 묘사에서 우리는 무엇을 배우는가? 이것은 예수님이 십자가에서 죽으실 때 수동적인 희생자가 아니심을 어떻게 보여 주는가? 이것이 왜 중요한가?(199-202쪽)

7. 마태복음 26장 26-29절을 읽으라. 이 구절은 예수님의 죽음이 그분 제자들에게 어떠한 의미인지 이해하는 데 어떻게 도움이 되는가?(202-204쪽)

8. 이사야 51장 17, 21-23절과 마태복음 26장 36-46절을 읽으라. 하나님의 진노의 잔이라는 구약의 은유는 예수님이 십자가에 달리셨을 때 직면하신 일을 이해하는 데 어떻게 도움이 되는가?(204-206쪽)

9. 우리 죄에 대한 하나님의 심판을 예수님이 자원하여 떠맡으셨다는 것에 어떠한 중요한 의미가 있는가? 이것은 우리 죄의 심각성과 우리를 향하신 예수님의 사랑의 깊이에 관해 무엇을 알려 주는가?(207-211쪽)

10. 2장에서 우리는 복음서가 예수님을 사람이 되신, 성자 하나님으로 소개한다는 것과, 성경이 어떻게 우리에게 하나님을 성부와 성자와 성령으로 보여 주는지를 살펴보았다. 그 내용 덕분에 십자가에서 죽으시면서 우리 죄에 대한 하나님의 진노를 친히 떠안으시는 예수님에 대한 우리 생각이 어떻게 달라지는가?(211-212쪽)

다시 만난 예수

9장. 주이신 예수

1. 9장 도입부에는 노라 시드가 인생에 실망한 것과 노라가 「미드나잇 라이브러리」에서 다양한 모습으로 인생을 살아 볼 기회를 얻은 이야기가 나온다. 그 부분을 읽으면서 어떤 기분이 들었는가? 당신 과거를 생각해 볼 때 가능하다면 되돌아가서 바꾸고 싶은 일이 있는가? 당신은 과거를 바꿀 수 있다면 미래에 대해 더욱 희망을 느끼게 되리라고 생각하는가?(213-214쪽)

2. 요한복음 1장 1-5절을 읽으라. 이 구절은 (요한이 예수님과 동일시한) 그 말씀을 어떻게 모든 생명의 근원으로 묘사하는가?(215쪽)

3. 영원한 생명을 생각하면 어떤 모습이 떠오르는가? 예수님이 약속하시는 영생은 그저 절대로 끝나지 않는 생명에 대한 약속과 어떻게 다른가?(216-219쪽)

4. 요한복음 11장 17-27절을 읽으라. 이 구절에서 예수님은 자신에 대해 무엇을 주장하시는가? 요한복음 11장 43, 44절에서 나사로를 다시 살리신 일은 예수님이 부활이요 생명이시라는 주장을 어떻게 뒷받침하는가? 당신 생각에 예수님은 왜 단순히 죽음이 없는 생명이 아니라 부활에 초점을 맞추시는가?(220-224쪽)

5. 당신은 예수님의 부활에 관한 증거가 얼마나 설득력 있다고 생각하는가? 당신은 어느 증거가 설득력 있다고 생각하는가?(224-232쪽)

6. 예수님이 육체적으로 다시 부활하셨는지 여부에 따라 무엇이 달라지는가?(233-234쪽)

7. "사랑은 우리에게 독립성을 우리가 사랑하는 이들을 위한 헌신과 바꾸라고 요구한다"(235쪽)는 주장에 동의하는가? 동의한다면 이것이 자신의 삶에서 어떻게 펼쳐지는 것을 보았는가?

8. 마태복음 28장 16-20절을 읽으라. 예수님은 하늘과 땅의 모든 권세를 받았다고 주장하신다. 이 말씀에 비추어 보면 예수님은 제자들이 무엇을 해야 한다고 말씀하시는 것인가? 예수님이 어느 한 민족이나 국가나 인종 집단에게만 주가 아니라 만물의 적법한 주라고 생각하면 어떤 기분이 드는가? 이 진리가 역사상 때때로 어떻게 오용되어 왔으며, 오늘날 우리에게는 어떠한 의미여야 하는가?(235-236쪽)

9. 예수님은 "죽음까지도 정복하셨으므로 살아 있는 모든 사람을 다스리시는 적법한 왕이시다. 오늘날 우리에게는 그분을 기쁘게 맞이할 기회가 있다. …… 아니면 그분의 통치를 적어도 지금은 거부할 수 있다"(236쪽)는 주장에 어떤 기분이 드는가? 예수님에 관한 한, 왜 중간 지대가 존재하지 않는가?

10. 주이신 예수님에 대해 당신은 어떻게 생각하는가? 그분을 믿어 왔고 당신의 주가 되어 달라고 간구했는가? 당신이 그렇게 하지 못하게 하는 것이 있는가?

주제 찾아보기

ㄱ

간음 59, 125, 126, 127, 149, 150, 154, 155
   영적 143
갈릴리 50, 62
검투사 69, 70, 71, 85, 86, 164, 186
겟세마네 204, 208
결혼 생활 25, 119, 120, 129, 145, 149, 152, 153, 154, 155, 157, 159
〈굿 플레이스〉(TV 쇼) 130, 219
귀신(또는 더러운 귀신) 102-109
그리스 신화 216
그리스도의 부활
   …에 관해 도킨스의 주장이 지닌 문제들 225-226
   …의 첫 목격자들 226
   … 이야기 간의 차이 226-228
   …이 중요한 이유 233-234
금송아지 26, 197

ㄴ

〈나는 사랑과 시간과 죽음을 만났다〉(영화) 199, 217
「나는 왜 성경을 믿는가」(마운스) 37

나사렛 29, 50, 74, 78, 83
나사로(예수님의 친구인) 158, 220, 223, 224
〈나의 그리스식 웨딩〉(영화) 124
나치 시대 성경들 38
낙태 153, 154
남왕국(유다) 28
노예 22, 23, 25, 26, 30, 140, 166, 168, 169, 170, 184, 195
니고데모(유대인의 지도자) 215, 216
니사의 그레고리우스 169
니케아 공의회 36

ㄷ

「다빈치 코드」(브라운) 35
다신론 20
다윗(이스라엘 왕) 27, 28n4, 71, 86, 209, 210
〈닥터 후〉(TV 쇼) 45, 49, 64, 68
대위임령 235
더러운 귀신(또는 귀신) 102-109
데이비드먼, 조이 58
「도리언 그레이의 초상」(와일드) 81
도마 36, 65, 67, 97, 230, 231
도마복음 36

「도미니언」(홀랜드) 124, 125, 136, 183, 185

도킨스, 리처드 76, 224, 225

독립 선언문 76, 125

동성에 끌림 116, 159

동정녀 탄생 48, 51, 231

「두 도시 이야기」(디킨스) 188, 202, 204, 215, 221, 224

디킨스, 찰스 188, 203, 215

    「두 도시 이야기」 188, 202, 204, 215, 221, 224

ㄹ

로마 29, 30, 66, 69, 74, 149

로마인 13, 29, 30, 70, 89, 90, 93, 149, 184, 185

「로미오와 줄리엣」(희곡) 142, 147, 225

롤링, J. K. 145

    「해리 포터와 비밀의 방」 165

    「해리 포터와 죽음의 성물」 77, 144, 145, 156, 165

루이스, C. S. 58

리, 수니사(체조 선수) 78

ㅁ

마르다(베다니에 사는) 158, 220, 221, 223

마리아(베다니에 사는) 158, 220, 223

마리아(예수님의 어머니) 13, 47, 48, 71, 144, 166, 167, 168, 198

마리아 찬가 168

마운스, 윌리엄(신약 성서 학자) 37

마지막 만찬 202-204

막달라 마리아 34, 107, 226, 227, 228, 229, 230

맥클러플린, 시드니(그리스도인 운동선수) 175

메시아, …의 의미 70

모세(남성 족장) 23, 24, 26, 29, 61, 63, 155, 191, 194, 196, 197

몸값 178, 179, 180

「미드나잇 라이브러리」(헤이그) 213, 214, 224, 234, 235, 236

미란다, 린마누엘(뮤지컬 〈해밀턴〉의 작가) 12, 13, 16, 217

민권 운동 32, 35, 75

ㅂ

바리새인 62, 103, 216

    예수님을 말로 책잡으려는 150, 173

    예수님의 승리의 입성에 대한 반응 86

    예수님이 눈먼 사람을 치유하신 일에 대한 반응 111

    예수님이 죄인과 식사하시는 것에 대한 반응 93, 137

바벨론 28

바일스, 시몬(체조 선수) 49, 79, 175

「반지의 제왕」(톨킨) 108

발 씻기기 181, 182

「밤불의 딸들」(지야시) 140, 141, 162

베드로 15, 79, 80, 83, 92, 161, 162, 176, 177, 182, 186, 204, 227

보컴, 리처드(신약 성서 학자) 34, 35, 229

보크, 대럴 L. 167n5

복음, …의 의미 73, 74

복음서(마태복음, 마가복음, 누가복음, 요한복음)

    … 간에 보이는 차이들 39-43

    … 안에 있는 이문들 37-39

···의 기록 15-16, 32-35

비성경적인 경쟁 상대들 35-37

본디오 빌라도 31, 88, 89

본문상 차이 37-39

북왕국(이스라엘) 28

브라운, 댄 35

비유

　두 빚진 자의 129

　부자와 나사로의 131-133

　선한 사마리아인의 120-124

　양과 염소의 133-135

　잃은 양의 137

　탕자의 137-138

ㅅ

사라(여성 족장) 22, 190

사랑

　···과 용서 129

　낭만적인/성적인 146, 148, 157, 158, 159, 162

　예수님/하나님의 96, 143, 145, 146, 158, 162, 163

　원수를 향한 120-124

　차이를 넘어선 117

　친구를 향한 141, 157, 159, 160

　희생적인 140, 141, 146, 157, 158, 188-212

사마리아 여자(또는 우물가의 여자) 83-85, 98, 125, 221n6

〈사운드 오브 뮤직〉(뮤지컬) 52

사울(이스라엘 왕) 27

「사피엔스」(하라리) 76

산상 설교 15, 122, 127

살로메 227

〈샹치와 텐 링즈의 전설〉(영화) 55, 57, 60, 61

새 언약 204

선한 목자, ···이신 예수님 199-202

선한 사마리아인 121, 122, 123

성공회 기도문 102

성관계, 성경과 149-156

성령 47, 48, 49, 51, 235

성막 196, 197

성적인 부도덕/성적인 죄 126, 127, 128, 129, 138, 154, 155

성전 197-199

성찬례, 예수님이 제정하신 202-204

세례 요한 50, 51, 79, 83, 144, 190, 197

세례 51

세포리스(마을) 29

솔로몬(이스라엘 왕) 28, 197

수에토니우스(로마의 역사가) 150

스위프트, 테일러 79

스티븐슨, 브라이언(민권 변호사) 32, 33, 34, 35, 39, 40, 43

시온, ···의 정체 28n4

「신, 만들어진 위험」(도킨스) 76, 224, 225

신성 모독 53-55, 63, 88

십계명 25, 59, 127

십자가형

　···에 의한 죽음 207

　···을 당하는 동안 예수님이 하신 말씀 207

　예수님 시대에 ···의 의미 184

　예수님이 실패하셨다는 낙인이 아닌 89

ㅇ

아디치에, 치마만다 응고지
「지코라」 153, 154, 156, 192
아브라함(남성 족장) 21, 22, 63, 71, 101,
132, 190, 191, 193, 194
아브라함의 품 131
아시리아 28
아폴론(그리스 신) 216
악, …의 근원 105, 106
야고보와 요한(제자이자 형제) 177, 178, 204
야고보의 어머니 마리아 226, 227
야곱(남성 족장) 22, 101
어만, 바트 31, 36
언약 203
엘리엇, T. S. 218
여자들
  부활의 목격자인 226
  예수님에게 치유된 83-85, 98, 103, 104,
  125, 128, 129, 220
여호와(또는 야훼) 23, 24
영생 59, 60, 91, 120, 180, 216, 218, 219
「예수는 존재했는가?」(어만) 31
예수님
  …과 함께 십자가형을 받는 죄수들 89, 90
  …에게서 나온 인간의 평등 123, 124
  …의 고향 29
  …의 마지막 말씀 210
  …의 부활 224-232
  …의 비유 120-124, 137-138
  …의 사랑 140-163
  …의 역사성 31
  …의 잉태와 탄생 46-50

…의 체포와 재판, 십자가형 87-89
…의 탄생 연대 29n5
…이 세례받으심 51
가족을 "미워하라"고 하시는 119, 120
길과 진리와 생명이신 65
'나는 …이다' 진술 61, 65
병과 연약함을 치유하시는 91-115
부활이자 생명이신 220, 221, 222
산상 설교 15, 122, 127
선생이신 116-139
선한 목자이신 199-202
성전을 깨끗케 하시는 198
성전이신 197-199
세상의 빛이신 11, 61, 62, 109, 110, 111
승리의 입성 85
신랑이신 141-144
신성 모독으로 고발당하신 53-55, 88
(하나님의) 아들이신 45-68, 71
여성, …의 치유 83-85, 98, 103, 104,
125, 128, 129, 220
왕이신 69-91
유대인이신 18-44
이름의 의미 47, 48
자신의 죽음을 예고하시다 176, 177
제자들의 발을 씻기시다 181, 182
종이신 164-187
죄인들의 친구이신 160-162
주이신 213-237, 특히 234-236
폭풍을 잠잠케 하신 57
하나님과 하나이신 64
하나님의 어린양이신 190
희생 제물이신 188-212

와일드, 오스카 81

「왕의 귀환」(톨킨) 106

요세푸스(역사가) 30n6, 184n14

요셉(마리아의 남편) 29, 48, 198

요안나 226, 227

요한과 야고보(예수님의 제자이자 형제) 177, 178, 204

「월터가 나에게 가르쳐 준 것」(스티븐슨) 39

유배(바벨론) 28, 70, 71, 166

유월절, 최초의 194

율리아누스(황제) 135, 136

이사야(선지자) 50, 62, 73, 74, 113, 143, 171, 172, 173, 200, 201

이삭(남성 족장) 22, 101, 190, 191, 192, 193, 197

이스라엘 22, 23, 24, 25

이혼 48, 150, 153, 155

인간의 평등 76, 123, 124, 136, 151

일리산미, 올루월레(나이지리아 설교가) 41

ㅈ

자기 결정권 167, 235

자존감, 낮은 100

잔

   성찬의 204

   주/하나님의 진노의 205, 206, 208, 209, 211

종의 노래 171, 172, 201

좋은 소식 73, 75, 91, 166

〈주키퍼스 와이프〉(영화) 18, 21, 43, 194

지야시, 야(소설가) 140, 141, 162

「지코라」(아디치에) 153, 154, 156, 192

ㅊ

창조

   남자와 여자의 151

   우주의 52

처칠, 윈스턴 72

천사 41, 105, 131, 134, 227, 228, 230

첫째 계명 25

출애굽 24, 166, 167, 196

ㅋ

켈수스(그리스 철학자) 170

콘스탄티누스(황제) 135

콜린스, 수잔 179

   헝거 게임 179

콜린스, 프랜시스(전 미국 국립보건원 원장) 231, 232

쿠마에의 시빌라(그리스 전설의 필멸자) 216, 217, 218

클라우디우스(황제) 150

킹, 마틴 루터 75, 76

ㅌ

터브먼, 해리엇 22

〈테드 래소〉(애플 TV 시리즈) 181, 183

톨킨, J. R. R. 106

   「반지의 제왕」 108

   「왕의 귀환」 106

ㅍ

파피아스(히에라폴리스의 주교) 15n1

퍼킨스, 존(민권 운동 지도자) 32, 34, 35, 39

펠릭스, 앨리슨(올림픽 출전 선수) 174, 175

다시 만난 예수

"평등한 정의의 시작" 32
프랑스 혁명 125, 188
〈프린세스 브라이드〉(영화) 53

하나님
　…의 유일성 63
　…의 이름 23
하라리, 유발 노아 76
「해리 포터와 죽음의 성물」 77, 144, 145,
156, 165

〈해밀턴〉(뮤지컬) 12, 13, 14, 16, 24, 26, 27,
30, 50, 217
「헝거 게임」(콜린스) 179
헤롯 대왕 30
헤이그, 매트 213, 235
　「미드나잇 라이브러리」 213, 214, 224,
　234, 235, 236
호킹, 스티븐(천체물리학자) 224
홀랜드, 톰 124, 125, 135, 136, 183, 184, 185
〈황무지〉(엘리엇) 218
휘장(성전의) 210, 212

성구 찾아보기

창세기
1장 **151**
1:1 **52**
1:3 **61**
1:26, 27 **20**
1:27 **151**
1:28 **151**
2장 **21, 151**
2:18 **151**
2:20 **151**
2:23 **152**
2:24 **152**
2:25 **153**
3장 **21**
3:19 **218**
12:1-3 **21**
18장 **192**
22:2 **190**
22:7, 8 **192**
22:12 **193**
50:20 **22**

출애굽기
3:6 **23**
3:14 **23, 61, 166**
12:13 **194**
20:2, 3 **26**
21:16 **169**
21:30 **178**
29:38-43 **197**

레위기
20:2-5 **191n2**
25:51, 52 **178**

민수기
18:15 **178**
35:31, 32 **178**

신명기
6:4, 5 **63**
12:31 **191**

사무엘상
8:10-18 **27**

13:14 **27**

사무엘하
5:6-9 **28n4**

느헤미야
9:36 **166**

시편
22편 **209**
22:1 **208**
22:7, 8 **209**
22:14-17 **210**
22:18 **210**
22:30, 31 **210**
23편 **200**
23:1 **200**
23:4 **62**
75:8 **206**
106:37, 38 **191n2**
137:1 **28**
139:1, 2 **208**

다시 만난 예수

아가

8:6, 7 163

이사야

9:1 62

9:2 62

40:11 200-201

42:1-3 173

51:17 205-206

51:22 205-206

52:7 73

53장 201

53:1, 2 171

53:4 171

53:4, 5 113

53:6 201

53:12 172

54:5 143

61:2 77

예레미야

2:2 143

2:34 143

3:1 143

3:20 143

7:31 191n2

25:15, 16 205

31:10 201

에스겔

16:20 143

16:20, 21 191n2

23:31 206

다니엘

7:13, 14 87

호세아

1:2, 3 143

3:1-5 143

하박국

2:16 206

스가랴

13:7 201

마태복음

1:1 71

1:1-17 22

1:16 71

1:18 48

1:21 48

1:22, 23 48

2:16 30

4:12-16 62

4:16 62

5:27, 28 127

5:29, 30 128

5:43, 44 122-123

7:1 118

7:3-5 119

8장 101

8:6 101

8:7 101

8:8 101

8:9 101

8:10-12 101

8:17 113, 171-172

9:9 94

12:10 173

12:12 173

12:14 173

12:15, 16 173

12:17-21 173-174

15:22 103

15:24 104

15:25 104

15:26 104

15:27 104

15:28 104

16:13 79

16:14 79

16:15 79

16:16 79

16:17, 18 79

16:20 79-80

16:21 80

16:22 80

16:23 80

16:24, 25 159-160

16:24-26 80-81

16:25 233-234

19:1-12 119

19:3 150

19:4-6 150-151

19:7 155

19:8, 9 155

19:10 155

19:13-15 119

19:24 131

21:5 85

21:9 86

21:31 94

22:38 64

23:24 118

25:32 133

25:34-36 134

25:37-40 134

25:41-43 134-135

26:26 203

26:27, 28 203

26:31 201

26:37 204

26:38 204-205

26:39 205

26:63, 64 87

26:65-68 88

27:11-14 88

27:22, 23 88-89

27:28-31 89

27:35 210

27:37 89

27:39, 40 209

27:42, 43 209-210

27:46 207

27:50, 51 210

28:1 227

28:2 228

28:18-20 235

28:19, 20 15

28:20 113

마가복음

1:1 37, 71

1:2, 3 50

1:4 50

1:7, 8 51

1:9 50

1:10, 11 51

1:11 51

1:15 74

1:24 108

1:25 108

1:30, 31 92

1:34 108n4

1:40 95

1:41 95

1:45 96

2:1, 2 54

2:2-4 97

2:5 54

2:7 54

2:9 55

2:10, 11 55

2:14 94

2:19, 20 142

3:11, 12 108

4:38 56-57

4:39 57

4:40 57

4:41 57

5:23 98

5:26 98

5:28 98

5:30 99

5:31 99

5:33 99

5:34 99

5:35 100

5:36 100

5:39 100

5:41 100, 207

5:42, 43 100

7:6 103

7:10-13 119

7:14-23 103

7:21, 22 126

7:24 103

7:25 103

7:26 103

7:34 207-208

8:33 176

9:31, 32 176

9:33 176

9:34 176

9:35 177

10:17 59

10:18 59

10:19 59

10:21 59-60

10:22 60

다시 만난 예수

10:25 **131**

10:33, 34 **177**

10:35 **177**

10:36 **177**

10:37 **177-178**

10:42-45 **178**

10:43, 44 **180**

10:45 **180**

14:29 **161**

14:36 **208**

15:37, 38 **210**

16:1 **227**

16:5 **228**

16:8 **229**

누가복음

1:2, 3 **16**

1:26-33 **166**

1:31, 32 **47**

1:32, 33 **71-72**

1:35 **47**

1:38 **167**

1:46-48 **167**

1:52-54 **168**

2:29, 30 **167n4**

2:48 **198**

2:49 **198**

3:23-38 **22**

4:18, 19 **74**

4:21 **74**

4:22 **78**

4:25-27 **78**

4:41 **108n4**

5:27 **94**

5:27, 28 **93**

5:30 **93**

5:31, 32 **93**

6:20 **131**

6:24 **131**

7:34 **160**

7:37 **126, 128**

7:39 **129**

7:41, 42 **129**

7:47, 48 **129**

7:49 **129**

7:50 **129**

8:1-3 **227-228**

8:2 **107**

8:2, 3 **34**

8:28 **107**

8:32-35 **107**

8:37 **107**

8:39 **108**

10:25 **120**

10:26, 27 **120**

10:28 **120-121**

10:29 **121**

14:26 **119**

15:1, 2 **137**

15:4-7 **137**

15:20 **137**

16:19-21 **131**

16:22 **131**

16:22-24 **131-132**

16:25, 26 **132**

16:27, 28 **132**

16:29 **132**

16:30, 31 **132-133**

18:25 **131**

19:38 **86**

19:39, 40 **86**

22:37 **172**

22:44 **205**

22:50, 51 **92**

22:52 **172**

23:34 **172, 207**

23:35 **89**

23:37 **89**

23:39 **89**

23:40, 41 **90**

23:42 **90**

23:43 **90, 207**

23:46 **210**

24:4 **228**

24:10 **227**

24:10, 11 **226**

24:18 **230**

24:22, 23 **230**

24:25 **230**

요한복음

1:1-5 **52**

1:4, 5 **215**

1:14 **52-53, 199**

1:29 **190, 195**

1:34 **83**

1:41 **83**	8:58 **63**	13:8 **182**
1:45, 46 **29**	8:59 **63**	13:9 **182**
1:49 **83**	9:2 **109**	13:10 **182**
2:10 **144**	9:3 **110**	13:12 **182**
2:16 **198**	9:5, 6 **110**	13:13-17 **182-183**
2:18 **198**	9:7-23 **111**	13:34, 35 **158**
2:19 **198**	9:34 **111**	13:34-37 **160-161**
2:20 **198**	9:35 **111**	13:38 **161**
2:21, 22 **198**	9:36, 37 **111**	14:4 **65**
3:3 **216**	9:38, 39 **111**	14:5 **65**
3:4 **216**	9:40, 41 **111-112**	14:6 **61**
3:16 **216**	10:7 **61**	14:6, 7 **65**
3:29, 30 **144**	10:9 **61**	14:8, 9 **66**
4:1-30 **125**	10:10 **219**	15:1 **61**
4:9 **83**	10:11 **61, 200**	15:5 **61**
4:25, 26 **84**	10:14 **61**	15:12, 13 **157**
4:26 **221n6**	10:14, 15 **202**	15:13, 14 **158**
4:28, 29 **84**	10:30 **64**	18:10 **92**
4:39 **84**	10:31 **64**	19:26 **207**
4:42 **85**	11:3 **158**	19:30 **210**
6:35 **61**	11:5 **158, 220**	20:1 **227**
6:41 **61**	11:21, 22 **220**	20:2 **227**
6:48 **61**	11:23 **220**	20:12 **228**
6:51 **61**	11:24 **220**	20:13 **228**
8:1-11 **125-126**	11:25 **61**	20:14 **228**
8:12 **11, 61, 62**	11:25, 26 **220**	20:15 **229**
8:24 **63**	11:27 **221**	20:16 **229**
8:31, 32 **63**	11:32 **223**	20:17 **229**
8:31-38 **63**	11:35 **223**	20:25 **67**
8:53 **63**	11:43, 44 **224**	20:27 **97**
8:56 **63**	12:37, 38 **171**	20:27, 28 **67**
8:57 **63**	13:6, 7 **182**	20:28 **230**

다시 만난 예수

20:29 **230**

21:15 **161**

21:16 **161**

21:17 **161**

21:20 **158**

데살로니가전서

1:9, 10 **225n14**

디모데전서

1:10 **169**

다시 만난 예수

초판 발행   2025년 1월 5일
지은이   레베카 맥클러플린
옮긴이   이여진
발행인   손창남
발행처   (주)죠이북스(등록 2022. 12. 27. 제202-2000070호)
주소   02576 서울시 동대문구 왕산로19바길 33, 1층
전화   (02) 925-0451 (대표 전화)
         (02) 929-3655 (영업팀)
팩스   (02) 923-3016
인쇄소   송현문화
판권소유   ⓒ(주)죠이북스
ISBN   979-11-93507-37-7   03230

책값은 뒤표지에 있습니다.
잘못된 도서는 교환하여 드립니다.
이 책 내용을 허락 없이 옮겨 사용할 수 없습니다.